全国高等医药院校精品课程

供基础、临床、护理、口腔医学及中医药类等专业使用

卫生法学概论

主　编　赵　敏　何　振

副主编　岳远雷　刘炫麟

编　委　(以姓氏笔画排序)

司　婷　湖北中医药大学

刘昌慧　湖北中医药大学

刘炫麟　中国政法大学

李晓堰　昆明医科大学

吴颖雄　南京中医药大学

何　振　肇庆医学高等专科学校

邹　健　湖南中医药大学

张宇清　湖北中医药大学

陈　冰　湖北中医药大学

岳远雷　湖北中医药大学

赵　敏　湖北中医药大学

顾加栋　南京医科大学

曾　予　湖北中医药大学

谢青松　广西医科大学

華中科技大學出版社
http://www.hustp.com
中国·武汉

内容简介

本书是全国高等医药院校精品课程教材。

本书内容包括卫生法概述、医疗机构管理法律制度、执业医师法律制度、医疗技术临床应用法律制度、医疗纠纷处理法律制度、传染病防治法律制度等基本卫生法律、法规，同时新增了处方管理、抗菌药物临床管理、放射诊疗及医疗机构从业人员行为规范等其他卫生法学教材较为鲜见，但与医学生临床实践密切相关的章节内容。

本书可供基础、临床、护理、口腔医学及中医药类等专业使用，同时，也可以作为医疗机构的工作人员、卫生行政管理人员及社会大众了解、掌握我国基本卫生法律、法规的参考书籍。

图书在版编目(CIP)数据

卫生法学概论/赵敏，何振主编．—武汉：华中科技大学出版社，2016.7(2019.8 重印)
ISBN 978-7-5680-1832-6

Ⅰ.①卫…　Ⅱ.①赵…　②何…　Ⅲ.①卫生法-法的理论-中国　Ⅳ.①D922.161

中国版本图书馆 CIP 数据核字(2016)第 110477 号

卫生法学概论　　赵　敏　何　振　主编
Weisheng Faxue Gailun

策划编辑：史燕丽
责任编辑：熊　彦　史燕丽
封面设计：原色设计
责任校对：刘　竣
责任监印：周治超
出版发行：华中科技大学出版社(中国·武汉)　电话：(027)81321913
武汉市东湖新技术开发区华工科技园　邮编：430223
录　　排：华中科技大学惠友文印中心
印　　刷：武汉华工鑫宏印务有限公司
开　　本：787mm×1092mm　1/16
印　　张：17
字　　数：378 千字
版　　次：2019 年 8 月第 1 版第 6 次印刷
定　　价：49.90 元

前　　言

医学不仅是自然科学，更是社会科学，其间蕴含着深厚的人文理念与人文精神，法治精神则是其中重要的内容。卫生法学就是一门以维护公民生命健康权为宗旨的专门法学，与医学的救死扶伤宗旨殊途同归。

当下，越来越多的医学院校针对医学生开设了卫生法学课程，期待医学生们通过专门法学的学习，一方面能够掌握执业医师资格考试所要求的卫生法学知识体系，另一方面，能够更深刻地理解医患关系，更好地维护公民的生命健康权利和从业活动中的合法权益，适应未来临床执业活动的需要。为此，我们针对医学生的这些需求，从繁杂的卫生法学知识体系中遴选了相关卫生法学内容，确立了以医学生作为使用对象的行文角度和简洁的语言表达方式，并结合医学生临床实践的要求创新了理论联系实践的表现形式，编写了这本书，以供高等医药院校的基础、临床、护理、口腔医学及中医药类等专业使用。同时，本书也可以作为医疗机构的工作人员、卫生行政管理人员及社会大众了解、掌握我国基本卫生法律、法规的参考书籍。

本书中新增了处方管理、抗菌药物临床管理、放射诊疗及医疗机构从业人员行为规范等其他卫生法学教材较为鲜见，但与医学生临床实践密切相关的章节内容，这也充分反映了本书的编写团队对医学生实际需要的精准把握。

本书由中国政法大学、南京医科大学、湖北中医药大学、广西医科大学、南京中医药大学、昆明医科大学、肇庆医学高等专科学校等从事卫生法学教学与研究的教师联合编写。由赵敏提出基本框架及大纲，由赵敏、何振、刘炫麟、岳远雷进行初审，并提出修改意见，经过多次修改，稿件完成后，由赵敏及何振整理、定稿。

本书的编写得到了华中科技大学出版社的关心和支持，史燕丽编辑为本书的编辑出版花费了大量心血。本书还参考借鉴了国内外众多同行的卫生法学论著及研究成果，在此一并致以诚挚谢意。

本书编写分工如下：第一章 刘炫麟；第二章 顾加栋；第三章 赵敏；第四章 谢青松；第五章 李晓堰；第六章 邹健；第七章 刘昌慧；第八章 曾予；第九章何振；第十章 赵敏；第十一章 邹健；第十二章 吴颖雄；第十三章 陈冰；第十四章 岳远雷；第十五章 张宇清；第十六章 岳远雷、司婷。

尽管我们力求完美，尽力完善，但本书是否能成为一本好的教材，还有待于读者检验。当然，限于能力，书中难免存在不足，还望广大读者不吝赐教，以便今后修改完善。

赵敏　何振

网络增值服务使用说明

欢迎使用华中科技大学出版社医学资源服务网yixue.hustp.com

1.教师使用流程

（1）登录网址：http://yixue.hustp.com（注册时请选择教师用户）

注册 → 登录 → 完善个人信息 → 等待审核

（2）审核通过后，您可以在网站使用以下功能：

管理学生

2.学员使用流程

建议学员在PC端完成注册、登录、完善个人信息的操作。

（1） PC端学员操作步骤

①登录网址：http://yixue.hustp.com（注册时请选择普通用户）

注册 → 登录 → 完善个人信息

② 查看课程资源

如有学习码，请在个人中心-学习码验证中先验证，再进行操作。

（2） 手机端扫码操作步骤

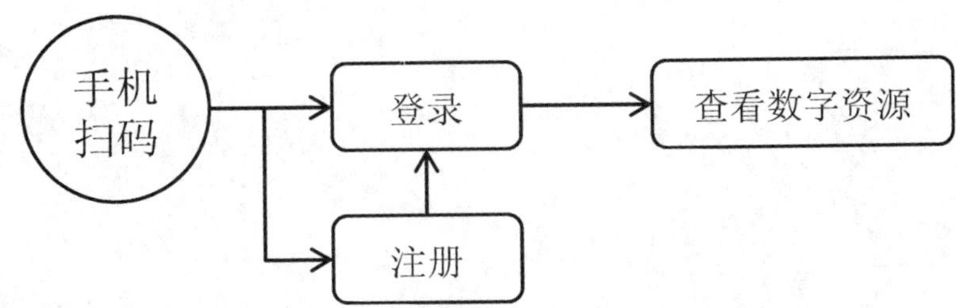

目录

第一章 卫生法概述

本章知识点：

- 卫生、卫生法、卫生法学、医事法学和药事法学
- 卫生法的调整对象、卫生法的特征
- 卫生法的基本原则、卫生法的作用
- 卫生法的渊源、卫生法的体系
- 卫生法律关系、法律事实
- 卫生法律责任、卫生民事责任、卫生行政责任和卫生刑事责任

本章导读：1926年3月初，我国著名思想家、文学家梁启超先生因尿血症久治不愈，住进北京协和医院，经检查确诊为右肾肿瘤，医生建议割除。当时，中国人对西医手术疗法普遍持有恐惧心理，很多朋友都反对梁先生做肾切除手术。他不顾朋友的反对，毅然决定接受手术治疗。3月16日，北京协和医院著名外科医生刘瑞恒教授亲自为梁启超切除了右肾，但术后检查发现右肾内有樱桃大的黑色肿瘤，经化验排除癌症，而是良性瘤，不是尿血的病因，也完全没有必要切除。倘若本案发生在现在，那么本案构成医疗事故吗？具体需要援引卫生法中的哪几部法律？梁启超与北京协和医院形成何种法律关系？医院及医务人员应当承担何种法律责任？本章内容给出了回答。

第一节 卫生法的概念

一、卫生

通说认为，“卫生”一词源自我国医学典籍《黄帝内经》，其《灵枢》一部设《营卫生会》之篇章，后见于《庄子·庚桑楚》，其曰“愿闻卫生之经”。事实上，“卫生”一词在古代主要意指养生，有“护卫生命”之义。

时至今日，卫生已发展至拥有多重含义，几乎涵盖了所有为维护和保障生命健康而进行的一切个人和社会活动，在一定程度上说，自然人从生至死，无不与卫生休戚相关。简而言之，卫生主要包括以下三个方面：一是使自然人在出生前后拥有比较强健的体质；二是自然人在生产和生活过程中不断增强体质，以饱满的精神状态和良好的适应能力，避免和抵御外部环境对生命体的不良影响；三是当自然人罹患疾病之时进行治疗，

使之恢复健康。如今，卫生已成为一项社会事业，一个具有科学内涵的知识体系。

二、法

“法”的古体是“灋”。“灋，刑也，平之如水，从水。廌所以触不直而去之，从廌去。”因此，法既有公平之义，亦有规范之用，还有明断是非曲直之能。但这只是揭示了法的部分属性，尚未揭示出其本质内涵。实际上，法是由国家制定、认可并由国家保证实施的，反映由特定物质生活条件所决定的统治阶级的意志，以权利和义务为内容，以确认和发展统治阶级所期望的社会关系和社会秩序为目的的行为规范体系。

《中华人民共和国宪法》(以下简称《宪法》)第一条第一款规定，“中华人民共和国是工人阶级领导的、以工农联盟为基础的人民民主专政的社会主义国家。”其第二条规定，“中华人民共和国的一切权力属于人民。人民行使国家权力的机关是全国人民代表大会和地方各级人民代表大会。人民依照法律规定，通过各种途径和形式，管理国家事务，管理经济和文化事业，管理社会事务。”由此可见，人民是我国的统治阶级，法主要反映人民的意志。

三、卫生法

卫生法是“卫生”与“法”二者的深度融合。综合“卫生”与“法”的核心意旨，可将卫生法界定为：由国家制定或者认可，并由国家强制力保证实施的，旨在调整和保护自然人生命健康活动中形成的各种社会关系的法律规范的总和。

卫生法有狭义和广义之分。其中，狭义上的卫生法仅指由全国人民代表大会及其常务委员会制定的各种卫生法律。广义上的卫生法，除了包含狭义上的卫生法之外，还涵盖了其他不同法律效力等级的行政法规、部门规章以及其他法律规范性文件，甚至包括一部分政策文件。若无特别说明，通常意义上所说的卫生法，指的是广义上的卫生法。

四、卫生法与卫生法学

卫生法与卫生法学既紧密联系，又存在明显差别。简言之，卫生法是具有法律效力的法律规范性文件，而卫生法学是不具有法律效力的一门科学，综合了法学、医学、生物学、药学、公共卫生学等多个学科的基本理论，是研究卫生法这一社会现象及其发展规律的一门新兴交叉学科。

卫生法属于行业法的范畴，其研究领域横跨宪法、民商法、行政法、刑法等多个法律部门，因此卫生法又可称之为跨部门法。自 20 世纪以来，自然科学和社会科学从分化逐渐走向融合、渗透，尤其是进入 20 世纪 60 年代以来，随着传统生物医学模式的日渐式微，取而代之的是“生物-心理-社会”全新医学模式的蓬勃发展，为卫生法学这门新兴交叉学科提供了孕育的环境和成长的助力。

关于卫生法学的名称，自其成立时起就处于争议之中，有的称之为“医事法学”，有的称之为“生命法学”。进入 2010 年之后，“卫生法学”已经越来越获得大多数人的认可，统编教材亦大多使用“卫生法学”这一名称。但是，卫生法学、医事法学和生命法学之间的关系却常常被混淆。实际上，三者既密切相关，又存在明显差别。具言之，卫生法学包含医事法学和生命法学，医事法学与生命法学存在交叉。医事法学是指研究医事法及其发展规律的一门法律科学，而医事法专指卫生法中主要调整医疗服务法律关系的法律法规的总称。生命法学是指研究生命法及其发展规律的一门法律学科，其内容涉及基因工程、辅助生殖、器官移植和脑死亡、安乐死等热点生命科学争议领域。

卫生法的发展在很大程度上推动了卫生法学的理论研究和人才培养。1989 年，国家卫生部、解放军总后勤部卫生部等单位在沈阳联合召开了首届全国卫生法学理论研讨会。1992 年，《中国卫生法制》杂志创刊，这是卫生法学领域第一本专业杂志。1993 年，中国卫生法学会在北京成立，并于 1998 年成为世界医学法学协会成员。1996 年，原南京铁道医学院（2000 年并入东南大学）在全国率先设立法学（医事法学方向）专业，进入 2000 年之后，天津医科大学、哈尔滨医科大学、北京中医药大学、湖北中医药大学、首都医科大学等院校先后设置相关专业方向进行人才培养。截至 2016 年 4 月，全国已有 50 余所院校加入到卫生法学人才培养的大潮，其中清华大学、复旦大学、中国政法大学、东南大学、南开大学等高校还培养硕士以上高层次人才。2009 年，中国卫生监督协会成立。2010 年，南方医科大学成立卫生法学国际研究院。2014 年，西南医科大学（前身为泸州医学院）在法学系的基础上成立法学院，成为全国第一家独立设置法学院的医学院校，人才培养集中在医事法学专业本科和（法律）硕士两个层次，具有很强的区域特色。卫生法学经过二十多年的探索和发展，已经成为法学界中一支生机勃勃的新生力量。

五、卫生法的历史发展

（一）外国卫生法的历史发展

根据文献记载，埃及于公元前 3000 多年就颁布了有关卫生方面的法令，内容涉及尸体掩埋、医师违纪、排水以及禁止弃婴等各种规定。在此之后，古印度的《摩奴法典》、古巴比伦的《汉谟拉比法典》以及古罗马《十二铜表法》、《阿基拉法》、《科尼利阿法》等均对医师的管理、医疗事故的处理、城市公共卫生、食品卫生、疾病预防、医学教育等作出了相关规定。

公元 5 世纪之后，欧洲封建国家逐渐兴起，各国普遍加强了卫生立法，领域更为宽泛，内容更加丰富，涉及学校卫生管理、卫生检疫、医疗许可、药品管理以及行医人员的培训、考核、奖惩等各个方面。公元 13—16 世纪，法国和英国先后制定了一些成文卫生法，如法国腓特烈二世制定发布的《医师开业法》、《药剂师开业法》和英国《佛罗伦萨药典》、《纽伦堡药典》等。

工业革命之后，资本主义国家进一步加快了卫生立法的节奏。以英国为例，1601年，其制定了《伊丽莎白济贫法》，该法不仅是英国第一个重要的济贫法，而且是世界上最早的社会保障法，对后世影响巨大。它的一个基本原则是，让没有工作能力的人，如孤儿、无人赡养的老人和身体残疾的人能够获得救济或赡养。其后，英国颁布了系列卫生法，如 1832 年的《贫困法》、1859 年的《食品药品法》、1868 年的新《药品法》、1875 年的《公共卫生法》、1911 年的《全国保险法》。1948 年又颁布《国家卫生服务法》，对医疗机构实行国有化；1964 年颁布《国家卫生保健法》，根据该法，英国公民不论其财产多少，在其支付了挂号费之后，均可免费获得国有医院提供的医疗服务。1983 年，英国对 1956 年至 1978 年期间颁布的医疗法及其法令进行系统整理和修改，重新颁布了《医疗法》。与英国相似，法国、德国、日本、美国等国家亦制定了许多卫生法。

（二）中国卫生法的历史发展

通说认为，我国古代卫生法可追溯至殷商时期。《韩非子 · 内储说上》、《周易》、《春秋》、《周礼》、《左传》等经典书籍上的相关文字记载，集中反映出中国古代对繁衍健康后代的认识与重视。周代建立了最早的医事制度。根据《周礼 · 天官》上的相关记载，宫廷医生分为食医（负责饮食）、疾医（内科）、疡医（外科）和兽医四种。此外，周代还建立了世界上最早的病历死亡报告制度。春秋战国之后，我国进入了封建社会，卫生立法获得了迅速发展。从秦代时起，我国出现了比较系统的法典，内含其中的卫生法规范逐渐增多，有关医疗管理制度和药品管理制度趋于规范化。根据 1975 年 12 月在湖北云梦睡虎地出土的《云梦秦简》所载，秦律不仅有《法经》六篇的内容，而且还有《田律》等内容，这在一定程度上说明，秦代对环境卫生比较重视。公元 659 年，唐朝颁布了《新修本草》，其比《佛罗伦萨药典》还要约早 800 年。宋、金、元时期，医药卫生制度在许多方面沿袭唐制，但均有发展。如宋朝建立了国家药品检验制度，《元典章》更是规定，禁止医生出售剧毒药品和堕胎药品，禁止假医游街卖药，医生治死人命必须酌情定罪等。明、清时期，更是通过立法对医家行医、考试录用、庸医处罚等作出了明文规定。辛亥革命之后，我国的卫生立法趋于专门化，如《传染病预防条例》、《医师暂行条例》、《助产士条例》等均为适例。

1949 年新中国成立后，我国卫生法进入了一个崭新的发展阶段。1949 年《共同纲领》和 1954 年《宪法》均明确提出要大力发展和推广医药卫生事业。1957 年 12 月 23 日，全国人民代表大会常务委员会颁布了《中华人民共和国国境卫生检疫条例》，这是我国第一个专门性的卫生法律。1963 年 10 月 15 日，卫生部、化工部、商业部联合发布了《关于药政管理的若干规定》，这是我国药政管理领域第一个综合性法规文件。从 20 世纪 60 年代初开始，我国的卫生立法开始放缓，“文革”期间更是近乎停滞，直到 1978 年十一届三中全会之后，卫生立法才再度起航。截至 2016 年 4 月，我国共有 11 部卫生法律，39 部卫生法规，近 200 个部门规章。不过，尽管卫生立法成就值得充分肯定，但仍欠缺一部卫生基本法加以统领。

（三）国际卫生法的历史发展

随着全球经济的发展和各国之间交流与合作的日益密切，鼠疫、霍乱、天花、黄热病等烈性传染病亦广泛流行。各国充分认识到，制定大家普遍遵循的旨在保护人体健康和动植物卫生活动的基本原则、规则和制度至关重要，正是在这样的背景下，国际卫生法产生了。1851 年，第一次国际卫生会议在巴黎举行，制定了世界上第一个地区性《国际卫生公约》。1905 年，美洲十余个国家共同签署了泛美卫生法规。1948 年，世界卫生组织（WHO）成立，其在后续的《国际卫生条例》、《放射防护基本安全标准》等立法中发挥了至关重要的作用。联合国（UN）也制定了多项与卫生有关的国际公约，如 1961 年的《麻醉品单一公约》、1971 年的《精神药物公约》等。世界医学会（WMA）同样制定了大量的国际公约或原则，代表性的有《日内瓦宣言》、《赫尔辛基宣言》、《悉尼宣言》、《奥斯陆宣言》、《东京宣言》、《夏威夷宣言》、《献血与输血的道德规范》、《世界人类基因组与人权宣言》等。世界贸易组织（WTO）的若干协定中也涉及医疗卫生的相关内容，代表性的有《实施卫生与植物卫生措施协定（SPS）》、《技术性贸易壁垒协定（TBT）》、《服务贸易总协定》等。

第二节　卫生法的调整对象与特征

一、卫生法的调整对象

通说认为，卫生法的调整对象是指卫生法在规范与人体生命健康相关活动中形成的各种社会关系。尽管各种社会关系纵横交错，但如果按照性质划分，无外乎卫生民事法律关系、卫生行政法律关系、卫生刑事法律关系。如果按照社会关系的内容划分，则其至少涉及卫生组织关系、卫生管理关系、卫生服务关系、医疗卫生技术人员管理关系、生命健康权益保障关系、现代医学与生命科学技术关系、国际卫生关系等，主要涵盖卫生管理活动、卫生组织活动、卫生发展活动和卫生服务活动。

所谓卫生管理活动，是指国家卫生行政机关及其授权主体，根据国家相关法律规定，采取行政或其他手段，对人们的生产卫生、生活卫生以及其他与人体健康、人类生存和发展直接相关的社会活动进行组织、领导、监督、评估等活动。卫生组织活动是指通过法律条文的形式将各级卫生行政部门和各级各类医疗卫生组织的法律地位、隶属关系、职权范围以及权利义务等固定下来，形成科学合理的管理体系和制度规则。卫生发展活动，是指人们为改善个人和社会现有卫生状况而实施的有利于社会卫生事业发展的各种建设性活动，如个人生活习惯的改善、食品营养结构的调整等。卫生服务活动是指卫生行政部门、医疗卫生单位以及有关企事业单位、自然人向人们提供一定的卫生咨询指导、医疗预防保健、医疗技术、卫生设施等各种服务活动。

二、卫生法的特征

（一）卫生法以保护自然人的生命健康权为根本宗旨

我国《宪法》第三十三条第三款规定，“国家尊重和保障人权。”其第四十五条第一款规定，“中华人民共和国公民在年老、疾病或者丧失劳动能力的情况下，有从国家和社会获得物质帮助的权利。国家发展为公民享受这些权利所需要的社会保险、社会救济和医疗卫生事业。”生命健康权是人权中最基本的权利，也是自然人从事各种活动的先决条件，作为规范与人体生命健康相关活动中形成的各种社会关系的卫生法，当然需要将其作为首要目的和根本宗旨加以保护。根据这一理念的指引，我国《食品安全法》、《药品管理法》、《传染病防治法》、《国境卫生检疫法》等卫生法律均将保护人体健康列入总则并作为立法宗旨。

（二）卫生法与自然科学尤其是医学紧密相关，具有科学性和技术规范性

卫生法是依据医学、生物学、药学、公共卫生学以及其他自然科学的基本原理和研究成果制定的，这就决定了卫生法与自然科学尤其是医学密切相关。随着医学的发展和进步，实践中不断涌现出诸如器官移植、脑死亡、基因诊断与治疗、生殖技术等高新技术问题，这迫切需要国家立法机关通过制定或者修改卫生法来积极回应，因而不可避免地会吸收大量的操作规程、技术常规和卫生标准，卫生法的内容、形式、调整范围、调整方法、立法技术以及法律用语等方面都受到科技的影响。

（三）卫生法调整的社会关系十分广泛，调整手段需要综合性和多样性

卫生法调整的社会关系十分广泛，内容丰富复杂，自然人从生到死，无不处于卫生法的调整之下。在卫生法所调整的社会关系的性质上，有的属于民事法律关系，有的属于行政法律关系，还有的属于刑事法律关系。这一方面决定了卫生法条文的设计需要采取任意性规范和强制性规范、实体性规范和程序性规范相结合，另一方面决定了卫生法具有较强的行政管理和社会控制之特质，通过设定国家卫生监督、卫生许可、报告或申报等法律制度以凸显卫生行政机关的权威性，并常常设定行政处罚条款。

（四）卫生法是具有一定国际性的国内法，具有社会共同性

卫生法的根本任务是预防和消灭疾病，改善人们劳动和生活环境的卫生条件，保护人体健康，这是全人类的根本利益和长远利益所在。法律是由特定主权国家制定和认可的规范性文件，因此它属于国内法，具有较强的地域性特征。但由于疾病的发生和流行常常突破了国界和人群的限制，需要联防联治，相互借鉴，相互学习，往往将共同性的卫生要求、卫生标准纳入本国法律的内容，吸收国际通行的卫生规则，因此卫生法又具有一定的国际性和社会共同性。

第三节　卫生法的基本原则和作用

一、卫生法的基本原则

法律原则是法律的基础性真理、原理，或是为其他法律要素提供基础或本源的综合性支撑或出发点。具体到卫生法的基本原则，目前理论界尚未形成一致的认识，但一般认为，应当包括保护自然人生命健康权、预防为主与防治结合、中西医协调发展、全社会参与和国家卫生监督五项基本原则。

（一）保护自然人生命健康权原则

保护自然人生命健康原则要求卫生法的制定和实施必须以保护自然人的生命健康权益作为根本宗旨，使每个自然人都能依法享有改善卫生条件、获取基本医疗卫生服务的权利，以促进身体健康。2009 年颁发的《中共中央国务院关于深化医药卫生体制改革的意见》更是明确指出，“坚持医药卫生事业为人民健康服务的宗旨，以保障人民健康为中心，以人人享有基本医疗卫生服务为根本出发点和落脚点……努力实现全体人民病有所医。”目前，我国正在进行医药卫生体制改革，完善社会保障制度，其目的就是为了更好地保障人民的生命健康。

（二）预防为主与防治结合原则

1950 年 8 月，第一届全国卫生工作会议在北京召开，会议一致同意以“面向工农兵”、“预防为主”、“团结中西医”为新中国卫生工作的三大方针。至此之后，我国历届全国卫生工作会议以及相关的卫生立法均强调“预防为主、防治结合”的原则和理念。但卫生执法不严以及人们健康观念的滞后等多种原因的综合影响，导致在我国的医疗卫生实践中，该原则贯彻的实效却是一般。因此，要做好属于综合性系统工程的预防工作，就要增强每一个自然人的预防保健意识，更要明确医疗卫生预防保健工作是全社会的共同责任。近些年来，我国发布了艾滋病防治、传染性非典型肺炎防治等管理和预防法规，刑法中也进一步加强了对危害公共安全行为的规范，如规定了非法采集、供应血液罪，传播性病罪等，均体现了“预防为主”的精神和原则。

（三）中西医协调发展原则

中国传统医学有着数千年的历史，是我国各族人民在长期同疾病进行斗争中的经验总结；而西方医学主要是伴随着现代科学技术而发展起来的。在对疾病的诊疗和护理中，不仅要认真学习和运用西方医学，还要努力继承和发扬中国传统医学，从而使中西两个不同理论体系的医药学相互取长补短，协调发展，以共同造福人类。从卫生法的立法和保护上考察，传统医学要明显弱于西医，且现有的中医还呈现出“西化”的趋势，这十分不利于传统医学的良性发展。《中华人民共和国中医药法（征求意见稿）》第三条明文规定,“国家实行中西医并重的方针,充分发挥中医药在医药卫生事业中的作用。”可以看出,该法试图通过卫生立法扭转当前中西医发展不协调的局面。

(四) 全社会参与原则

医疗卫生事业属于全民事业,需要政府、卫生行政部门、社会团体、有关单位和个人的集体参与,积极履行相应的职责。中央和地方各级政府要把医疗卫生事业列入经济和社会总体发展规划,加强对医疗卫生事业的宏观管理,通过各种形式提供涵盖人员编制、资金、设备等全方位的支持。卫生行政部门作为医疗卫生事业的主管部门,要认真组织实施卫生工作,加强对医疗卫生技术人员的管理和保护,强化卫生监督与执法;政府其他部门,如人力资源和社会保障部门、民政部门、财政部门、公安部门等,要积极配合卫生行政部门完成一定的任务;各社会团体、有关单位和广大个人要积极践行健康生活方式,通过多种方式和渠道履行义务,贡献自己的力量。

(五) 国家卫生监督原则

卫生监督主要包括医政监督、药政监督、卫生防疫监督和其他有关卫生监督。国家卫生监督原则就是指卫生行政机关或授权的职能部门,对其管辖范围内的有关单位和个人执行卫生法律、法规的情况予以监察督导。

二、卫生法的作用

法的作用又称之为法的功能,泛指法对个人以及社会发生影响的体现。通说认为,法有规范作用和社会作用之分。法的规范作用包括告示、指引、评价、教育、预测和强制六种。法的社会作用要比法的规范作用更为复杂和重要,在阶级社会中,其至少包括两大方面:一是维护统治阶级的阶级统治,二是执行社会公共事务。卫生法的作用就专指卫生法对个人和社会发生影响的体现,具有自身独特的规范作用和社会作用。

(一) 卫生法的规范作用

1. 告示 卫生法的告示作用,是指法代表国家对各主体行为的态度和意见。它通过昭示天下的方式告知各主体必须做、应当做、可以做、禁止做等事项。人们可以通过卫生法条文的内容以及内含于其中的态度,了解国家的发展目标、价值取向和政策导向。

2. 指引 卫生法的指引作用,一是鼓励或允许有关主体从事某种行为,二是防止或者禁止有关主体从事某种行为,尤其是通过法律责任的设定,影响主体的具体行为选择。

3. 评价 卫生法作为一种行为标准和行为尺度,具有衡量、判断各参与主体的行为的作用。卫生法的评价作用首先体现在某一主体的行为是否合法,其次通过道德、伦理和理性等价值理念衡量和判断该行为是正确的,还是错误的,是善良的,还是邪恶的,最终影响到行为主体的价值观念和是非标准,进而达到指引主体行为的效果。

4. 教育 卫生法的教育作用表现在,通过国家和社会的价值观念和价值标准凝结为固定的行为模式(如规则、原则等)和法律符号(如天平、宝剑等)向人们传递占支配地位的意识形态，并使之渗透、内化于身，借助主体的行为进一步传播。其主要表现在使主体形成一定的法律习惯，通过合法行为的鼓励和违法行为的制裁，提高法律意识、权利意识、义务观念和责任感。

5. 预测 卫生法的预测作用，是指依靠卫生法规范的内容，相关主体可以预先估计到他们行为的效果，尤其是预估到掌握权力的国家机关及其工作人员将如何对待自己的行为。

6. 强制 卫生法的强制作用，主要表现在其对违法行为的制裁，通过制裁，可以提高卫生法的权威性，保护各主体的合法权益，增强社会安全感。制裁的方式主要是通过民事责任、行政责任和刑事责任的具体设定，法律责任性质及其方式的适用，主要取决于行为主体的社会危害性、主观状态以及弥补措施等。

（二）卫生法的社会作用

卫生法的社会作用主要体现为社会公共事务的执行，主要包含以下四个方面的内容。

1. 依法管理医药卫生事业，促进我国医疗卫生事业的健康发展 卫生法将党的卫生政策贯彻其中，使之具体化、法律化以及制度化，确立和保证国家对医药卫生事业的领导，通过深化医药卫生管理体制和运行机制改革，实现医药卫生资源配置上的公平和效率，满足人民群众日益增长的医疗卫生服务需求，这亦是全面建设小康社会和构建和谐社会一项重要任务。

2. 保障自然人的生命健康权益，提高社会公众的卫生法制意识 卫生法的根本宗旨就是维护自然人的生命健康权益，它一方面将一部分技术性、伦理性规范融入卫生法，上升为具有强制效力的法律性规范文件，让医药卫生工作者有章可循，形成良好的医药卫生工作秩序，使社会公众的生命健康权益得到保护，另一方面通过制裁各种卫生违法犯罪行为，捍卫公民的生命健康权益。

3. 推动医疗科技的进步，实现经济的协调发展 通过卫生法的制定、修改和完善，可以将高新的医药卫生科技固定其中，使之受到卫生法的确认和保护，但考虑到个体利益与社会公众利益的平衡问题，有时亦会设定一定的限制。

4. 促进国际卫生的交流与合作 我国的卫生立法非常注意与有关的国际条例、公约相协调，既保护了自然人的生命健康权益，又履行了国际义务，促进了国际卫生的交流和合作。

第四节　卫生法的渊源与体系

一、卫生法的渊源

法的渊源，又称“法源”或“法律渊源”，是指法的效力来源，包括法的创制方式和法律规范的外部表现形式。卫生法的渊源是指卫生法的创制方式和法律规范的外部表现形式。

（一）《宪法》

《宪法》是我国的根本大法，是一部母法，具有最高的法律效力，是包括卫生法在内的我国一切法的创制基础，构成卫生法的渊源。《宪法》中规定国家实行的医药保障的基本制度和法律赋予公民的基本的生命健康权利等内容就是广义的卫生法的内容。

我国《宪法》第二十一条规定："国家发展医疗卫生事业，发展现代医药和我国传统医药，鼓励和支持农村集体经济组织、国家企业事业组织和街道组织举办各种医疗卫生设施，开展群众性的卫生活动，保护人民健康。国家发展体育事业，开展群众性的体育活动，增强人民体质。"其第二十五条规定："国家推行计划生育，使人口的增长同经济和社会发展计划相适应。"其第四十五条规定："中华人民共和国公民在年老、疾病或者丧失劳动能力的情况下，有从国家和社会获得物质帮助的权利。国家发展为公民享受这些权利所需要的社会保险、社会救济和医疗卫生事业。国家和社会保障残废军人的生活，抚恤烈士家属，优待军人家属。国家和社会帮助安排盲、聋、哑和其他有残疾的公民的劳动、生活和教育。"

（二）卫生法律

卫生法律是仅次于《宪法》的卫生法的主要渊源。它是由全国人民代表大会及其常务委员会制定和修改的规范性法律文件。截至 2016 年 4 月，我国共制定了 11 部卫生法律，按照制定时间的先后依次是《中华人民共和国药品管理法》、《中华人民共和国国境卫生检疫法》、《中华人民共和国传染病防治法》、《中华人民共和国红十字会法》、《中华人民共和国母婴保健法》、《中华人民共和国献血法》、《中华人民共和国执业医师法》、《中华人民共和国职业病防治法》、《中华人民共和国人口与计划生育法》、《中华人民共和国食品安全法》、《中华人民共和国精神卫生法》。另外值得一提的是，我国《基本医疗卫生法》、《中医药法》已被列入国家立法规划，正在制定之中。

（三）卫生行政法规

卫生行政法规是由国务院根据《宪法》和法律制定的规范性法律文件，效力低于《宪法》与法律。根据国家卫生和计划生育委员会法制司于 2014 年 8 月的数据统计，现行有效的卫生行政法规共 39 部，包括《中华人民共和国国境口岸卫生监督办法》、《公共场所卫生管理条例》、《中华人民共和国尘肺病防治条例》、《医疗用毒性药品管理办法》、《放射性药品管理办法》、《中华人民共和国国境卫生检疫法实施细则》、《化妆品卫生监督条例》、《学校卫生工作条例》、《中华人民共和国传染病防治法实施办法》、《中药品种保护条例》、《医疗机构管理条例》、《食盐加碘消除碘缺乏危害管理条例》、《中华人民共和国红十字标志使用办法》、《血液制品管理条例》、《国内交通卫生检疫条例》、《医疗器械监督管理条例》、《计划生育技术服务管理条例》、《中华人民共和国母婴保健法实施办法》、《医疗事故处理条例》、《使用有毒物品作业场所劳动保护条例》、《社会抚养费征收管理办法》、《中华人民共和国药品管理法实施条例》、《中华人民共和国中医药条例》、

《突发公共卫生事件应急条例》、《医疗废物管理条例》、《乡村医生从业管理条例》、《病原微生物实验室生物安全管理条例》、《疫苗流通和预防接种管理条例》、《麻醉药品和精神药品管理条例》、《放射性同位素与射线装置安全和防护条例》、《艾滋病防治条例》、《血吸虫病防治条例》、《人体器官移植条例》、《国务院关于加强食品等产品安全监督管理的特别规定》、《护士条例》、《乳品质量安全监测管理条例》、《流动人口计划生育工作条例》、《中华人民共和国食品安全法实施条例》、《女职工劳动保护特别规定》。其中,《医疗事故处理条例》拟修改为《医疗纠纷预防与处理条例》,已于 2015 年 10 月 30 日面向全社会征求意见,目前正在制定之中。

(四) 卫生规章

卫生规章主要指国务院组成部门及直属机构,省、自治区、直辖市人民政府及省、自治区政府所在地的市和经国务院批准的较大的市的人民政府,在它们的职权范围内,为执行卫生法律、法规,需要制定的事项或属于本行政区域的具体行政管理事项而制定的规范性文件。主国家卫生和计划生育委员会作为我国卫生行业的最高行政机关,其颁布的卫生规章最多。截止到目前,仅常用的部门规章就多达 200 个。

(五) 地方性卫生法规

地方性卫生法规是指省、自治区、直辖市及省会所在地的市和经国务院批准的较大的市的人民代表大会及其常务委员会,根据国家授权或为贯彻执行国家法律,结合当地具体情况和实际需要,依法制定和批准的有关医疗卫生方面的规范性法律文件。关于地方性法规的数量,并无相关的权威的数据统计。

(六) 卫生自治条例与单行条例

卫生自治条例与单行条例是由民族自治地方的人民代表大会根据宪法、组织法和民族区域自治法的规定,依照当地民族的政治、经济和文化的特点,制定、修改、发布的有关医疗卫生方面的规范性法律文件。

(七) 卫生标准、规范和规程

卫生标准、卫生技术规范和操作规程这些自然科学规范一经法律、法规确认,就成为我国卫生法律体系的一个重要组成部分。当前,我国的卫生标准可以分为国家和地方两级,主要有工业企业设计卫生标准、饮水用水标准、食品卫生标准、放射卫生防护标准和职业病诊断标准等方面。迄今我国已组织制定并批准各类卫生标准 1800 余项,现行有效的就多达 1100 余项。

(八) 法律解释

我国《立法法》第四十五条规定:“法律解释权属于全国人民代表大会常务委员会。法律有以下情况之一的,由全国人民代表大会常务委员会解释:(一)法律的规定需要进一步明确具体含义的;(二)法律制定后出现新的情况,需要明确适用法律依据的。”凡属于法院审判工作中具体应用法律的问题,由最高人民法院解释;凡属于检察院检察工作中具体应用法律的问题,由最高人民检察院解释。不属于法院审判和检察院检察范围的,由国务院及主管部门进行解释。凡属于地方性法规的,由省、自治区、直辖市人大常委会作出解释。法律解释属于有权解释,学理解释属于无权解释,不具有法律效力,亦不是卫生法的渊源。

(九)有关卫生的国际公约

国际卫生公约是指我国同外国缔结的双边或者多边卫生条约、协定和其他具有条约、协定性质的国际卫生规范性法律文件以及我国加入的有关国际组织制定的卫生公约。国际卫生条约不属于我国国内法范畴,但对于我国已经加入或者签署的国际卫生公约,除我国声明保留的条款外,均有法律拘束力。例如,我国于 1979 年加入了《国际卫生条例》,于 1985 年加入了《1961 年麻醉品单一公约》和《1971 年精神药物公约》,于 1900 年签署了《儿童权利公约》,于 2005 年批准了《烟草控制框架公约》等。

二、卫生法的体系

法律体系又称之为法的体系,是指由一个国家现行的全部规范按照不同的法律部门分类组合形成的一个呈现体系化的有机联系的统一整体。卫生法的体系就是指我国现行卫生法律规范形成的体系化的有机联系的统一整体。在我国,卫生法涉及医疗卫生保健工作的各个方面,具体包括以下六个方面的内容:

(1) 公共卫生和预防保健法律制度,如传染病预防控制制度、突发公共卫生事件应急制度、职业病防治制度、公共场所和学校卫生管理制度、妇女儿童健康权益保障制度、精神卫生制度等;

(2) 医疗机构和卫生技术人员管理法律制度,如医疗机构管理制度、卫生技术人员管理制度、医疗技术临床应用管理制度等;

(3) 与人体健康相关产品管理法律制度,如食品安全制度、药品管理制度、化妆品卫生监管制度、医疗器械监督管理制度、消毒产品及涉及饮用水产品安全管理制度等;

(4) 传统医学保护法律制度,如保护、扶持、发展中医药事业制度、坚持中西医并重制度、中医医疗机构及从业人员规范化管理制度、中药品种保护制度等;

(5) 卫生公益事业法律制度,如中国红十字会的性质和工作制度、我国公民自愿参加红十字会制度、红十字标志的使用制度、健康公民自愿无偿献血制度;

(6) 国际卫生法律制度等。

第五节 卫生法律关系

一、卫生法律关系的概念

卫生法律关系作为法律关系的一种类型,是指由卫生法构建或调整的、以权利与义务为内容的社会关系。

由于卫生法属于行业法，横跨多个法律部门，这就决定了卫生法律关系既有纵向的卫生法律关系，也有横向的卫生法律关系，形成一种纵横交错的统一体。所谓纵向的卫生法律关系，是指国家机关在实施卫生管理活动的过程中，与自然人、法人及其他组织发生的计划、指挥、调节、监督和管理等隶属关系，主要包括社会管理关系和内部管理关系，前者如食品安全管理、传染病防治管理等，后者如医疗机构内部工作人员管理等，主要表现为行政法律关系。此外，纵向的卫生法律关系还应当包括一部分刑事法律关系。所谓横向的卫生法律关系，是指医疗、预防和保健机构同自然人、法人及其他组织在医疗卫生服务过程中形成的权利义务关系，主要表现为民事法律关系，当事人双方具有平等的法律地位，除特殊情形或者法律有特别规定之外，应当充分贯彻民法的自愿原则。

二、卫生法律关系的特征

（一）卫生法律关系是由卫生法所调整的社会关系

卫生法是卫生法律关系存在的前提，国家有关立法机关按照法定职权和程序创制相应的卫生法律规范，通过具体的条文设定各主体之间的权利、义务，并具有法律拘束力，进而调整相应的社会关系。这种社会关系，与自然人的生命健康密切相关，而且主要在医药卫生管理与医疗卫生服务等特定活动中形成。

（二）卫生法律关系是由卫生法律规范实现的特殊形式

卫生法律规范中设定的权利、义务并不是现实行为，只有某一法律事实出现引起具体的卫生法律关系之时，才转化为实际的权利、义务。

（三）卫生法律关系是一种纵横交错的法律关系

卫生法属于社会综合性立法，亦是一部横跨私法和公法的行业法，它不仅包括基于卫生管理产生的纵向卫生法律关系，而且包括基于医疗卫生服务产生的横向卫生法律关系，共同组成了一种纵横交错的卫生法律关系统一体，共同致力于自然人生命健康权益的维护。

（四）卫生法律关系的主体具有一定的特殊性

卫生法是一个专业性较强的法律体系，这就决定了卫生法律关系的主体也具有较强的专业性，这种专业性主要表现为卫生行政部门和从事医疗卫生预防保健的团体和个人。

三、卫生法律关系的类型

从法律关系的性质以及法律责任的角度，可以将卫生法律关系划分为卫生民事法律关系、卫生行政法律关系和卫生刑事法律关系。

（一）卫生民事法律关系

卫生民事法律关系，主要是指医疗预防保健机构与自然人、法人和其他组织形成的医疗卫生服务关系，以医疗服务合同之债与医疗侵权之债为典型。2007 年 10 月 29 日，最高人民法院审判委员会第 1438 次会议通过了《民事案件案由规定》，该规定中明确列举了医疗服务合同纠纷和医疗损害责任纠纷，并将后者进一步细分为侵害患者知情同意权责任纠纷和医疗产品责任纠纷两种类型。

（二）卫生行政法律关系

卫生行政法律关系，主要是指卫生行政主体行使行政职能和接受行政法制监督过程中而与行政相对人、行政法制监督主体之间发生的各种关系，以及行政主体内部发生的各种关系。

（三）卫生刑事法律关系

卫生刑事法律关系，主要是指国家刑事法律所调整的因医药领域的犯罪行为而引起的在控罪主体与被控罪主体之间为解决是否构成犯罪以及如何承担刑事责任而形成的一种社会关系。卫生刑事法律关系的产生，主要是因为自然人、法人或者其他组织触犯了医药领域的刑事法律规范，内容主要涉及生产、销售假药罪，生产、销售劣药罪，生产、销售不符合安全标准的食品罪，生产、销售有毒、有害食品罪，生产、销售不符合标准的医用器材罪，生产、销售不符合卫生标准的化妆品罪，组织出卖人体器官罪，妨害传染病防治罪，传染病菌种、毒种扩散罪，妨害国境卫生检疫罪，非法组织卖血罪，强迫卖血罪，非法采集、供应血液、制作、供应血液制品罪，采集、供应血液、制作、供应血液制品事故罪，医疗事故罪，非法行医罪，非法进行节育手术罪，妨害动植物防疫、检疫罪，传染病防治失职罪，动植物检疫失职罪等数十种犯罪。犯罪嫌疑人主观方面，有的是因为故意，如组织出卖人体器官罪等；有的是因为过失，如医疗事故罪等。但无论是故意还是过失，基于主体违反卫生刑事法律规范而产生的刑事法律关系，在结果上具有较大的社会危害性。

四、卫生法律关系的要素

卫生法律关系的要素包括主体、客体和内容三个方面。

（一）卫生法律关系的主体

卫生法律关系的主体，是指参与卫生法律关系享有权利并承担义务的自然人、法人和其他组织，一般称之为当事人。具言之，主要包括卫生行政部门等机关法人、企事业单位法人、其他组织以及自然人。作为特别情形，国家（检察机关）在卫生刑事法律关系中，可以成为与犯罪主体并列但地位不等的主体。

（二）卫生法律关系的客体

卫生法律关系的客体，是指卫生法律关系主体的权利和义务所共同指向的对象。卫生法律关系的客体具有广泛性，主要包括人身利益、物、行为、智力成果等。

1. 人身权益 以人身权益形式出现的客体，以自然人的生命健康权益最为基础和重要。其他人身权益客体，如自然人的身体权、肖像权、器官和尸体的归属权等，亦不可或缺。

2. 物 物是指存在于人体之外，占有一定的空间，能够为人力所支配并且能满足人类某种需要，具有稀缺性的物质对象。在卫生法律关系中，作为其客体的物具有一定的特殊性，它主要用来满足个人和社会的医疗卫生保健需求，如食品、药品、化妆品、医疗器械等。

3. 行为 在法律上按照行为方式的不同，可以将行为区分为作为和不作为两种类型，前者是一种积极行动，后者是一种消极行动。作为卫生法律关系客体的行为通常是作为，一种积极行动，否则将构成违约或违法，主要包括卫生行政和卫生服务两个方面。在卫生行政方面，卫生审批、申请许可即为典型。

4. 智力成果 智力成果是指人们通过智力劳动创造的精神财富或精神产品，主要包括文学、艺术、科技作品、发明、实用新型、外观设计以及商标等。就作为卫生法律关系客体的智力成果而言，主要是医药领域知识产权，如新药的发明、中医药的商业秘密、医疗器械专利以及商标等。

（三）卫生法律关系的内容

卫生法律关系的内容，是指卫生法律关系的主体依法所享有的权利、可以行使的权力、承担的义务以及受到的其他法律拘束等。其中，权利（力）和义务是卫生法律关系内容的核心要素。在医疗服务合同关系中，患者和医疗机构缔结医疗服务合同成为当事人双方。作为患者，其主要权利是要求医疗机构及其医务人员按照法律、法规或者其他诊疗规程提供相应的医疗卫生服务，而这恰恰是医疗机构的主要义务；作为医疗机构，其主要权利是要求患者支付相应的诊疗费用，而这恰恰是患者的主要义务。

五、卫生法律关系的变动

卫生法律关系的变动主要是指卫生法律关系的产生、变更和消灭。能够引起卫生法律关系变动的客观现象，称之为法律事实。根据是否与当事人的意志有关，可将法律事实分为行为和事件两大类。行为是指当事人有意识的活动，如缔结医疗美容服务合同等；事件是指与当事人的意志无关，能够引起卫生法律后果的客观现象，如对已经发生甲类传染病例的场所或者该场所内的特定区域的人员，所在地的县级以上人民政府可以实施隔离措施。

（一）卫生法律关系的产生

卫生法律关系的产生描述的是相关主体之间的法律关系基于某种法律事实的作用实现了从无到有，并受到法律的拘束。例如，患者与医院（整形美容科）签订了一份祛斑美容的合同，这一行为就引起了卫生法律关系的产生。

（二）卫生法律关系的变更

因法律事实的出现而导致卫生法律关系的变更主要包括三个方面：一是主体变更，

即权利(力)主体或义务主体发生变化;二是内容变更,即主体享有的权利(力)和承担的义务在范围和性质上发生变化;三是客体变更,即客体发生变化。例如,卫生管理机关的设立与撤销,常常引起卫生管理关系主体的变更;患者在医疗治疗过程中又发生了医疗事故,在卫生法律关系的内容(如患者权利、义务)上发生变更。

(三) 卫生法律关系的消灭

卫生法律关系的消灭是指因某种法律事实的出现导致当事人权利义务关系的终结。仍以患者与医院(整形美容科)签订的祛斑美容合同为例,该卫生法律关系既可以因为医患双方的完全履行而消灭,也可以因为双方的合同解除而消灭,还可以因为合同更新而消灭,即双方以一个全新的医疗美容合同代替了之前的祛斑美容合同。

第六节　卫生法律责任

一、卫生法律责任

卫生法律责任是指行为人不履行或者不适当履行卫生法确定的义务,侵犯了他人的合法权益(包括人身权益、财产权益以及精神权益等),而对其行为应当承担的具有强制性的法律后果。

卫生法律责任的产生是以相关主体的义务违反为前提的,具体的责任方式、幅度等在相关的法律条文中有着明确的规定,由国家公权力作为后盾具有强制效力,责任的课处只能由司法机关、行政机关等有权机关按照法定职权范围和行使程序进行。根据卫生违法的性质、情节、动机和危害程度等标准,可将卫生责任划分为卫生民事责任、卫生行政责任和卫生刑事责任。

二、卫生民事责任

卫生民事责任,是指医疗机构及其医务人员或者从事医疗卫生事业有关的主体违反了法律规定侵害自然人的合法权益时,应当向受害人承担的以损害赔偿为主要形式的法律责任。我国法律规定的民事责任的一般承担方式包括:停止侵害、排除妨碍、消除危险、返还财产、恢复原状、赔偿损失、赔礼道歉、消除影响、恢复名誉等。

三、卫生行政责任

卫生行政责任,是指有关主体违反卫生行政法律规范且尚未构成犯罪所应承担的法律后果。根据我国现行卫生行政管理法律法规的规定,卫生行政责任主要包括行政处罚和行政处分两种。

（一）行政处罚

我国《行政处罚法》明文规定了行政处罚的种类，其包括警告、罚款、没收违法所得、没收非法财物、责令停产停业、暂扣或者吊销许可证、暂扣或者吊销执照、行政拘留等。

（二）行政处分

卫生行政处分是指有管辖权的国家机关或企事业单位的行政领导对所属一般违法失职人员给予的一种行政制裁。我国《公务员法》规定的行政处分种类主要包括警告、记过、记大过、降级、撤职、开除 6 种。

四、卫生刑事责任

卫生刑事责任，是指违反卫生法的行为侵害了刑法所保护的社会关系，构成犯罪所应承担的法律后果。我国《刑法》规定刑罚种类分为主刑和附加刑，主刑包括管制、拘役、有期徒刑、无期徒刑和死刑；附加刑包括罚金、剥夺政治权利和没收财产。附加刑也可以独立适用。

思考题

1. 名词解释：卫生法　卫生法律关系　卫生法律责任
2. 卫生法的基本原则是什么？
3. 卫生法的规范作用和社会作用是什么？
4. 卫生法律关系的划分标准、类型及意义？
5. 卫生行政责任的具体方式是什么？

案例思考

2003 年 11 月 2 日晚，河南省 H 市中医院接到急救电话后，在郑州至 H 市的一个乡村路口接回并收治了一名因交通事故导致生命垂危的患者，医院当即为该患者实施了紧急救治措施。由于患者欠费，该院曾多方打听患者的姓名、家庭住址等情况，但一直没有结果。2003 年 11 月 17 日晚，经该中医院院长苗某某、外三科主任刘某某同意，由司机唐某某，护士武某某、高某某，实习学生杨某某 4 人把该患者拉到与该市相邻的 D 市某镇一乡村，将患者遗弃在路旁。2003 年 11 月 18 日晨，患者被当地群众发现，并在送往医院途中死亡。

问题：

1. 该案中 H 市中医院各当事人的行为违背了卫生法的什么基本原则？

2. 该案例中存在哪些卫生法律关系？其主体、客体和内容分别是什么？

3. 在该案例行为人所承担的法律责任中，哪些属于行政责任、刑事责任及民事责任？在行政责任中，哪些属于行政处罚和行政处分？

4. 通过该案例的学习，请谈谈在医疗卫生工作中依法行医的重要性。

第二章 医疗机构管理法律制度

本章知识点：

- 医疗机构的概念与分类
- 医疗机构执业登记与校验
- 医疗机构执业要求与执业规则
- 医疗机构法律责任
- 处方的开具规则与要求
- 抗菌药物临床应用的原则
- 抗菌药物的使用监管与法律责任

本章导读：2007 年 11 月 21 日，怀孕 9 个月的女子李某因呼吸困难在同居男友肖某陪同下赴北京某医院就诊，医生检查发现孕妇及胎儿均生命垂危，建议做剖宫产手术。然而李某当时已经意识不清，肖某也拒绝在手术同意书上签字。当晚 7 时许，孕妇及体内胎儿不治身亡，医院自始至终未为患者施行剖宫产。患者接受手术前医院为什么会要求其签署手术同意书？因抢救生命垂危的患者等紧急情况，不能取得患者或者其近亲属意见的，医务人员应该如何处理？本章内容中的医疗机构执业规则给出了回答。

第一节　概　　述

一、医疗机构的界定

医疗机构是指依法设立的、以救死扶伤，防病治病，以服务公众健康为宗旨，从事疾病预防、诊断、治疗和康复活动的社会组织。其具有如下特征：

（1）医疗机构必须依法成立。医疗机构必须依据《医疗机构管理条例》及其施行细则的规定设立和登记，必须在依法取得行政许可即经登记取得《医疗机构执业许可证》后，才能从事疾病诊断、治疗等医疗执业活动。

（2）医疗机构是从事疾病诊断和治疗活动的卫生机构。医疗机构是我国从事疾病诊断和诊疗活动的一类卫生机构的总称，其与开展卫生防疫、疾病预防与控制活动为主的疾病预防控制机构不同。

二、医疗机构的类别

基于社会医疗服务需求的多样性，各医疗机构在其社会性质、经营目的、投资主体、服务功能等方面存在着明显的差异，医疗机构可以按照不同标准划分为若干类型。

1. 根据医疗机构的功能、任务、规模分类 根据 2006 年 11 月 1 日卫生部关于修订《医疗机构管理条例施行细则》第三条有关内容的通知规定，医疗机构可以分为：①综合医院、中医医院、中西医结合医院、民族医医院、专科医院、康复医院；②妇幼保健院；③社区卫生服务中心、社区卫生服务站；④中心卫生院、乡（镇）卫生院、街道卫生院；⑤疗养院；⑥综合门诊部、专科门诊部、中医门诊部、中西医结合门诊部、民族医门诊部；⑦诊所、中医诊所、民族医诊所、卫生所、医务室、卫生保健所、卫生站；⑧村卫生室（所）；⑨急救中心、急救站；⑩临床检验中心；⑪专科疾病防治院、专科疾病防治所、专科疾病防治站；⑫护理院、护理站；⑬其他诊疗机构。

2. 根据医疗机构的性质、社会功能及其承担的任务分类 国家根据医疗机构的性质、社会功能及其承担任务，将医疗机构分为非营利性医疗机构和营利性医疗机构。非营利性医疗机构是指为社会公众利益服务而设立和运营的医疗机构，它们不以营利为目的，其收入用于弥补医疗服务成本，实际运营中的收支节余只能用于自身的发展，如改善医疗条件、引进技术、开展新的医疗服务项目等。营利性医疗机构是指医疗服务所得收益可用于投资者经济回报的医疗机构。

基于我国医疗卫生事业的公益性特征，我国政府坚持非营利性医疗机构为主体、营利性医疗机构为补充的办医模式，政府不举办营利性医疗机构，同时鼓励社会资本依法兴办非营利性医疗机构。非营利性医疗机构在医疗服务体系中占主导地位。

3. 根据所有制性质或资本机构分类 医疗机构又可以被分为公立医疗机构和非公立医疗机构（包括民营医疗机构、中外合资医疗机构、股份制医疗机构等）。我国的相关卫生政策规定，在公立医疗机构为主导的前提下，促进非公立医疗机构共同发展，最终形成公立医院与非公立医院相互促进、共同发展的格局。

三、医疗机构管理立法沿革

新中国第一部医疗机构管理方面的法律制度是 1951 年 1 月政务院批准颁布的《医院诊所管理暂行条例》，之后，国务院及卫生部陆续制定了一些有关医疗机构管理方面的行政法规和部门规章，如《医院、诊所组织编制原则（草案）》、《县卫生院暂行组织通则》等，但这些行政法规没有得到很好的实施。

19 世纪 80 年代以来，卫生部陆续颁布一些部门规章，如《全国医院工作条例》（1982 年 1 月 12 日颁布并施行）、《医院工作制度》（1982 年 4 月 7 日颁布）。特别是 1994 年 2 月 26 日，国务院发布了《医疗机构管理条例》（同年 9 月 1 日起施行根据《国务院关于修改部分行政法规的决定》修改于 2016 年 2 月 6 日公布），对医疗机构的规划布局、设置审批、登记执业、监督管理、法律责任等方面作了明确规定，标志着我国医疗机构管理立法进入新阶段。

近些年来，卫生部（现更名为国家卫生和计划生育委员会）单独或与有关部门联合制定了一些新的法律法规，如关于规范医疗服务主体的法规，《关于医疗机构冠名红十字（会）的规定》（2007 年 1 月 4 日颁布并施行）、《医疗美容服务管理办法》（2002 年 1 月 22 日颁布，同年 5 月 1 日施行，2009 年、2016 年修订）；关于规范医疗机构医疗行为的法规，《处方管理办法》（2007 年 2 月 14 日颁布，同年 5 月 1 日施行）、《医疗机构临床用血管理办法》（2012 年 6 月 7 日颁布，同年 8 月 1 日施行）、《医疗技术临床应用管理办法》（2009 年 3 月 2 日颁布并实施）；关于监督管理医疗机构方面的法规，《医疗机构病历管理规定》（2002 年 8 月 2 日颁布，同年 9 月 1 日施行。2013 年 11 月颁布 2013 版）《大型医用设备配置与使用管理办法》（2004 年 12 月 31 日颁布，2005 年 3 月 1 日施行）、《医学教育临床实践管理暂行规定》（2008 年 8 月 18 日颁布，同年 9 月 1 日施行）、《医疗广告管理办法》（2006 年 11 月 10 日颁布，2007 年 1 月 1 日施行，2015 年修订）、《中医病历书写基本规范》（2010 年 6 月 11 日颁布，同年 7 月 1 日施行）、《电子病历基本规范（试行）》（2010 年 2 月 22 日颁布，同年 4 月 1 日施行）等，这些法规以《医疗机构管理条例》为核心，逐渐覆盖医疗机构执业所涉及的各个环节，也日渐形成比较全面的医疗机构管理法律体系。

第二节　设置与登记

一、医疗机构设置规划与设置审批

（一）医疗机构设置规划

医疗机构的设置规划以卫生区域内居民的实际医疗服务需求为依据，以合理配置利用卫生资源及公平地向全体公民提供高质量的基本医疗服务为目的，将各级各类、不同隶属关系、不同所有制形式的医疗机构统一规划设置和布局，从而达到提高并有效利用卫生资源的目的，建立适应我国国情和具有中国特色的医疗服务体系。为此，卫生部 1994 年制定了《医疗机构设置规划指导原则》，明确了医疗机构设置规划的权限与程序，以及设置规划应当遵循的基本原则。

医疗机构的设置规划应遵循的基本原则有：公平性、可及性、整体效益原则、分级原则、公有制主导原则及中西医并重原则。

医疗机构设置规划应当由县级以上卫生行政部门根据本行政区域内的人口、医疗资源、医疗需求和现有医疗机构的分布状况制定，并报同级人民政府批准后实施。机关、企事业单位可以根据需要设置医疗机构，并纳入当地医疗机构的设置规划。

（二）医疗机构设置程序及条件

1. 医疗机构设置的基本条件　申请设置医疗机构应提交下列文件：①设置申请

书；②设置可行性研究报告；③选址报告和建筑设计平面图等。

有下列情形之一的，不得申请设置医疗机构：①不能独立承担民事责任的单位；②正在服刑或者不具有完全民事行为能力的个人；③医疗机构在职、因病退职或者停薪留职的医务人员；④发生二级以上医疗事故未满五年的医务人员；⑤因违反有关法律、法规和规章，已被吊销执业证书的医务人员；⑥被吊销《医疗机构执业许可证》的医疗机构法定代表人或者主要负责人；⑦省、自治区、直辖市政府卫生行政部门规定的其他情形。

在城市设置个人诊所的，必须同时具备下列条件：①经医师执业技术考核合格，取得《医师执业证书》；②取得《医师执业证书》或者医师职称后，从事五年以上同一专业的临床工作；③省、自治区、直辖市卫生行政部门规定的其他条件。

2. 医疗机构设置审批 单位或者个人设置医疗机构，应当按照以下规定提出设置申请：①不设床位或者床位不满 100 张的医疗机构，向所在地的县级人民政府卫生行政部门申请；②床位在 100 张以上的医疗机构和专科医院按照省级人民政府卫生行政部门的规定申请；③国家统一规划的医疗机构的设置申请，由国务院卫生行政部门决定。符合设置条件的，卫生行政部门应当及时核发《设置医疗机构批准书》。

不予批准设置医疗机构的情形包括：①不符合当地《医疗机构设置规划》；②设置人不符合规定的条件；③不能提供满足投资总额的资信证明；④投资总额不能满足各项预算开支；⑤医疗机构选址不合理；⑥污水、污物、粪便处理方案不合理；⑦省、自治区、直辖市卫生行政部门规定的其他情形。

二、医疗机构执业登记与校验

（一）医疗机构的执业登记

1. 申请执业登记的条件 申请医疗机构执业登记，应当具备下列条件：①有设置医疗机构的批准书；②符合医疗机构的基本标准；③有适合的名称、组织机构和场所；④有与其开展的业务相适应的经费、设施、设备和专业卫生技术人员；⑤有相应的规章制度；⑥能够独立承担民事责任。

2. 执业登记申请材料 申请医疗机构执业登记必须填写《医疗机构申请执业登记注册书》，并向登记机关提交下列材料：①《设置医疗机构批准书》或者《设置医疗机构备案回执》；②医疗机构用房产权证明或者使用证明；③医疗机构建筑设计平面图；④验资证明、资产评估报告；⑤医疗机构规章制度；⑥医疗机构法定代表人或者主要负责人以及各科室负责人名录和有关资格证书、执业证书复印件；⑦省级卫生行政部门规定提供的其他材料。

申请门诊部、诊所、卫生所、医务室、卫生保健所和卫生站登记的，还应当提交附设药房（柜）的药品种类清单、卫生技术人员名录及其有关资格证书、执业证书复印件以及省级卫生行政部门规定提交的其他材料。

3. 执业登记审核批准 医疗机构的执业登记，由批准其设置的人民政府卫生行政部门办理。登记机关在受理医疗机构执业登记申请后的45日内，根据《医疗机构管理条例》的规定以及医疗机构相关标准进行审核。审核合格的，予以登记，发给医疗机构执业许可证；审核不合格的，将审核结果以书面形式通知申请人。

4. 不予登记的情形 申请医疗机构执业登记有下列情形之一的，不予登记：①不符合《设置医疗机构批准书》核准的事项；②不符合《医疗机构基本标准》；③投资不到位；④医疗机构用房不能满足诊疗服务功能；⑤通讯、供电、上下水道等公共设施不能满足医疗机构正常运转；⑥医疗机构规章制度不符合要求；⑦消毒、隔离和无菌操作等基本知识和技能的现场抽查考核不合格；⑧省、自治区、直辖市卫生行政部门规定的其他情形。

5. 执业登记的事项 ①类别、名称、地址、法定代表人或者主要负责人；②所有制形式；③注册资金（资本）；④服务方式；⑤诊疗科目；⑥房屋建筑面积、床位（牙椅）；⑦服务对象；⑧职工人数；⑨执业许可证登记号（医疗机构代码）；⑩省级卫生行政部门规定的其他登记事项。

门诊部、诊所、卫生所、医务室、卫生保健所、卫生站除登记前款所列事项外，还应当核准登记附设药房（柜）的药品种类。

6. 变更登记与注销登记 医疗机构改变名称、场所、主要负责人、诊疗科目、床位，必须向原登记机关办理变更登记。医疗机构歇业，必须向原登记机关办理注销登记，经登记机关核准后，收缴医疗机构执业许可证。

因分立或者合并而保留的医疗机构应当申请变更登记；因分立或者合并而新设置的医疗机构应当申请设置许可证和执业登记；因合并而终止的医疗机构应当申请注销登记。

（二）医疗机构的执业校验

1. 校验期限 床位在100张以上的医疗机构的校验期为3年；床位不满100张的医疗机构的校验期为1年。医疗机构应当于校验期满前3个月向登记机关申请办理校验手续。

2. 校验材料 校验应当交验医疗机构执业许可证，并提交下列文件：①《医疗机构校验申请书》；②医疗机构执业许可证副本；③省级卫生行政部门规定提交的其他材料。

3. 暂缓校验 医疗机构有下列情形之一的，登记机关可以根据情况，给予1至6个月的暂缓校验期：①不符合《医疗机构基本标准》；②限期改正期间；③省级卫生行政部门规定的其他情形。不设床位的医疗机构在暂缓校验期内不得执业。暂缓校验期满仍不能通过校验的，由登记机关注销其医疗机构执业许可证。

三、医疗机构的名称

（一）医疗机构命名规则

医疗机构的名称由识别名称和通用名称依次组成。

医疗机构的通用名称为：医院、中心卫生院、卫生院、疗养院、妇幼保健院、门诊部、诊所、卫生所、卫生站、卫生室、医务室、卫生保健所、急救中心、急救站、临床检验中心、防治院、防治站、护理院、护理站、中心以及卫生部规定或者认可的其他名称。医疗机构通用名称以上列的名称为限。

医疗机构可以下列名称作为识别名称：地名、单位名称、个人姓名、医学学科名称、医学专业和专科名称、诊疗科目名称和核准机关批准使用的名称。医疗机构的识别名称可以合并使用。

根据《医疗机构管理条例》的规定，医疗机构的命名还必须符合以下原则：①名称必须名副其实；②名称必须与医疗机构类别或者诊疗科目相适应；③各级地方人民政府设置的医疗机构的识别名称中应当含有省、市、区、街道、乡、镇、村等行政区划名称，其他医疗机构的识别名称中不得含有行政区划名称；④国家机关、企业和事业单位、社会团体或者个人设置的医疗机构的名称中应当含有设置单位名称或者个人的姓名；⑤含有"中心"字样的医疗机构名称必须同时含有行政区划名称或者地名。

（二）医疗机构命名的禁止性规定

医疗机构不得使用下列名称：①有损于国家、社会或者公共利益的名称；②侵犯他人利益的名称；③以外文字母、汉语拼音组成的名称；④以医疗仪器、药品、医用产品命名的名称。⑤含有"疑难病"、"专治"、"专家"、"名医"或者同类含义文字的名称以及其他宣传或者暗示诊疗效果的名称；⑥超出登记的诊疗科目范围的名称；⑦省级以上卫生行政部门规定不得使用的名称。此外，《医疗机构管理条例》第四十五条规定，除专科疾病防治机构以外，医疗机构不得以具体疾病名称作为识别名称，确有需要的由省级卫生行政部门核准。

（三）医疗机构名称核准权限

以下医疗机构名称由卫生计生委核准，属于中医、中西医结合和民族医医疗机构的，由国家中医药管理局核准：①含有外国国家（地区）名称及其简称、国际组织名称的；②含有"中国"、"全国"、"中华"、"国家"等字样以及跨省地域名称的；③各级地方人民政府设置的医疗机构的识别名称中不含有行政区划名称的。

以"中心"作为医疗机构通用名称的医疗机构名称，由省级以上卫生行政部门核准；在识别名称中含有"中心"字样的医疗机构名称的核准，由省、自治区、直辖市卫生行政部门规定。

第三节　医疗机构执业

一、医疗机构执业基本要求

医疗机构执业，必须进行登记，领取医疗机构执业许可证。任何单位或者个人，未取得医疗机构执业许可证的，不得开展诊疗活动。医疗机构被吊销或者注销执业许可证后，不得继续开展诊疗活动。为内部职工服务的医疗机构未经许可和变更登记不得向社会开放。

医疗机构执业，必须遵守有关法律、法规和医疗技术规范。

医疗机构的印章、银行账户、牌匾以及医疗文件中使用的名称应当与核准登记的医疗机构名称相同；使用两个以上名称的，应当与第一名称相同。

医疗机构停业，必须经登记机关批准。除改建、扩建、迁建原因，医疗机构停业不得超过 1 年。

二、医疗机构日常管理规则

1. 诊疗范围管理 医疗机构应当按照医疗机构执业许可证核准登记的诊疗科目开展诊断、治疗活动，未经允许不得擅自扩大业务范围。需要改变诊疗科目的，应当按照规定的程序和要求，办理变更登记手续。

2. 执业人员管理 医疗机构执业必须遵守有关法律、法规和医疗技术规范，不得使用非卫生技术人员从事医疗卫生工作。工作人员上岗工作应当佩戴载有本人姓名、职务或者职称的标牌。

3. 公示制度 医疗机构应当将医疗机构执业许可证、诊疗科目、诊疗时间和收费标准悬挂于明显处所。

4. 医疗质量保证 医疗机构应当按照卫生行政部门的有关规定、标准加强医疗质量管理，实施医疗质量保证方案，确保医疗安全和服务质量，不断提高服务水平。医疗机构应当注重对医务人员的医德教育，组织医务人员学习医德规范和有关教材，督促医务人员恪守职业道德，定期检查、考核各项规章制度和各类人员岗位责任制的执行及落实情况。经常对医务人员进行“基础理论、基本知识、基本技能”的训练与考核，把“严格要求、严密组织、严谨态度”落实到各项工作当中。

5. 医疗机构标示物管理 标有医疗机构标识的票据和病历本册以及处方笺、各种检查的申请单、报告单、证明文书单、药品分装袋、制剂标签等不得买卖、出借和转让。不得冒用标有其他医疗机构标识的票据和病历本册以及处方笺、各种检查的申请单、报告单、证明文书单、药品分装袋、制剂标签等。

6. 消毒与隔离制度执行 严格执行无菌消毒、隔离制度，采取科学有效的措施处理污水和废弃物，预防和减少医院感染。

7. 病历管理 医疗机构的门诊病历的保存期不得少于 15 年；住院病历的保存期不得少于 30 年。

三、医疗机构医疗服务的执业规则

1. 危重病人的抢救 对危重病人应当立即抢救，对限于设备或者技术条件不能诊治的病人，应当及时转诊。

2. 医学证明等文书的出具 未经医师亲自诊查，医疗机构不得出具疾病诊断书、健康证明书或者死亡证明书等证明文件。未经医师、助产人员亲自接产，医疗机构不得出具出生证明书或者死亡报告书。为死因不明者出具的《死亡医学证明书》，只作是否死亡的诊断，不作死亡原因的诊断。如要求进行死亡原因诊断的，医疗机构应当指派医生对尸体进行解剖和有关死因检查后方能作出死因诊断。

3. 知情同意制度的执行 《医疗机构管理条例》规定，医疗机构施行手术、特殊检查或者特殊治疗时，必须征得患者同意，并应当取得其家属或者关系人同意并签字；无法取得患者意见时，应当取得家属或者关系人同意并签字；无法取得患者意见又无家属或者关系人在场，或者遇到其他特殊情况时，经治医师应当提出医疗处置方案，在取得医疗机构负责人或者被授权负责人员的批准后实施。此外，《医疗机构管理条例实施细则》还要求，对需要实施保护性医疗措施的，应当取得患者近亲属和有关人员的配合。但《侵权责任法》明确了知情同意权的权利主体是患者，医疗机构告知的对象应是患者本人。

4. 特殊疾病的诊治 医疗机构对传染病、精神病、职业病等患者，应当按照《传染病防治法》、《精神卫生法》、《职业病防治法》等法律、法规、规章的规定予以诊治和处理。

5. 药品的规范使用 医疗机构应当按照有关药品的法律、法规，加强药品管理。不得使用假劣药品、过期和失效药品及违禁药品。门诊部、诊所、卫生所、医务室、卫生保健所和卫生站附设药房（柜）的药品种类由登记机关核定。

6. 医疗事故的处理 医疗机构发生医疗事故，按照国家有关规定处理。

7. 社会责任承担 医疗机构必须承担相应的预防保健工作，承担县级以上人民政府卫生行政部门委托的支援农村、指导基层医疗卫生工作等任务。发生重大灾害、事故、疾病流行或者其他意外情况时，医疗机构及其卫生技术人员必须服从县级以上人民政府卫生行政部门的调遣。

第四节　医疗机构监管与法律责任

一、监管机构及其职责分工

国务院卫生行政部门负责全国医疗机构的监督管理工作。县级以上地方政府卫生行政部门负责本行政区域内医疗机构的监督管理工作。中国人民解放军卫生主管部门负责对军队的医疗机构实施监督管理。

县级以上地方政府卫生行政部门行使下列监督管理职权：①负责医疗机构的设置审批、执业登记和校验；②对医疗机构的执业活动进行监督指导；③负责组织对医疗机构的评审；④对医疗机构违反行政管理法律、法规的行为给予处罚。

县级以上地方政府卫生行政部门设立医疗机构监督管理办公室。各级医疗机构监督管理办公室在同级卫生行政部门的领导下开展工作。县级以上卫生行政部门设医疗机构监督员，履行规定的监督管理职责。医疗机构监督员由同级卫生行政部门聘任。

在监督管理工作中，要充分发挥医院管理学会和卫生工作者协会等学术性和行业性社会团体的作用。

二、医疗机构评审

国家实行医疗机构评审制度。由专家组成的评审委员会按照国家卫生行政部门制定的医疗机构评审办法和评审标准，对医疗机构的基本标准、服务质量、技术水平、管理水平等进行综合评价。

医院按其功能、任务不同划分为一、二、三级；各级医院经过评审，按照《综合医院医院分级管理标准(试行草案)》确定为甲、乙、丙三等，因此医院共分三级十等。

三、医疗机构违法行为与法律责任

(一) 未取得医疗机构执业许可证擅自执业的法律责任

对未取得医疗机构执业许可证擅自执业的，责令其停止执业活动，没收非法所得和药品、器械，并处以 3000 元以下的罚款；有下列情形之一的，责令其停止执业活动，没收非法所得和药品、器械，处以 3000 元以上 1 万元以下的罚款；给患者造成损害的，依法承担赔偿责任；构成犯罪的，依法承担刑事责任：①因擅自执业曾受过卫生行政部门处罚；②擅自执业的人员为非卫生技术专业人员；③擅自执业时间在三个月以上；④给患者造成伤害；⑤使用假药、劣药蒙骗患者；⑥以行医为名骗取患者钱物；⑦省、自治区、直辖市卫生行政部门规定的其他情形。

(二) 逾期不校验医疗机构执业许可证仍从事诊疗活动的法律责任

逾期不校验医疗机构执业许可证仍从事诊疗活动的，责令其限期补办校验手续；拒不校验的，吊销其医疗机构执业许可证。

(三) 出卖、转让、出借医疗机构执业许可证的法律责任

出卖、转让、出借医疗机构执业许可证的，没收非法所得，并可以处以 3000 元以下的罚款；有下列情形之一的，没收其非法所得，处以 3000 元以上 5000 元以下的罚款，并吊销医疗机构执业许可证；给患者造成损害的，依法承担赔偿责任；构成犯罪的，依法承担刑事责任：①出卖医疗机构执业许可证；②转让或者出借医疗机构执业许可证是以营利为目的；③受让方或者承借方给患者造成伤害；④转让、出借医疗机构执业许可证给非卫生技术专业人员；⑤省、自治区、直辖市卫生行政部门规定的其他情形。

(四) 诊疗活动超出登记范围的法律责任

除急诊和急救外，医疗机构诊疗活动超出登记的诊疗科目范围，情节轻微的，处以

警告;有下列情形之一的,责令其限期改正,并可处以3000元以下罚款;给患者造成损害的,依法承担赔偿责任;构成犯罪的,依法承担刑事责任:①超出登记的诊疗科目范围的诊疗活动累计收入在3000元以下;②给患者造成伤害。有下列情形之一的,处以3000元罚款,并吊销医疗机构执业许可证:①超出登记的诊疗科目范围的诊疗活动累计收入在3000元以上;②给患者造成伤害;③省、自治区、直辖市卫生行政部门规定的其他情形。

(五)使用非卫生技术人员从事医疗卫生技术工作的法律责任

使用非卫生技术人员从事医疗卫生技术工作的,责令其立即改正,并可处以3000元以下罚款;有下列情形之一的,处以3000元以上5000元以下罚款,并可以吊销其医疗机构执业许可证;给患者造成损害的,依法承担赔偿责任;构成犯罪的,依法承担刑事责任:①使用两名以上非卫生技术人员从事诊疗活动;②使用的非卫生技术人员给患者造成伤害。

(六)出具虚假证明文件的法律责任

出具虚假证明文件,情节轻微的,给予警告,并可处以500元以下的罚款;有下列情形之一的,处以500元以上1000元以下的罚款:①出具虚假证明文件造成延误诊治的;②出具虚假证明文件给患者精神造成伤害的;③造成其他危害后果的。对直接责任人员由所在单位或者上给机关给予行政处分。

第五节 处方管理

一、概述

处方,是指由注册的执业医师和执业助理医师(以下简称医师)在诊疗活动中为患者开具的、由取得药学专业技术职务任职资格的药学专业技术人员(以下简称药师)审核、调配、核对,并作为患者用药凭证的医疗文书。处方包括医疗机构病区用药医嘱单。

为规范处方管理,提高处方质量,促进合理用药,保障医疗安全,卫生部在总结《处方管理办法(试行)》立法经验的基础上,结合《执业医师法》、《药品管理法》、《医疗机构管理条例》、《麻醉药品和精神药品管理条例》等有关法律、法规的规定,于2007年颁布了《处方管理办法》。该《处方管理办法》适用于与处方开具、调剂、保管相关的医疗机构及其人员。

二、处方书写的一般规定

(一)处方书写规则

处方书写应当遵守以下规则:①患者一般情况、临床诊断填写清晰、完整,并与病历记载相一致；②每张处方限于 1 名患者的用药；③字迹清楚，不得涂改；如需修改，应当在修改处签名并注明修改日期；④药品名称应当使用规范的中文名称书写，没有中文名称的可以使用规范的英文名称书写；医疗机构或者医师、药师不得自行编制药品缩写名称或者使用代号；书写药品名称、剂量、规格、用法、用量要准确规范，药品用法可用规范的中文、英文、拉丁文或者缩写体书写，但不得使用“遵医嘱”、“自用”等含糊不清字句；⑤患者年龄应当填写实足年龄，新生儿、婴幼儿写日、月龄，必要时要注明体重；⑥西药和中成药可以分别开具处方，也可以开具一张处方，中药饮片应当单独开具处方；⑦开具西药、中成药处方，每一种药品应当另起一行，每张处方不得超过 5 种药品；⑧中药饮片处方的书写，一般应当按照“君、臣、佐、使”的顺序排列；调剂、煎煮的特殊要求注明在药品右上方，并加括号，如布包、先煎、后下等；对饮片的产地、炮制有特殊要求的，应当在药品名称之前写明；⑨药品用法用量应当按照药品说明书规定的常规用法用量使用，特殊情况需要超剂量使用时，应当注明原因并再次签名；⑩除特殊情况外，应当注明临床诊断；⑪开具处方后的空白处划一斜线以示处方完毕；⑫处方医师的签名式样和专用签章应当与院内药学部门留样备查的式样相一致，不得任意改动，否则应当重新登记留样备案。

（二）药品单位的书写规则

药品剂量与数量的书写应当遵守以下规定：①药品剂量与数量用阿拉伯数字书写。剂量应当使用法定剂量单位：重量以克（g）、毫克（mg）、微克（μg）、纳克（ng）为单位；容量以升（L）、毫升（mL）为单位；国际单位（IU）、单位（U）；中药饮片以克（g）为单位。②片剂、丸剂、胶囊剂、颗粒剂分别以片、丸、粒、袋为单位；溶液剂以支、瓶为单位；软膏及乳膏剂以支、盒为单位；注射剂以支、瓶为单位，应当注明含量；中药饮片以剂为单位。

三、处方权的获得

1. 各类医师的处方权 经注册的执业医师在执业地点取得相应的处方权。经注册的执业助理医师在乡、民族乡、镇、村的医疗机构独立从事一般的执业活动，可以在注册的执业地点取得相应的处方权，经注册的执业助理医师在其他医疗机构开具的处方，应当经所在执业地点执业医师签名或加盖专用签章后方有效。试用期人员开具处方，应当经所在医疗机构有处方权的执业医师审核、并签名或加盖专用签章后方有效。进修医师由接收进修的医疗机构对其胜任本专业工作的实际情况进行认定后授予相应的处方权。

2. 特殊药品的处方权 医疗机构应当按照有关规定，对本机构执业医师和药师进行麻醉药品和精神药品使用知识和规范化管理的培训。执业医师经考核合格后取得麻醉药品和第一类精神药品的处方权，方可在本机构开具此类药物；药师经考核合格后取得麻醉药品和第一类精神药品调剂资格，方可在本机构调剂此类药物。

四、处方的开具与调剂

（一）处方开具规范

开具处方应当遵守的规范主要有：①医师应当根据医疗、预防、保健需要，按照诊疗规范、药品说明书中的药品适应证、药理作用、用法、用量、禁忌、不良反应和注意事项等开具处方。②处方开具当日有效。特殊情况下需延长有效期的，由开具处方的医师注明有效期限，但有效期最长不得超过3天。③开具医疗用毒性药品、放射性药品的处方应当严格遵守有关法律、法规和规章。④医师开具处方应当使用经药品监督管理部门批准并公布的药品通用名称、新活性化合物的专利药品名称和复方制剂药品名称。⑤医师开具院内制剂处方时应当使用经省级卫生行政部门审核、药品监督管理部门批准的名称。医师可以使用由卫生部公布的药品习惯名称开具处方。⑥医师利用计算机开具、传递普通处方时，应当同时打印出纸质处方，其格式与手写处方一致；打印的纸质处方经签名或者加盖签章后有效。药师核发药品时，应当核对打印的纸质处方，无误后发给药品，并将打印的纸质处方与计算机传递处方同时收存备查。⑦处方一般不得超过7日用量；急诊处方一般不得超过3日用量；对于某些慢性病、老年病或特殊情况，处方用量可适当延长，但医师应当注明理由。医疗用毒性药品、放射性药品的处方用量应当严格按照国家有关规定执行。

（二）处方调剂规范

处方调剂行为应当遵守的规范主要有：①药师应当凭医师处方调剂处方药品，非经医师处方不得调剂。②药师应当按照操作规程调剂处方药品。③药师调剂处方时必须做到“四查十对”：查处方，对科别、姓名、年龄；查药品，对药名、剂型、规格、数量；查配伍禁忌，对药品性状、用法用量；查用药合理性，对临床诊断。④药师应当认真逐项检查处方前记、正文和后记书写是否清晰、完整，并确认处方的合法性。药师对于不规范处方或者不能判定其合法性的处方，不得调剂。⑤药师应当对处方用药适宜性进行审核。药师发现严重不合理用药或者用药错误，应当拒绝调剂，及时告知处方医师，并应当记录，按照有关规定报告。⑥药师在完成处方调剂后，应当在处方上签名或者加盖专用签章。

五、处方行为监管

医疗机构应当加强对本机构处方开具、调剂和保管的管理。医疗机构应当建立处方点评制度，填写处方评价表，对处方实施动态监测及超常预警，登记并通报不合理处方，对不合理用药及时予以干预。医疗机构应当对出现超常处方3次以上且无正当理由的医师提出警告，限制其处方权；限制处方权后，仍连续2次以上出现超常处方且无正当理由的，取消其处方权。

医师出现下列情形之一的，处方权由其所在医疗机构予以取消：①被责令暂停执业；②考核不合格离岗培训期间；③被注销、吊销执业证书；④不按照规定开具处方，造成严重后果的；⑤不按照规定使用药品，造成严重后果的；⑥因开具处方牟取私利。

六、处方违法行为与医师的法律责任

医师出现下列情形之一的，按照《执业医师法》第三十七条的规定，由县级以上卫生行政部门给予警告或者责令暂停六个月以上一年以下执业活动；情节严重的，吊销其执业证书：①未取得处方权或者被取消处方权后开具药品处方的；②未按照本办法规定开具药品处方的；③违反《处方管理办法》其他规定的。

医师有违反《麻醉药品和精神药品管理条例》行为的，由县级以上地方政府卫生行政部门按照《麻醉药品和精神药品管理条例》的有关规定予以处罚。

第六节　抗菌药物临床应用管理

一、概述

抗菌药物是指治疗细菌、支原体、衣原体、立克次体、螺旋体、真菌等病原微生物所致感染性疾病病原的药物，不包括治疗结核病、寄生虫病和各种病毒所致感染性疾病的药物以及具有抗菌作用的中药制剂。

为了规范抗菌药物的临床应用，2004 年，国家卫生部、中医药管理和总后勤部卫生部发布、实施了《抗菌药物临床应用指导原则》，对规范抗菌药物临床应用起到了积极作用。2012 年 8 月 1 日，卫生部的部门规章《抗菌药物临床应用管理办法》施行，为抗菌药物临床应用管理提供了法律依据。近年来的监测显示，我国各感染性疾病的致病原组成与耐药性发生了变化。为此，国家有关部门成立了以钟南山院士为组长的修订工作组，根据细菌耐药变化趋势和相关学科发展情况，制定并出台了《抗菌药物临床应用指导原则(2015 年版)》。2015 年 7 月 24 日，国家卫生计生委办公厅、国家中医药管理局发布《关于进一步加强抗菌药物临床应用管理工作的通知》。

二、抗菌药物临床应用的基本原则

《抗菌药物临床应用管理办法》规定，抗菌药物临床应用应当遵循安全、有效、经济的原则。以上述规定为指导，《抗菌药物临床应用指导原则(2015 年版)》从技术操作规范的层面规定了若干情形下应用抗菌药物的基本原则。

(一) 治疗性应用的基本原则

1. 诊断为细菌性感染者方有指征应用抗菌药物　缺乏细菌及上述病原微生物感

染的临床或实验室证据，诊断不能成立者，以及病毒性感染者，均无应用抗菌药物指征。

2. 尽早查明感染病原，根据病原种类及药物敏感试验结果选用抗菌药物 抗菌药物品种的选用，原则上应根据病原菌种类及病原菌对抗菌药物敏感性，即细菌药物敏感试验（简称药敏试验）的结果而定。

3. 抗菌药物的经验治疗 对于临床诊断为细菌性感染的患者，在未获知细菌培养及药敏试验结果前，或无法获取培养标本时，可根据患者的感染部位、基础疾病、发病情况、发病场所、既往抗菌药物用药史及其治疗反应等推测可能的病原体，并结合当地细菌耐药性监测数据，先给予抗菌药物经验治疗。

4. 按照药物的抗菌作用及其体内过程特点选择用药 临床医师应根据各种抗菌药物的药学特点，按临床适应证正确选用抗菌药物。

5. 综合患者病情、病原菌种类及抗菌药物特点制订抗菌治疗方案 根据病原菌、感染部位、感染严重程度，以及患者的生理、病理情况及抗菌药物药效学和药动学证据制订抗菌治疗方案，包括抗菌药物的选用品种、剂量、给药次数、给药途径、疗程及联合用药等。

（二）预防性应用的基本原则

1. 内科和儿科预防用药 用于预防一种或两种特定病原菌入侵体内引起的感染，可能有效；如目的在于防止任何病菌入侵，则往往无效。预防在一段时间内发生的感染可能有效；长期预防用药，常不能达到目的。患者原发疾病可以治愈或缓解者，预防用药可能有效。原发疾病不能治愈或缓解者（如免疫缺陷者），预防用药应尽量不用或少用。对免疫缺陷患者，宜严密观察其病情，一旦出现感染征兆，在送检有关标本做培养同时，首先给予经验治疗。通常不宜常规预防性应用抗菌药物的情况：普通感冒、麻疹、水痘等病毒性疾病，昏迷、休克、中毒、心力衰竭、肿瘤、应用肾上腺皮质激素等患者。

2. 外科手术预防用药 外科手术预防用药的目的是预防手术后切口感染，以及清洁-污染或污染手术后手术感染部位及术后可能会发生的全身性感染。其基本原则是根据手术野是否污染或污染可能，决定是否预防用抗菌药物。

三、抗菌药物临床应用管理

（一）抗菌药物临床应用管理宗旨

医疗机构及医师应当根据《抗菌药物临床应用管理办法》的要求，通过科学化、规范化、常态化的管理，促进抗菌药物合理使用，减少和遏制细菌耐药，安全、有效、经济地治疗患者。

（二）抗菌药物临床应用分级管理

抗菌药物临床应用实行分级管理。根据安全性、疗效、细菌耐药性、价格等因素，将抗菌药物分为三级：非限制使用级、限制使用级与特殊使用级。具体划分标准如下：

（1）非限制使用级抗菌药物是指经长期临床应用证明安全、有效，对细菌耐药性影响较小，价格相对较低的抗菌药物；

（2）限制使用级抗菌药物是指经长期临床应用证明安全、有效，对细菌耐药性影响较大，或者价格相对较高的抗菌药物；

（3）特殊使用级抗菌药物是指具有以下情形之一的抗菌药物：①具有明显或者严重不良反应，不宜随意使用的抗菌药物；②需要严格控制使用，避免细菌过快产生耐药的抗菌药物；③疗效、安全性方面的临床资料较少的抗菌药物；④价格昂贵的抗菌药物。

（三）抗菌药物遴选和定期评估制度

《抗菌药物临床应用管理办法》规定，医疗机构应当建立抗菌药物遴选和定期评估制度。

1. 抗菌药物遴选申请 医疗机构遴选和新引进抗菌药物品种，应当由临床科室提交申请报告，并经药学部门提出意见后，由抗菌药物管理工作组审议。

2. 抗菌药物遴选申请审核 抗菌药物遴选申请经抗菌药物管理工作组 2/3 以上成员审议同意，并经药事管理与药物经济治疗委员会 2/3 以上委员审核同意后方可列入采购供应目录。

3. 抗菌药物品种的清退或更换 抗菌药物品种或者品规存在安全隐患、疗效不确定、耐药率高、性价比差或者违规使用等情况的，临床科室、药学部门、抗菌药物管理工作组可以提出清退或者更换意见。清退意见经抗菌药物管理工作组 1/2 以上成员同意后执行，并报药事管理与药物治疗学委员会备案；更换意见经药事管理与药物治疗学委员会讨论通过后执行。清退或者更换的抗菌药物品种或者品规原则上 12 个月内不得重新进入本机构抗菌药物供应目录。

（四）细菌耐药预警机制

医疗机构应当开展细菌耐药监测工作，建立细菌耐药预警机制，并采取下列措施：

（1）主要目标细菌耐药率超过 30％的抗菌药物，应当及时将预警信息通报本机构医务人员；

（2）主要目标细菌耐药率超过 40％的抗菌药物，应当慎重经验用药；

（3）主要目标细菌耐药率超过 50％的抗菌药物，应当参照药敏试验结果选用；

（4）主要目标细菌耐药率超过 75％的抗菌药物，应当暂停针对此目标细菌的临床应用，根据追踪细菌耐药监测结果，再决定是否恢复临床应用。

（五）抗菌药物临床应用异常情况的调查和处理

医疗机构应当对以下抗菌药物临床应用异常情况开展调查，并根据不同情况作出处理：①使用量异常增长的抗菌药物；②半年内使用量始终居于前列的药物；③经常超适应证、超剂量使用的抗菌药物；④企业违规销售的抗菌药物；⑤频繁发生严重不良事件的抗菌药物。

（六）抗菌药物临床应用知识和规范化管理培训和考核

抗菌药物临床应用知识和规范化管理培训和考核内容应当包括：

（1）《药品管理法》、《执业医师法》、《抗菌药物临床应用管理办法》、《处方管理办法》、《医疗机构药事管理规定》、《抗菌药物临床应用指导原则》、《国家基本药物处方集》、《国家处方集》和《医院处方点评管理规范（试行）》等相关法律、法规、规章和规范性文件；

（2）抗菌药物临床应用及管理制度；

（3）常用抗菌药物的药理学特点与注意事项；

（4）常见细菌的耐药趋势与控制方法；

（5）抗菌药物不良反应的防治。

四、抗菌药物的临床应用

（一）抗菌药物处方权的授予

《抗菌药物临床应用管理办法》规定，具有高级专业技术职称任职资格的医师，可授予特殊使用级抗菌药物处方权；具有中级以上专业技术职务任职资格的医师，可授予限制使用级抗菌药物处方权；具有初级专业技术职务任职资格的医师，在乡、民族乡、镇、村的医疗机构独立从事一般职业活动的执业助理医师以及乡村医生，可授予非限制使用级抗菌药物处方权。药师经培训并考核合格后，方可获得抗菌药物调剂资格。

二级以上医院应当定期对医师和药师进行抗菌药物临床应用知识和规范化管理的培训。医师经本机构培训并考核合格后，方可获得相应的处方权。

其他医疗机构依法享有处方权的医师、乡村医师和从事处方调剂工作的药师，由县级以上地方卫生行政部门组织相关培训、考核。经考核合格的，授予相应的抗菌药物处方权或者抗菌药物调剂资格。

（二）抗菌药物预防感染指征的掌握

医疗机构和医务人员应当严格掌握使用抗菌药物预防感染的指征。预防感染、治疗轻度或者局部感染应当首选非限制使用级抗菌药物；严重感染、免疫功能低下合并感染或者病原菌只对限制使用级抗菌药物敏感时，方可选用限制使用级抗菌药物。

（三）特殊使用级抗菌药物的使用

严格控制特殊使用级抗菌药物使用。特殊使用级抗菌药物不得在门诊使用。

（1）临床应用特殊使用级抗菌药物应当严格掌握用药指征，经抗菌药物管理工作组指定的专业技术人员会诊同意后，由具有相应处方权的医师开具处方。

（2）特殊使用级抗菌药物会诊人员由具有抗菌药物临床应用经验的感染性疾病科、呼吸科、重症医学科、微生物检验科、药学部门等具有高级专业技术职务任职资格的医师、药师或具有高级专业技术职务任职资格的抗菌药物专业临床药师担任。

（四）抗菌药物的越级使用

因抢救生命垂危的患者等紧急情况，医师可以越级使用抗菌药物。越级使用抗菌药物应当详细记录用药指征，并应当于24小时内补办越级使用抗菌药物的必要手续。

五、监督管理

1. 抗菌药物处方、医嘱点评 医疗机构抗菌药物管理机构应当定期组织相关专业技术人员对抗菌药物处方、医嘱实施点评，并将点评结果作为医师定期考核、临床科室和医务人员绩效考核依据。

2. 对抗菌药物超常处方医师的处理 医疗机构应对出现抗菌药物超常处方3次以上且无正当理由的医师提出警告，限制其特殊使用级和限制使用级抗菌药物处方权。

3. 取消医师抗菌药物处方权的情形 医师出现下列情形之一的，医疗机构应当取消其处方权：①抗菌药物考核不合格的；②限制处方权后，仍出现超常处方且无正当理由的；③未按照规定开具抗菌药物处方，造成严重后果的；④未按照规定使用抗菌药物，造成严重后果的；⑤开具抗菌药物处方牟取不正当利益的。医师处方权资格取消后，在六个月内不得恢复其处方权。

六、法律责任

（一）医疗机构违反抗菌药物管理规定的法律责任

1. 医疗机构未对抗菌药物建立相应管理制度的法律责任 医疗机构有下列情形之一的，由县级以上地方政府卫生行政部门责令限期改正；逾期不改的，进行通报批评，并给予警告；造成严重后果的，对负有责任的主管人员和其他直接责任人员，给予处分：①未建立抗菌药物管理组织机构或者未指定专（兼）职技术人员负责具体管理工作的；②未建立抗菌药物管理规章制度的；③抗菌药物临床应用管理混乱的；④未按照本办法规定执行抗菌药物分级管理、医师抗菌药物处方权限管理、药师抗菌药物调剂资格管理或者未配备相关专业技术人员的；⑤其他违反《抗菌药物临床应用管理办法》规定行为的。

2. 医疗机构临床违规使用抗菌药物的法律责任 医疗机构有下列情形之一的，由县级以上地方政府卫生行政部门责令限期改正，给予警告，并可根据情节轻重处以三万元以下罚款；对负有责任的主管人员和其他直接责任人员，可根据情节给予处分：①使用未取得抗菌药物处方权的医师或者使用被取消抗菌药物处方权的医师开具抗菌药物处方的；②未对抗菌药物处方、医嘱实施适宜性审核，情节严重的；③非药学部门从事抗菌药物购销、调剂活动的；④将抗菌药物购销、临床应用情况与个人或者科室经济利益挂钩的；⑤在抗菌药物购销、临床应用中牟取不正当利益的。

（二）医师违反抗菌药物临床应用规定的法律责任

医师有下列情形之一的，由县级以上地方政府卫生行政部门按照《执业医师法》第三十七条的有关规定，给予警告或者责令暂停六个月以上一年以下执业活动；情节严重的，吊销其执业证书；构成犯罪的，依法追究刑事责任：①未按照本办法规定开具抗菌药物处方，造成严重后果的；②使用未经国家药品监督管理部门批准的抗菌药物的；③使用本机构抗菌药物供应目录以外的品种、品规，造成严重后果的；④违反《抗菌药物临床应用管理办法》其他规定，造成严重后果的。

（三）通过开具抗菌药物牟取不正当利益的法律责任

医疗机构的负责人、药品采购人员、医师等有关人员索取、收受药品生产企业、药品经营企业或者其代理人给予的财物或者通过开具抗菌药物牟取不正当利益的，由县级以上地方卫生行政部门依据国家有关法律法规进行处理。

思考题

1. 名词解释：医疗机构　处方　抗菌药物
2. 医疗机构执业规则主要有哪些？
3. 处方开具应当遵守哪些规则和要求？
4. 抗菌药物的处方权有哪些管理规定？

案例思考

案情简介[①]：2014 年 8 月 14 日，芳芳（6 岁）因腹痛到北京某医院就诊。门诊医生检查后考虑肝脓肿，感染可能性大。由于医院没有床位，芳芳一直在急诊观察室予以抗感染等治疗，但芳芳的病情持续恶化。8 月 20 日，芳芳出现呼吸困难，医院才安排住进 ICU。第二天，芳芳死亡。其父母提起医疗损害诉讼。诉讼过程中，北京某医院称，芳芳父母存在不配合诊疗的情形（如不按医嘱做检查和化验、留观期间要求离院等），应当自行承担不利后果。后法院委托司法鉴定机构进行医疗损害鉴定。鉴定意见认为，芳芳的死亡系感染导致的多器官功能衰竭。医院在抗生素治疗未见明显疗效的情况下，未考虑调整抗生素治疗，使其病情发展恶化明显，医院未尽到必要的注意义务。同时，医院无床位收治，也未及时给予转院，使芳芳未能在病情相对较轻之时及时住院接受系统诊疗，遏制病情发展，丧失了最佳的救治时机。综合考虑，鉴定结论认为医院应承担次要责任。法院最终据此酌定医院承担 40％的赔偿责任，判决北京某医院赔偿芳芳父母各项损失计 37 万余元。

---

① 未及时转院致女童死亡　北京某医院被判赔偿．北京晚报，2015-12-02

问题：

1. 本案中，鉴定结论认为北京某医院无病床收治的情况下应当及时给予转院，该说法的法律依据是什么？

2. 在对芳芳进行治疗时，抗生素使用应当遵守哪些基本原则？

第三章

执业医师法律制度

本章知识点：

- 执业医师、执业助理医师、执业医师法的含义
- 医师资格考试的类别和条件
- 医师执业注册制度
- 医师的权利、义务及执业规则
- 医师违反执业医师法所应承担的法律责任

本章导读：患者熊某因腰椎轻度滑脱入住北京某医院，术后因并发肺栓塞，抢救无效死亡。熊某家属一审获赔 75 万余元，但仍提起上诉，除赔偿金等问题外，其家属上诉的一个重要理由是，病历及处方上多处只有实习医生的独立签名，认为该医院涉嫌"非法行医"。到底是不是非法行医呢？本章内容中的医师执业注册制度对此问题作出了回答。

第一节 概　述

一、执业医师的概念

执业医师法是调整医师资格考试、执业注册和执业活动中产生的各种社会关系的法律规范的总称。

执业医师是指依法取得执业医师资格或者执业助理医师资格，经注册取得医师执业证书，在医疗、预防、保健机构中从事相应医疗、预防、保健业务的专业医务人员。《中华人民共和国执业医师法》(简称执业医师法)中所称的医师，包括执业医师和执业助理医师，根据执业注册的类别不同，可以分为临床医师、中医医师、口腔医师、公共卫生医师四种类别。

尚未取得执业医师资格或者执业助理医师资格，经注册在村医疗卫生机构从事预防、保健和一般医疗服务的乡村医生，适用于《乡村医生从业管理条例》；但自该条例实施之日即 2004 年 1 月 1 日起进入村医疗卫生机构从事预防、保健和医疗服务的人员，应当具备执业医师资格或者执业助理医师资格；不具备此条件的地区，根据实际需要，可以允许具有中等医学专业学历的人员，或者经培训达到中等医学专业水平的其他人

员申请执业注册，进入村医疗卫生机构执业。具体办法由省、自治区、直辖市人民政府制定。

《执业医师法》明确了医师的职责，即医师应当具备良好的职业道德和医疗执业水平，发扬人道主义精神，履行防病治病、救死扶伤、保护人民健康的神圣职责。医师依法履行职责，进行执业活动，受法律保护。

二、执业医师管理立法的发展

新中国成立后，国家颁布过一系列法规和规章管理医师工作。例如，1951 年颁布了《医师暂行条例》、《中医暂行条例》；改革开放以来，又颁布一系列规范性文件，如《医院工作人员职责》(1982 年)，《医师、中医师个体开业暂行管理办法》(1988 年)、《外国医师来华短期行医暂行管理办法》(1992 年)等。

为了加强医师队伍的建设，提高医师的职业道德和业务素质，保障医师的合法权益，保护人民健康，1998 年 6 月 26 日，九届全国人大常委会第 3 次会议通过《执业医师法》，自 1999 年 5 月 1 日起施行。为了贯彻实施该法，1999 年卫生部成立了国家医师资格考试委员会，并发布《医师资格考试暂行办法》、《医师执业注册暂行办法》、《关于医师执业注册中执业范围的暂行规定》等规章；2003 年 8 月，国务院依据《执业医师法》第四十五条的规定制定了《乡村医生从业管理条例》。这些法律法规的颁布实施，对于依法治医起到了重要作用。根据 2009 年 8 月 27 日第十一届全国人民代表大会常务委员会第十次会议《全国人民代表大会常务委员会关于修改部分法律的决定》修正。

《执业医师法》规定，国务院卫生行政部门主管全国的医师工作，县级以上地方人民政府卫生行政部门负责管理本行政区域内的医师工作。国家对在医疗、预防、保健工作中作出贡献的医师，给予奖励。

第二节　医师资格考试与注册制度

一、医师资格考试制度

医师资格是指从事医师职业所应具备的学识、技术和能力的必备条件和身份。医师资格考试是评价申请医师资格者是否具备执业所必需的专业知识与技能的考试。在我国，取得医师资格的途径是参加医师资格考试。

《执业医师法》规定，国家实行医师资格考试制度。医师资格统一考试的办法，由国务院卫生行政部门制定，由省级以上人民政府卫生行政部门组织实施。

（一）医师资格考试类别

医师资格考试分为执业医师资格考试和执业助理医师资格考试。考试类别分为临床、中医(包括中医、民族医、中西医结合)、口腔、公共卫生四类。考试方式分为实践技能考试和医学综合笔试。医师资格考试实行国家统一考试,每年举行一次。考试时间由卫生部医师资格考试委员会确定。

(二) 医师资格考试条件

根据《执业医师法》、《医师资格考试暂行办法》、《传统医学师承和确有专长人员医师资格考核考试暂行办法》及《医师资格考试报名资格规定(2014 版)》的相关规定,参加医师资格考试条件规定如下:

1. 报名条件 具有下列条件之一的,可以参加执业医师资格考试:具有高等学校医学专业本科以上学历,在执业医师指导下,在医疗、预防、保健机构中试用期满一年的;取得执业助理医师执业证书后,具有高等学校医学专科学历,在医疗、预防、保健机构中工作满二年的;具有中等专业学校医学专业学历,在医疗、预防、保健机构中工作满五年的。

具有高等学校医学专科学历或者中等专业学校医学专业学历,在执业医师指导下,在医疗、预防、保健机构中试用期满一年的,可以参加执业助理医师资格考试。

以师承方式学习传统医学满三年或者经多年实践医术确有专长的,经县级以上人民政府卫生行政部门确定的传统医学专业组织或者医疗、预防、保健机构考核合格并推荐,可以参加执业医师资格或者执业助理医师资格考试。考试的内容和办法由国务院卫生行政部门另行制定。

2. 学历审核 基础医学类、法医学类、护理(学)类、医学技术类、药学类、中药学类等医学相关专业,其学历不作为报考医师资格的学历依据。

(1) 研究生学历

①临床医学(含中医、中西医结合)、口腔医学、公共卫生专业学位研究生,在符合条件的医疗、预防、保健机构进行临床实践或公共卫生实践,至当次医学综合笔试时累计实践时间满一年的,以符合条件的本科学历和专业,于在学期间报考相应类别医师资格。

临床医学、口腔医学、中医学、中西医结合临床医学、眼视光医学、预防医学长学制学生在学期间已完成一年临床或公共卫生毕业实习和一年以上临床或公共卫生实践的,以本科学历报考相应类别医师资格。

②临床医学(含中医、中西医结合)、口腔医学、公共卫生专业学位研究生学历,作为报考相应类别医师资格的学历依据。

在研究生毕业当年以研究生学历报考者,须在当年 8 月 31 日前提交研究生毕业证书,并提供学位证书等材料,证明是专业学位研究生学历,方可参加医学综合笔试。

③2014 年 12 月 31 日以前入学的临床医学、口腔医学、中医学、中西医结合、民族医学、公共卫生与预防医学专业的学术学位(原“科学学位”)研究生,具有相当于大学本科一年的临床或公共卫生毕业实习和一年以上的临床或公共卫生实践的,该研究生学历和学科作为报考相应类别医师资格的依据。在研究生毕业当年报考者,须在当年 8

月 31 日前提交研究生毕业证书，方可参加医学综合笔试。

2015 年 1 月 1 日以后入学的学术学位研究生，其研究生学历不作为报考各类别医师资格的学历依据。

④临床医学（护理学）学术学位研究生学历，或临床医学（护理领域）专业学位研究生学历，不作为报考各类别医师资格的学历依据。

（2）本科学历

①五年及以上学制临床医学、麻醉学、精神医学、医学影像学、放射医学、眼视光医学（“眼视光学”仅限温州医科大学 2012 年 12 月 31 日以前入学）、医学检验（仅限 2012 年 12 月 31 日以前入学）、妇幼保健医学（仅限 2014 年 12 月 31 日以前入学）专业本科学历，作为报考临床类别执业医师资格考试的学历依据。

②五年制的口腔医学专业本科学历，作为报考口腔类别执业医师资格考试的学历依据。

③五年制预防医学、妇幼保健医学专业本科学历，作为报考公共卫生类别执业医师资格考试的学历依据。

④五年及以上学制中医学、针灸推拿学、中西医临床医学、藏医学、蒙医学、维医学、傣医学、壮医学、哈萨克医学专业本科学历，作为报考中医类别相应执业医师资格考试的学历依据。

⑤2009 年 12 月 31 日以前入学、符合本款规定的医学专业本科学历加注医学专业方向的，应以学历专业报考；2010 年 1 月 1 日以后入学，医学专业本科学历加注医学专业方向的，该学历不作为报考医师资格的学历依据，经国家教育行政部门批准的除外。

⑥专升本医学本科毕业生，2015 年 9 月 1 日以后升入本科的，其专业必须与专科专业相同或相近，其本科学历方可作为报考医师资格的学历依据。

（3）高职（专科）学历

①2005 年 1 月 1 日以后入学的经教育部同意设置的临床医学类专业（含临床医学、口腔医学、中医学、中医骨伤、针灸推拿、蒙医学、藏医学、维医学等）毕业生，其专科学历作为报考医师资格的学历依据。

2004 年 12 月 31 日以前入学的经省级教育、卫生行政部门（中医药管理部门）批准设置的医学类专业（参照同期本科专业名称）毕业生，其专科学历作为报考医师资格的学历依据。

②经省级以上教育、卫生行政部门同意举办的初中起点五年制医学专业 2013 年 12 月 31 日以前入学的毕业生，其专科学历作为报考医师资格的学历依据。取得资格后限定在乡村两级医疗机构执业满五年后，方可申请将执业地点变更至县级医疗机构。2014 年 1 月 1 日以后入学的初中起点五年制医学专业毕业生，其专科学历不能作为报考医师资格的学历依据。

③2008 年 12 月 31 日以前入学的中西医结合专业（含教育部、卫生部批准试办的初中起点五年制专科层次中西医临床医学专业）毕业生，其专科学历作为报考医师资格

的学历依据。

2009 年 1 月 1 日以后入学的中西医结合专业毕业生（含初中起点五年制专科层次中西医临床医学专业），其专科学历不作为报考医师资格的学历依据。

④2009 年 12 月 31 日前入学的，符合本款规定的医学专业专科学历加注医学专业方向的，应以学历专业报考；2010 年 1 月 1 日以后入学的，医学专业专科学历加注医学专业方向的，该学历不作为报考医师资格的学历依据，经国家教育行政部门批准的除外。

(4) 中职（中专）学历

①2010 年 9 月 1 日以后入学经省级教育行政部门、卫生计生行政部门（中医药管理部门）同意设置并报教育部备案的农村医学专业毕业生，其中职（中专）学历作为报考临床类别执业助理医师资格的学历依据。农村医学专业毕业生考取执业助理医师资格后，限定到村卫生室执业，确有需要的可到乡镇卫生院执业。

②2000 年 9 月 25 日至 2010 年 12 月 31 日期间入学的中等职业学校（中等专业学校）卫生保健专业毕业生，其中职（中专）学历作为报考临床类别执业助理医师资格的学历依据。卫生保健专业毕业生取得资格后，限定到村卫生室执业，确有需要的可到乡镇卫生院执业。

2011 年 1 月 1 日以后入学的中等职业学校毕业生，除农村医学专业外，其他专业的中职（中专）学历不作为报考临床类别执业助理医师资格的学历依据。

③2001 年 8 月 31 日以前入学的中等职业学校（中等专业学校）社区医学、预防医学、妇幼卫生、医学影像诊断、口腔医学专业毕业生，其中职（中专）学历作为报考相应类别执业助理医师资格的学历依据。

2001 年 9 月 1 日以后入学的上述专业毕业生，其中职（中专）学历不作为报考医师资格的学历依据。

④2006 年 12 月 31 日以前入学的中等职业学校中西医结合专业毕业生，其中职（中专）学历作为报考中医类别中西医结合医师资格的学历依据。

2007 年 1 月 1 日以后入学的中西医结合专业毕业生，其中职（中专）学历不作为报考医师资格的学历依据。

⑤2006 年 12 月 31 日以前入学的中等职业学校（中等专业学校）中医、民族医类专业毕业生，其中职（中专）学历作为报考中医类别相应医师资格的学历依据。

2007 年 1 月 1 日以后入学经教育部、国家中医药管理局备案的中等职业学校（中等专业学校）中医、民族医类专业毕业生，其中职（中专）学历作为报考中医类别相应医师资格的学历依据。2011 年 1 月 1 日以后入学的中等中医类专业毕业生，取得资格后限定到基层医疗机构执业。

⑥卫生职业高中学历不作为报考医师资格的学历依据。

⑦1999 年 1 月 1 日以后入学的卫生职工中等专业学校学历不作为报考医师资格的学历依据。

(5) 成人教育学历

①2002 年 10 月 31 日以前入学的成人高等教育、自学考试、各类高等学校远程教育的医学类专业毕业生，该学历作为报考相应类别的医师资格的学历依据。

2002 年 11 月 1 日以后入学的上述毕业生，如其入学前已通过医师资格考试取得执业助理医师资格，且所学专业与取得医师资格类别一致的，可以以成人教育学历报考执业医师资格。除上述情形外，2002 年 11 月 1 日以后入学的成人高等教育、自学考试、各类高等学校远程教育的医学类专业毕业生，其成人高等教育学历不作为报考医师资格的学历依据。

②2001 年 8 月 31 日以前入学的成人中专医学类专业毕业生，其成人中专学历作为报考医师资格的学历依据。

2001 年 9 月 1 日以后入学的成人中专医学类专业毕业生，其成人中专学历不作为报考医师资格的学历依据。

(6) 西医学习中医人员　已获得临床执业医师或执业助理医师资格的人员，取得省级以上教育行政部门认可的中医专业学历或者脱产两年以上系统学习中医药专业知识并获得省级中医药管理部门认可，或者参加省级中医药行政部门批准举办的西医学习中医培训班，并完成了规定课程学习，取得相应证书的，或者按照《传统医学师承和确有专长人员医师资格考核考试办法》有关规定跟师学习满 3 年并取得《传统医学师承出师证书》的，可以申请参加相同级别的中西医结合执业医师或执业助理医师资格考试。

(7) 传统医学师承和确有专长人员

①传统医学师承和确有专长人员申请参加医师资格考试应符合《传统医学师承和确有专长人员医师资格考核考试办法》第二十七条、第二十八条有关规定，即师承和确有专长人员取得《传统医学师承出师证书》或《传统医学医术确有专长证书》后，在执业医师指导下，在授予《传统医学师承出师证书》或《传统医学医术确有专长证书》的省(自治区、直辖市)内的医疗机构中试用期满一年并考核合格，可以申请参加执业助理医师资格考试。师承和确有专长人员取得执业助理医师执业证书后，在医疗机构中从事传统医学医疗工作满五年，可以申请参加执业医师资格考试。

②传统医学师承和确有专长人员取得执业助理医师执业证书后，取得国务院教育行政部门认可的成人高等教育中医类医学专业专科以上学历，其执业时间和取得成人高等教育学历时间符合规定的，可以报考具有规定学历的中医类别相应的执业医师资格。

(8) 其他　取得国外医学学历学位的中国大陆居民，其学历学位证书须经教育部留学服务中心认证，同时符合《执业医师法》及其有关文件规定的，可以按照本规定报考。

参加全国统一执业医师资格考试或者执业助理医师资格考试，成绩合格的，即授予执业医师资格或执业助理医师资格，并由省级卫生行政部门颁发卫生部统一印制的医师资格证书。医师资格一经合法取得，就不得非法剥夺。

二、医师执业注册制度

医师执业注册是指对具备医师资格者进行执业活动的管理。我国《执业医师法》明确规定，国家实行医师执业注册制度。卫生部负责全国医师执业注册监督管理工作，县级以上卫生行政部门是医师执业注册的主管部门。医师资格考试成绩合格取得执业医师资格或执业助理医师资格后，申请人即可向所在地县级以上人民政府卫生行政部门申请医师执业注册。

医师经注册取得医师执业证书后，方可在医疗、预防、保健机构中按照注册的执业地点、执业类别、执业范围从事相应的医疗、预防、保健业务。否则，不得从事医疗、预防、保健活动。其中，执业地点是指医师执业的医疗、预防、保健机构及其登记注册的地址。执业类别是指医师从事医疗、预防、保健中哪类执业活动。执业范围是指医师执业的具体诊疗科目，包括内科、外科、儿科等《医疗机构诊疗科目名录》中的各类科目。

（一）医师执业注册类别与范围

根据卫生部发布的《医师执业注册暂行办法》(1999 年)、《关于医师执业注册中执业范围的暂行规定》(2001 年)以及《卫生部关于修订口腔类别医师执业范围的通知》(2006 年)的相关规定，医师执业注册类别分临床、中医(包括中医、民族医和中西医结合)、口腔、公共卫生等。

(1) 临床类别医师执业范围：包括内科专业、外科专业、妇产科专业、儿科专业、眼耳鼻咽喉科专业、皮肤病与性病专业、精神卫生专业、职业病专业、医学影像和放射治疗专业、医学检验、病理专业、全科医学专业、急救医学专业、康复医学专业、预防保健专业、特种医学与军事医学专业、计划生育技术服务专业、省级以上卫生行政部门规定的其他专业。

(2) 口腔类别医师执业范围：包括口腔专业、口腔麻醉专业、口腔病理专业、口腔影像专业、省级以上卫生行政部门规定的其他专业。

(3) 公共卫生医师执业范围：包括公共卫生类别专业、省级以上卫生行政部门规定的其他专业。

(4) 中医类别(包括中医、民族医、中西医结合)医师执业范围包括中医专业、中西医结合专业、蒙医专业、藏医专业、维医专业、傣医专业、全科医学专业、省级以上卫生行政部门规定的其他专业。

(5) 根据国家有关规定，取得全科医学专业技术职务任职资格者，可申请注册全科医学专业作为执业范围。

医师进行执业注册的类别必须以取得医师资格的类别为依据，医师不得从事执业注册范围以外其他专业的执业活动。医师依法取得两个或两个类别以上医师资格的，只能选择一个类别及其中一个相应的专业作为执业范围进行注册，从事执业活动，但以下两种情形除外：①在县及县级以下医疗机构(主要是乡镇卫生院和社区卫生服务机构)执业的临床医师,从事基层医疗卫生服务工作,确因工作需要,经县级卫生行政部门考核批准,报设区的市级卫生行政部门备案,可申请同一类别至多三个专业作为执业范围进行注册;②在乡镇卫生院和社区卫生服务机构中执业的临床医师因工作需要,经过国家医师资格考试取得公共卫生类医师资格,可申请公共卫生类别专业作为执业范围进行注册;在乡镇卫生院和社区卫生服务机构中执业的公共卫生医师因工作需要,经过国家医师资格考试取得临床类医师资格,可申请临床类别相关专业作为执业范围进行注册。

在计划生育技术服务机构中执业的临床医师,其执业范围为计划生育技术服务专业。在医疗机构中执业的临床医师以妇产科专业作为执业范围进行注册的,其范围含计划生育技术服务专业。

一般情况下医师不得超出执业范围进行执业活动,但有下列情况之一的,不属于超范围执业:

(1) 对病人实施紧急医疗救护的;

(2) 临床医师依据《住院医师规范化培训规定》和《全科医师规范化培训试行办法》等,进行临床转科的;

(3) 依据国家有关规定,经医疗、预防、保健机构批准的卫生支农、会诊、进修、学术交流、承担政府交办的任务和卫生行政部门批准的义诊等;

(4) 省级以上卫生行政部门规定的其他情形。

(二) 医师执业注册条件及注册规定

1. 申请医师执业注册应当提交的材料 申请医师执业注册应当提交的材料包括:医师执业注册申请审核表;二寸免冠正面半身照片两张;医师资格证书;注册主管部门指定的医疗机构出具的申请人6个月内的健康体检表;申请人身份证明;医疗、预防、保健机构的拟聘用证明;省级以上卫生行政部门规定的其他材料。

注册主管部门应当自收到注册申请之日起30日内,对申请人提交的申请材料进行审核。审核合格的,予以注册,并发给卫生部统一印制的《医师执业证书》。

2. 不予注册的规定 《医师执业注册暂行办法》规定,有下列情形之一的,不予注册:①不具有完全民事行为能力的;②因受刑事处罚,自刑罚执行完毕之日起至申请注册之日止不满二年的;③受吊销医师执业证书行政处罚,自处罚决定之日起至申请注册之日止不满二年的;④甲类、乙类传染病传染期、精神病发病期以及身体残疾等健康状况不适宜或者不能胜任医疗、预防、保健业务工作的;⑤重新申请注册,经卫生行政部门指定机构或组织考核不合格的;⑥卫生部规定不宜从事医疗、预防、保健业务的其他情形的。

对不符合注册条件的,注册主管部门应当自收到注册申请之日起30日内,书面通知申请人,并说明理由。申请人如有异议的,可以依法申请行政复议或者向人民法院提起行政诉讼。

3. 重新注册的规定 有下列情形之一的,应当重新申请注册:①中止医师执业活动二年以上的；②法定的不予注册的情形消失的。重新申请注册的人员，应当首先到县级以上卫生行政部门指定的医疗、预防、保健机构或组织，接受3至6个月的培训，并经考核合格，方可依照本办法的规定重新申请执业注册。

4. 注销注册的规定 医师注册后有下列情形之一的，其所在的医疗、预防、保健机构应当在30日内报告注册主管部门，办理注销注册：①死亡或者被宣告失踪的；②受刑事处罚的；③受吊销医师执业证书行政处罚的；④因考核不合格，暂停执业活动期满，经培训后再次考核仍不合格的；⑤中止医师执业活动满二年的；⑥身体健康状况不适宜继续执业的；⑦有出借、出租、抵押、转让、涂改医师执业证书行为的；⑧卫生部规定不宜从事医疗、预防、保健业务的其他情形的。

注册主管部门对具有以上情形的医师，应当予以注销注册，收回医师执业证书。被注销注册的当事人如有异议的，可以依法申请行政复议或者向人民法院提起诉讼。

5. 变更注册的规定 医师变更执业地点、执业类别、执业范围等注册事项的，应当到注册主管部门办理变更注册手续，并提交医师变更执业注册申请审核表、医师资格证书、医师执业证书以及省级以上卫生行政部门规定提交的其他材料。但经医疗、预防、保健机构批准的卫生支农、会诊、进修、学术交流、承担政府交办的任务和卫生行政部门批准的义诊等除外。

医师在办理变更注册手续过程中，在医师执业证书原注册事项已被变更，未完成新的变更事项许可前，不得从事执业活动。

（三）乡村医生执业注册

2003年8月5日前的乡村医生，取得县级以上地方人民政府卫生行政主管部门颁发的乡村医生证书，并符合下列条件之一的，可以向县级卫生行政主管部门申请乡村医生执业注册，取得乡村医生执业证书后，继续在村医疗卫生机构执业：①已经取得中等以上医学专业学历的；②在村医疗卫生机构连续工作20年以上的；③按照省、自治区、直辖市人民政府卫生行政主管部门制定的培训规划，接受培训取得合格证书的。

对具有县级以上地方人民政府卫生行政主管部门颁发的乡村医生证书，但不符合上述3条规定条件的乡村医生，县级人民政府卫生行政主管部门应当进行有关预防、保健和一般医疗服务基本知识的培训，并根据省、自治区、直辖市人民政府卫生行政主管部门确定的考试内容、考试范围进行考试。经培训并考试合格的，可以申请乡村医生执业注册；经培训但考试不合格的，县级人民政府卫生行政主管部门应当组织对其再次培训和考试。不参加再次培训或者再次考试仍不合格的，不得申请乡村医生执业注册。培训、考试，应当在《乡村医生从业管理条例》施行后6个月内完成。

乡村医生执业证书有效期为5年。

三、医师多点执业制度

2009年9月11日，卫生部发布了《关于医师多点执业有关问题的通知》，在全国一些地区开始尝试医师多点执业的探索。2011年7月12日，又发出《卫生部办公厅关于扩大医师多点执业试点范围的通知》，在全国范围内扩大医师多点执业的范围。2014年11月5日卫生计生委、国家发改委、人力资源社会保障部、国家中医药管理局联合印发《关于印发推进和规范医师多点执业的若干意见的通知》，大大降低了医师多点执业的门槛。2015年1月9日，国家卫生和计划生育委员会发布《关于加快发展社会办医的若干意见》，明确指出允许医师多点执业。要求制定规范的医师多点执业指导意见，重点明确医师多点执业的条件、注册、执业、责任分担等有关内容。卫生计生、中医药行政管理部门对符合条件的医师要及时办理有关手续。允许医务人员在不同举办主体医疗机构之间有序流动，在工龄计算、参加事业单位保险以及人事聘用等方面探索建立公立和非公立医疗机构间的衔接机制。为名老中医多点执业创造有利条件。

（一）多点执业及其分类管理

医师多点执业是指医师于有效注册期内在两个或两个以上医疗机构定期从事执业活动的行为。

医师参加慈善或公益性巡回医疗、义诊、突发事件或灾害事故医疗救援工作，参与实施基本和重大公共卫生服务项目，不属于本意见规定的医师多点执业。医师外出会诊按照《医师外出会诊管理暂行规定》等有关规定执行。

医师多点执业实行分类管理：

(1) 医师执行政府指令任务，如卫生支农、支援社区和急救中心（站）、医疗机构对口支援等，由所在医疗机构批准。

(2) 多个医院（社区卫生服务中心）以整合医疗资源、方便患者就医和提高医疗技术水平为目的，通过签订协议等形式，开展横向或纵向医疗合作的，相关医院（社区卫生服务中心）经向医疗机构执业许可证登记机关备案，医师可以在开展医疗合作的其他医院（社区卫生服务中心）执业。备案内容包括医师姓名、执业类别、职称、工作时间和执业地点。卫生行政部门应当做好备案医师执业注册信息管理，便于查询和监督。

(3) 医师受聘在两个以上医疗机构执业的，应当向卫生行政部门申请增加注册的执业地点。

（二）医师多点执业的资格条件和注册管理

1. 医师多点执业的资格条件　临床、口腔和中医类别医师可以申请多点执业，并要符合下列条件：①具有中级以上医学专业技术职务任职资格，从事同一专业工作满5年；②身体健康，能够胜任多点执业工作；③最近连续两个周期的医师定期考核无不合格记录；④试点地区卫生行政部门规定的其他条件。

在各地实施过程中，北京、广东、江苏、黑龙江等省市纷纷出台本地的多点执业的相关规定，如，北京市卫生和计划生育委员会于2014年6月25日印发的《北京市医师多点执业管理办法》就规定，取消对执业地点数量上限限制以及禁止医疗机构法人和主要负责人多点执业等规定；在办理多点执业注册的提交材料中，取消向行政部门提交本单位同意证明的要求。第一执业地点的同意证明不再是必须提交的材料。

2. 申请程序及材料　拟多点执业的医师，应当向其多点执业机构的登记机关提出申请，并提交下列材料：①医师多点执业申请书；②申请人医师资格证书、医师执业证书、有效身份证明及医学专业技术职务任职资格证书原件和复印件；③聘用其多点执业的医疗机构出具的聘用证明；④试点地区卫生行政部门规定的其他材料。

（三）医师多点执业的注册管理

医师多点执业实行注册管理，相应简化注册程序，同时探索实行备案管理的可行性。条件成熟的地方可以探索实行区域注册，以促进区域医疗卫生人才充分有序流动，具体办法由各省（区、市）卫生计生行政部门制定。

医师在参加城乡医院对口支援、支援基层，或在签订医疗机构帮扶或托管协议、建立医疗集团或医疗联合体的医疗机构间多点执业时，不需办理多点执业相关手续。其中在公立医院担任院级领导职务的，除前述情形外一般不能从事其他形式的多点执业。

医师在第一执业地点医疗机构外的其他医疗机构执业，执业类别应当与第一执业地点医疗机构一致，执业范围涉及的专业应当与第一执业地点医疗机构二级诊疗科目相同。经全科医师培训合格的医师到基层医疗卫生机构多点执业的，在执业类别不变情况下，可增加注册全科医学专业。医师变更执业类别、执业范围，以及变更第一执业地点医疗机构的，应当按照《医师执业注册暂行办法》的规定办理，变更后原多点执业注册同时失效。

执业注册卫生行政部门在收到符合规定的全部材料后，应当按照规定程序和时限予以批准，并在其医师执业证书“变更注册记录”中增加执业地点，医师执业证书编号不变。

（四）医师多点执业的人事（劳动）管理和医疗责任

1. 医师多点执业的人事(劳动)关系 医师与第一执业地点医疗机构在协商一致的基础上，签订聘用（劳动）合同，明确人事（劳动）关系和权利义务，并按照国家有关规定参加社会保险；与拟多点执业的其他医疗机构分别签订劳务协议，鼓励通过补充保险或商业保险等方式提高医师的医疗、养老保障水平。

2. 医师多点执业的劳务协议 医师与执业的医疗机构在协议中应当约定执业期限、时间安排、工作任务、医疗责任、薪酬、相关保险等。多点执业医师的薪酬，根据实际工作时间、工作量和工作业绩等因素，由执业地点医疗机构与医师协商确定。其中，医师在第一执业地点医疗机构的工作时间和工作量未达到全职医师要求的，不能领取全职薪酬。拟多点执业的医师应当获得第一执业地点医疗机构的同意，选择有条件的地方探索医师向第一执业地点医疗机构履行知情报备手续即可开展多点执业试点。

3. 医师多点执业医疗责任承担 医师多点执业过程中发生医疗损害或纠纷，应当由发生医疗损害或纠纷的当事医疗机构和医师按照有关法律法规处理，其他非当事医疗机构均不承担相关的医疗损害或纠纷处理责任。医疗机构和医师应当通过合同或协议明确发生医疗损害或纠纷时各自应当承担的责任及解决方法。支持医疗机构和医师个人购买医疗责任保险等医疗执业保险，医师个人购买的医疗执业保险适用于任一执业地点。

4. 医师多点执业的管理 第一执业地点医疗机构应当支持医师多点执业并完善内部管理。医疗机构同意医师多点执业后，应当及时根据实际合理规定医师岗位职责，完善考核、奖励、处分、竞聘上岗等的具体管理办法，不因医师多点执业而影响其职称晋升、学术地位等。多点执业医师应当根据合同或协议合理安排在各执业地点医疗机构的执业时间，保证履行合同和协议，确保各执业地点医疗质量和医疗安全。在特殊情况下，如处理突发公共卫生事件、紧急医疗救治等，多点执业医师应当服从第一执业地点医疗机构的工作安排。卫生计生行政部门和中医药管理部门及行业协会应当按照《中华人民共和国执业医师法》、《医师定期考核管理办法》等对多点执业医师进行考核。多点执业医师不得为谋取不当利益损害各执业地点医疗机构及患者的合法权益。

医师多点执业过程中出现违反法律、法规、规章等情形的，由卫生计生行政部门及有关部门依法依规处理。第一执业地点医疗机构为公立医院的医师，在其他医疗机构执业过程中出现违规违纪情形的，由当事医疗机构通报第一执业地点医疗机构，由第一执业地点医疗机构或者有关部门和单位按照《事业单位工作人员处分暂行规定》等进行处分。多点执业医师在执业过程中出现违反医疗机构内部规定情形的，由当事医疗机构依据本医疗机构相关规定和合同或协议进行处理。

第三节　医师的权利、义务及执业规则

一、医师的权利

医师权利，是指经考试取得医师资格，并依法注册取得执业证书的医师在执业活动中依法所享有的权利。

我国《执业医师法》规定，医师在执业活动中享有下列权利：

(1) 在注册的执业范围内，进行医学诊查、疾病调查、医学处置、出具相应的医学证明文件，选择合理的医疗、预防、保健方案；

(2) 按照国务院卫生行政部门规定的标准，获得与本人执业活动相当的医疗设备基本条件；

(3) 从事医学研究、学术交流，参加专业学术团体；

(4) 参加专业培训，接受继续医学教育；

(5) 在执业活动中，人格尊严、人身安全不受侵犯；

(6) 获取工资报酬和津贴，享受国家规定的福利待遇；

(7) 对所在机构的医疗、预防、保健工作和卫生行政部门的工作提出意见和建议，依法参与所在机构的民主管理。

二、医师的义务

医师的义务，是指取得执业证书的医师在执业活动中依法必须履行的责任。《执业

医师法》规定,医师在执业活动中必须履行下列义务:

(1) 遵守法律、法规,遵守技术操作规范;

(2) 树立敬业精神,遵守职业道德,履行医师职责,尽职尽责为患者服务;

(3) 关心、爱护、尊重患者,保护患者的隐私;

(4) 努力钻研业务,更新知识,提高专业技术水平;

(5) 宣传卫生保健知识,对患者进行健康教育。

三、医师的执业规则

医师的执业规则,是指医师在执业活动中依法应当遵守的规定和原则。医师执业规则的目的是规范医务人员的执业行为,实质是要求医务人员执业过程中为或者不为一定行为的法律义务,具有强制性。《执业医师法》规定,医师执业应当遵守以下执业规则:

(1) 医师实施医疗、预防、保健措施,签署有关医学证明文件,必须亲自诊查、调查,并按照规定及时填写医学文书,不得隐匿、伪造或者销毁医学文书及有关资料。医师不得出具与自己执业范围无关或者与执业类别不相符的医学证明文件。

(2) 对急危患者,医师应当采取紧急措施及时进行诊治,不得拒绝急救处置。

(3) 医师应当使用经国家有关部门批准使用的药品、消毒药剂和医疗器械。除正当诊断治疗外,不得使用麻醉药品、医疗用毒性药品、精神药品和放射性药品。

(4) 医师应当如实向患者或者其家属介绍病情,但应注意避免对患者产生不利后果。医师进行实验性临床医疗,应当经医院批准并征得患者本人或者其家属同意。

(5) 医师不得利用职务之便,索取、非法收受患者财物或者牟取其他不正当利益。

(6) 遇有自然灾害、传染病流行、突发重大伤亡事故及其他严重威胁人民生命健康的紧急情况时,医师应当服从县级以上人民政府卫生行政部门的调遣。

(7) 医师发生医疗事故或者发现传染病疫情时,应当依照有关规定及时向所在机构或者卫生行政部门报告。医师发现患者涉嫌伤害事件或者非正常死亡时,应当按照有关规定向有关部门报告。

(8) 执业助理医师应当在执业医师的指导下,在医疗、预防、保健机构中按照其执业类别执业。在乡、民族乡、镇的医疗、预防、保健机构中工作的执业助理医师,可以根据医疗诊治的情况和需要,独立从事一般的执业活动。

第四节　医师的考核与培训

一、医师的考核

为了加强医师执业管理,提高医师素质,保证医疗质量和医疗安全,我国《执业医师法》规定了医师的考核制度，县级以上卫生行政部门负责指导、检查和监督医师考核工作。

医师考核制度分为平时考核与定期考核两部分进行。平时考核是基础，医疗机构每年皆可进行平时考核，为定期考核积累材料、提供依据。定期考核是平时考核的概括和总结，是指受县级以上地方人民政府卫生行政部门委托的机构或组织按照医师执业标准对医师的业务水平、工作成绩和职业道德进行的考核。

根据《医师定期考核管理办法》的规定，医师定期考核每两年为一个周期。由卫生部主管全国医师定期考核管理工作。医师定期考核的结果分为合格和不合格。工作成绩、职业道德和业务水平中任何一项不能通过评定或测评的，即为不合格。

对医师的考核结果，考核机构应当报告准予注册的卫生行政部门备案。对考核不合格的医师，县级以上人民政府卫生行政部门可以责令其暂停执业活动三个月至六个月，并接受培训和继续医学教育。暂停执业活动期满，再次进行考核，对考核合格的，允许其继续执业；对考核不合格的，由县级以上人民政府卫生行政部门注销注册，收回医师执业证书。

二、医师的培训

医师的培训，是指以提高医师的医疗水平和综合素质为目的各种教育和训练活动。医师培训的内容主要包括岗位培训、全科医师培训、进修教育、毕业后医学教育、继续医学教育等。

2013 年 12 月 31 日，国家卫生计生委、中央编办、国家发改委、教育部、财政部、人力资源社会保障部、国家中医药管理局联合发布《关于建立住院医师规范化培训制度的指导意见》，指出住院医师规范化培训是培养合格临床医师的必经途径。规定到 2015 年，各省(区、市)全面启动住院医师规范化培训工作；到 2020 年，基本建立住院医师规范化培训制度，所有新进医疗岗位的本科及以上学历临床医师均接受住院医师规范化培训。

住院医师规范化培训是指医学专业毕业生在完成医学院校教育之后，以住院医师的身份在认定的培训基地接受以提高临床能力为主的系统性、规范化培训。①招收对象。拟从事临床医疗工作的高等院校医学类专业(指临床医学类、口腔医学类、中医学类和中西医结合类，下同)本科及以上学历毕业生，或已从事临床医疗工作并取得执业医师资格证书，需要接受培训的人员。②培训模式。“5＋3”是住院医师规范化培训的主要模式，即完成 5 年医学类专业本科教育的毕业生，在培训基地接受 3 年住院医师规范化培训。③培训内容。包括医德医风、政策法规、临床实践技能、专业理论知识、人际沟通交流等，重点提高临床诊疗能力。④考核认证。包括过程考核和结业考核。合格者颁发统一制式的《住院医师规范化培训合格证书》。⑤学位衔接。取得《住院医师规范化培训合格证书》并符合国家学位要求的临床医师，可授予医学硕士专业学位；符合住院医师规范化培训管理要求，按照住院医师规范化培训标准内容进行培训并考核合格的医学硕士专业学位研究生，可取得《住院医师规范化培训合格证书》。⑥执业注册。规范化培训前已取得《执业医师资格证书》的培训对象，应当将培训基地注册为执业地点，可不限执业范围。培训期间尚未取得《执业医师资格证书》的，可在具有执业资格的带教师资指导下进行临床诊疗工作。培训期间，可依照《执业医师法》相关规定参加国家医师资格考试，取得执业医师资格后，医师执业证书应当注明类别，可不限执业范围。⑦政策引导。在全面启动住院医师规范化培训的省（区、市），将取得《住院医师规范化培训合格证书》作为临床医学专业中级技术岗位聘用的条件之一。

2014 年 6 月 30 日，教育部、国家卫生计生委、国家中医药管理局、国家发改委、财政部 、人力资源社会保障部联合发布《关于医教协同深化临床医学人才培养改革的意见》，指出加快构建以"5＋3"（5 年临床医学本科教育＋3 年住院医师规范化培训或 3 年临床医学硕士专业学位研究生教育）为主体、以"3＋2"（3 年临床医学专科教育＋2 年助理全科医生培训）为补充的临床医学人才培养体系。2015 年起，将七年制临床医学专业招生调整为"5＋3"一体化临床医学人才培养模式；在具备条件的地区或高等医学院校，组织开展"5＋3＋X"（X 为专科医师规范化培训或临床医学博士专业学位研究生教育所需年限）临床医学人才培养模式改革试点。

2015 年 5 月 29 日，国务院学位委员会发布《关于印发临床医学、口腔医学和中医硕士专业学位研究生指导性培养方案的通知》，指出申请学位条件包括了应完成住院医师规范化培训并取得《住院医师规范化培训合格证书》。

第五节　法 律 责 任

一、医师的法律责任

（一）以不正当手段取得医师执业证书的法律责任

以不正当手段取得医师执业证书的，由发给证书的卫生行政部门吊销；对负有直接责任的主管人员和其他直接责任人员，依法给予行政处分。

（二）违反执业规则的法律责任

医师在执业活动中，有下列行为之一的，由县级以上人民政府卫生行政部门给予警告或者责令暂停六个月以上一年以下执业活动，情节严重的，吊销其执业证书；构成犯罪的，依法追究刑事责任：

（1）违反卫生行政规章制度或者技术操作规范，造成严重后果的；

（2）由于不负责任延误急危患者的抢救和诊治，造成严重后果的；

（3）造成医疗责任事故的；

（4）未经亲自诊查、调查，签署诊断、治疗、流行病学等证明文件或者有关出生、死亡等证明文件的；

(5) 隐匿、伪造或者擅自销毁医学文书及有关资料的；

(6) 使用未经批准使用的药品、消毒药剂和医疗器械的；

(7) 不按照规定使用麻醉药品、医疗用毒性药品、精神药品和放射性药品的；

(8) 未经患者或者其家属同意，对患者进行实验性临床医疗的；

(9) 泄露患者隐私，造成严重后果的；

(10) 利用职务之便，索取、非法收受患者财物或者牟取其他不正当利益的；

(11) 发生自然灾害、传染病流行、突发重大伤亡事故以及其他严重威胁人民生命健康的紧急情况时，不服从卫生行政部门调遣的；

(12) 发生医疗事故或者发现传染病疫情，患者涉嫌伤害事件或者非正常死亡，不按照规定报告的。

(三) 非法行医的法律责任

未经批准擅自开办医疗机构行医或者非医师行医的，由县级以上人民政府卫生行政部门予以取缔，没收其违法所得及其药品、器械，并处十万元以下的罚款；对医师吊销其执业证书；给患者造成损害的，依法承担赔偿责任；构成犯罪的，依法追究刑事责任。

(四) 造成事故的法律责任

医师在医疗、预防、保健工作中造成事故的，依照法律或国家有关规定处理。

二、医疗机构的法律责任

医疗、预防、保健机构未依照《中华人民共和国执业医师法》第十六条的规定履行报告职责，导致严重后果的，由县级以上人民政府卫生行政部门给予警告；并对该机构的行政负责人依法给予行政处分。

三、卫生行政部门的法律责任

卫生行政部门工作人员或者医疗、预防、保健机构工作人员违反本法有关规定，弄虚作假、玩忽职守、滥用职权、徇私舞弊，尚不构成犯罪的，依法给予行政处分；构成犯罪的，依法追究刑事责任。

四、其他人员的法律责任

阻碍医师依法执业，侮辱、诽谤、威胁、殴打医师或者侵犯医师人身自由、干扰医师正常工作、生活的，依照治安管理处罚法规定处罚；构成犯罪的，依法追究刑事责任。

五、刑法中规定的相关法律责任

1. 医疗事故罪 《刑法》第三百三十五条规定，医务人员由于严重不负责任，造成就诊人死亡或者严重损害就诊人身体健康的，处三年以下有期徒刑或者拘役。

2. 非法行医罪 《刑法》第三百三十六条第一款规定，未取得医生执业资格的人非法行医，情节严重的，处三年以下有期徒刑、拘役或者管制，并处或者单处罚金；严重损害就诊人身体健康的，处三年以上十年以下有期徒刑，并处罚金；造成就诊人死亡的，处十年以上有期徒刑，并处罚金。

3. 非法进行节育手术罪 《刑法》第三百三十六条第二款规定，未取得医生执业资格的人擅自为他人进行节育复通手术、假节育手术、终止妊娠手术或者摘取宫内节育器，情节严重的，处三年以下有期徒刑、拘役或者管制，并处或者单处罚金；严重损害就诊人身体健康的，处三年以上十年以下有期徒刑，并处罚金；造成就诊人死亡的，处十年以上有期徒刑，并处罚金。

4. 非国家工作人员受贿罪 《刑法》第一百六十三条规定，公司、企业或者其他单位的工作人员利用职务上的便利，索取他人财物或者非法收受他人财物，为他人谋取利益，数额较大的，处五年以下有期徒刑或者拘役；数额巨大的，处五年以上有期徒刑，可以并处没收财产。公司、企业或者其他单位的工作人员在经济往来中，利用职务上的便利，违反国家规定，收受各种名义的回扣、手续费，归个人所有的，依照前款的规定处罚。

2008 年 11 月，最高人民法院和最高人民检察院联合出台的《关于办理商业贿赂刑事案件适用法律若干问题的意见》，《意见》指出，“公司、企业或者其他单位的工作人员”，既包括事业单位，也包括国有公司、企业以及其他国有单位中的非国家工作人员。根据《意见》规定，医疗机构中的医务人员，利用开处方的职务便利，以各种名义非法收受药品、医疗器械、医用卫生材料等医药产品销售方财物，为医药产品销售方谋取利益，数额较大的，依照刑法第一百六十三条的规定，以非国家工作人员受贿罪定罪处罚。

思考题

1. 名词解释：执业医师　执业助理医师
2. 医师执业注册类别与范围包括哪些规定？
3. 不属于医师超范围执业的情形有哪些？
4. 医师的权利与义务包括哪些内容？
5. 医师的执业规则包括哪些内容？

案例思考

2003 年 9 月 2 日，患者王某接受麻醉在某医院做无痛人工流产手术，醒来后从朋友处得知，自己在手术台上做人流的整个过程被人观摩。王某认为，医院的行为严重侵犯了自己的隐私权，给自己造成了极大的精神压力，在与医院协商未果的情况下，向法院起诉，要求医院向自己赔礼道歉，并赔偿医疗费、交通费和精神损害抚慰金等 3 万元。

法院经审理后一审判决，被告未经原告同意擅自组织实习学生观摩原告人体流产的行为，侵犯了原告的隐私权，判决被告赔偿原告精神损失抚慰金人民币 2 万元，驳回原告其他诉讼请求。被告不服提起上诉，2004 年 7 月二审法院驳回了被告的上诉，维持原判。

问题：

1. 患者的隐私权包括哪些内容？
2. 患者就医过程中让渡的隐私权的范围及对象有哪些？
3. 临床实践中怎样保护患者的隐私权？

第四章

护士管理法律制度

本章知识点：

- 护士的概念
- 护士执业考试与注册
- 护士的权利与义务
- 医疗卫生机构对护士的职责
- 违反《护士条例》的法律责任

本章导读：小刘现为护理专业本科大二学生，她将来要成为一名执业护士需要具备哪些条件，要经过什么程序？成为护士后可以享有哪些法律权利和承担哪些法律义务及违反法律要承担哪些法律责任？

第一节　概　　述

一、护士的概念

护士，是指经执业注册取得护士执业证书，依照《护士条例》规定从事护理活动，履行保护生命、减轻痛苦、增进健康职责的卫生技术人员。"护士"不包括"护工"，"护工"是指受雇担任住院患者生活护理工作的人员。

护理专业的正规化始于1860年，英国女护士南丁格尔在伦敦圣多马医院创建了第一所护士学校，自此护理工作与护士教育在深度及广度上有了长足的进展。

到2014年末，我国有注册护士300.4万人，占卫生技术人员的39.6%。护士的工作职责已经由单纯的疾病防治护理扩大到全身心的保健护理；护理对象由少数患者扩大到全社会的人群，渗透到康复保健、临终关怀、社区护理及家庭护理等领域。护士在预防疾病、维护和促进人民健康方面，发挥着越来越重要的作用。

二、护理管理立法的历史

护理立法始于20世纪初。1903年，美国北卡罗莱、新泽西等州首先颁布了《护士执业法》，作为护士执业的法律规范。1919年，英国颁布了世界上第一部护理法。1921年，荷兰颁布了本国的护理法。1953年，国际护士学会(The International Council of

Nurses)制定了《国际护士学会护士守则》(The ICN Code for Nurses)。1968年,国际护士学会成立了护理立法委员会,制定了世界护理法上划时代的纲领性文件《系统制定护理法规的参考性指导》(A proposed guide for formulating nursing legislation),为各国制定护理法所涉及的内容提供了权威性的指导。2001年,美国护士学会通过了一项《护士权利法案》(Nurses' Bill of Rights),规定护士在任何情况下都可以个人或者集体的身份就她们的雇用条件进行谈判、在一个对她们及其患者均为安全的环境里工作等七项权利。近年来,各国的护理法日趋完善,为本国护理工作法制化打下了坚实的基础。

新中国成立以来,我国先后颁布了《卫生技术人员职称及晋升条例(试行)》、《关于加强护理工作的意见》等涉及护理内容的规范性文件,1982年卫生部颁发的《全国医院工作条例》规定医院要加强对护理工作的领导,并对护理工作提出了较为具体的要求。同年卫生部还颁布了《医院工作制度》和《医院工作人员职责》,明确规定护理工作的制度和对医院各类护理人员的职责。1988年卫生部制定了包括护士在内的《医务人员医德规范及其实施办法》。1993年卫生部颁布了《中华人民共和国护士管理办法》(1994年1月1日起施行),首次在中国建立起较为完善的护士注册及考试制度,为中国的护理职业走上标准化轨道奠定了基础。为了进一步加强护士管理,提高护理质量,从法律上明确护士的权利、义务和执业规则,切实保障护士的合法权益,促进护理事业的全面、协调和可持续发展,2008年1月23日,国务院出台了《护士条例》(2008年5月12日实施)。2008年5月6日卫生部颁布了《护士执业注册管理办法》,2010年5月10日卫生部、人力资源和社会保障部联合颁布了《护士执业资格考试办法》,作为《护士条例》的配套文件。《护士条例》及其配套文件的实施,标志着我国护理管理工作逐步步入规范化、法制化的轨道。

第二节　护士资格考试与注册制度

一、护士执业资格考试制度

《护士执业资格考试办法》规定国家实行护士执业资格考试制度,实行国家统一考试。国家护士执业资格考试是评价申请护士执业资格者是否具备执业所必需的护理专业知识与工作能力的考试。考试成绩合格者,可申请护士执业注册。

(一)护士执业资格考试条件

1. 专业和学历要求　在中等职业学校、高等学校完成国务院教育主管部门和国务院卫生主管部门规定的普通全日制3年以上的护理、助产专业课程学习,包括在教学、综合医院完成8个月以上护理临床实习,并取得相应学历证书的,可以申请参加护士执业资格考试。

2. 提交材料要求 申请参加护士执业资格考试的人员，应当在公告规定的期限内报名，并提交以下材料：①护士执业资格考试报名申请表；②本人身份证明；③近6个月二寸免冠正面半身照片3张；④本人毕业证书；⑤报考所需的其他材料。

申请人为在校应届毕业生的，应当持有所在学校出具的应届毕业生毕业证明，到学校所在地的考点报名。学校可以为本校应届毕业生办理集体报名手续。

申请人为非应届毕业生的，可以选择到人事档案所在地报名。

（二）护士执业资格考试时间

护士执业资格考试原则上每年举行一次，具体考试日期在举行考试3个月前向社会公布。

（三）护士执业资格考试内容及形式

护士执业资格考试实行国家统一考试制度。统一考试大纲，统一命题，统一合格标准。护士执业资格考试包括专业实务和实践能力两个科目。一次考试通过两个科目为考试成绩合格。为加强对考生实践能力的考核，原则上采用“人机对话”考试方式进行。

（四）护士执业资格证书取得

护士执业资格考试成绩于考试结束后45个工作日内公布。考生成绩单由报名考点发给考生。考试成绩合格者，取得考试成绩合格证明，作为申请护士执业注册的有效证明。

二、护士执业注册制度

我国实行护士执业注册制度。护士经执业注册取得《护士执业证书》后，方可按照注册的执业地点从事护理工作；未经执业注册取得《护士执业证书》者，不得从事诊疗技术规范规定的护理活动。护士执业注册包括：首次执业注册、延续执业注册、变更执业注册、重新执业注册和注销执业注册等。

（一）首次执业注册规定

1. 首次执业注册的条件 申请护士执业注册，应当具备下列条件：①具有完全民事行为能力；②在中等职业学校、高等学校完成教育部和卫生部规定的普通全日制3年以上的护理、助产专业课程学习，包括在教学、综合医院完成8个月以上护理临床实习，并取得相应学历证书；③通过卫生部组织的护士执业资格考试；④符合《护士执业注册管理办法》第六条规定的健康标准（健康标准包括无精神病史；无色盲、色弱、双耳听力障碍和无影响履行护理职责的疾病、残疾或者功能障碍）。

2. 执业注册的管理机关 申请护士执业注册的，应当向拟执业地省、自治区、直辖市人民政府卫生主管部门提出申请。

3. 申请注册的需提交的材料 申请执业注册的材料包括：①护士执业注册申请审

核表;②申请人身份证明;③申请人学历证书及专业学习中的临床实习证明;④护士执业资格考试成绩合格证明;⑤省、自治区、直辖市人民政府卫生行政部门指定的医疗机构出具的申请人6个月内健康体检证明;⑥医疗卫生机构拟聘用的相关材料。

4. 申请执业注册的时限 应当自通过护士执业资格考试之日起3年内提出;逾期提出申请的,除《护士执业注册管理办法》第七条规定的材料外,还应当提交在省、自治区、直辖市、人民政府、卫生行政部门规定的教学、综合医院接受3个月临床护理培训并考核合格的证明。

5. 执业注册的批准 收到申请的卫生主管部门应当自收到申请之日起20个工作日内对申请人提交的材料进行审核,审核合格的,准予注册,并给护士执业证书;对不符合规定条件的,不予注册,并书面说明理由。

护士执业证书由卫生部统一印制。护士执业证书上应注明护士的姓名、性别、出生日期等个人信息及证书编号、注册日期和执业地点。

护士执业注册申请人隐瞒有关情况或者提供虚假材料申请护士执业注册的,卫生行政部门不予受理或者不予护士执业注册,并给予警告;已经注册的,应当撤销注册。

(二) 延续执业注册规定

护士执业注册有效期为5年。护士执业注册有效期届满需要继续执业的,应当在有效期届满前30日,向原注册部门申请延续注册。收到申请的卫生主管部门对具备《护士条例》规定条件的,准予延续,延续执业注册有效期为5年;对不具备规定条件的,不予延续,并书面说明理由。

护士申请延续注册,应当提交下列材料:①护士延续注册申请审核表;②申请人的《护士执业证书》;③省、自治区、直辖市人民政府卫生行政部门指定的医疗机构出具的申请人6个月内健康体检证明。

有下列情形之一的,不予延续注册:①不符合《护士执业注册管理办法》第六条规定的健康标准的;②被处暂停执业活动处罚期限未满的。

(三) 变更执业注册规定

护士在其执业注册有效期内变更执业地点等注册项目,应当办理变更注册。但承担卫生行政部门交办或者批准的任务以及履行医疗卫生机构职责的护理活动,包括经医疗卫生机构批准的进修、学术交流等除外。

(四) 重新执业注册和注销执业注册规定

有下列情形之一的,拟在医疗卫生机构执业时,应当重新申请注册:①注册有效期届满未延续注册的;②受吊销护士执业证书处罚,自吊销之日起满2年的。

重新申请注册的,按照《护士执业注册管理办法》第七条的规定提交材料;中断护理执业活动超过3年的,还应当提交在省、自治区、直辖市、人民政府卫生行政部门规定的教学、综合医院接受3个月临床护理培训并考核合格的证明。

护士执业注册后有下列情形之一的,原注册部门办理注销执业注册:①注册有效期届满未延续注册；②受吊销护士执业证书处罚；③护士死亡或者丧失民事行为能力。

第三节　护士的权利与义务

一、护士享有的权利

《护士条例》规定，国务院有关部门、县级以上人民政府及其有关部门以及乡（镇）人民政府应当采取措施，改善护士的工作条件，保障护士待遇，加强护士队伍建设，促进护理事业健康发展。并规定护士享有以下权利：

1. 享有获得物质报酬的权利　护士执业，有按照国家有关规定获取工资报酬、享受福利待遇、参加社会保险的权利。任何单位或者个人不得克扣护士工资，降低或者取消护士福利等待遇。

2. 享有安全执业的权利　护士执业，有获得与其所从事的护理工作相适应的卫生防护、医疗保健服务的权利。从事直接接触有毒有害物质、有感染传染病危险工作的护士，有依照有关法律、行政法规的规定接受职业健康监护的权利；患职业病的，有依照有关法律、行政法规的规定获得赔偿的权利。

3. 享有培训学习的权利　护士有按照国家有关规定获得与本人业务能力和学术水平相应的专业技术职务、职称的权利；有参加专业培训、从事学术研究和交流、参加行业协会和专业学术团体的权利。

4. 享有获得履行职责相关的权利　护士有获得疾病诊疗、护理相关信息的权利和其他与履行护理职责相关的权利，可以对医疗卫生机构和卫生主管部门的工作提出意见和建议。

5. 享有获得表彰、奖励的权利　国务院有关部门对在护理工作中做出杰出贡献的护士，应当授予全国卫生系统先进工作者荣誉称号或者颁发白求恩奖章，受到表彰、奖励的护士享受省部级劳动模范、先进工作者待遇；对长期从事护理工作的护士应当颁发荣誉证书。

6. 享有人格尊严和人身安全不受侵犯的权利　扰乱医疗秩序，阻碍护士依法开展执业活动，侮辱、威胁、殴打护士，或者有其他侵犯护士合法权益行为的，由公安机关依照治安管理处罚法的规定给予处罚；构成犯罪的，依法追究刑事责任。

二、护士应履行的义务

1. 依法依规执业的义务　护士执业，应当遵守法律、法规、规章和诊疗技术规范的规定。

2. 紧急救治患者的义务　护士在执业活动中，发现患者病情危急，应当立即通知医师；在紧急情况下为抢救垂危患者生命，应当先行实施必要的紧急救护。

3. 正确查对、执行医嘱的义务 护士发现医嘱违反法律、法规、规章或者诊疗技术规范规定的，应当及时向开具医嘱的医师提出；必要时，应当向该医师所在科室的负责人或者医疗卫生机构负责医疗服务管理的人员报告。

4. 尊重、爱护患者的义务 护士应当尊重、关心、爱护患者，保护患者的隐私。

5. 参加公共卫生应急救护义务 护士有义务参与公共卫生和疾病预防控制工作。发生自然灾害、公共卫生事件等严重威胁公众生命健康的突发事件，护士应当服从县级以上人民政府卫生主管部门或者所在医疗卫生机构的安排，参加医疗救护。

第四节 医疗卫生机构对护士管理的职责

一、依法配备和任用护士

（一）按规定标准配备护士

根据《护士条例》医疗卫生机构配备护士的数量不得低于国务院卫生主管部门规定的护士配备标准，尚未达到护士配备标准的医疗卫生机构，应当按照国务院卫生主管部门规定的实施步骤，自《护士条例》施行之日起3年内达到护士配备标准。根据卫生部2012年4月28日颁布的《关于实施医院护士岗位管理的指导意见》规定，普通病房实际护床比不低于0.4：1，每名护士平均负责的患者不超过8个，重症监护病房护患比为(2.5～3)：1，新生儿监护病房护患比为(1.5～1.8)：1。门(急)诊、手术室等部门应当根据门(急)诊量、治疗量、手术量等综合因素合理配置护士。

（二）按规定任用护士

医疗卫生机构不得允许下列人员在本机构从事诊疗技术规范规定的护理活动：①未取得护士执业证书的人员；②未依照《护士条例》第九条的规定办理执业地点变更手续的护士；③护士执业注册有效期届满未延续执业注册的护士。在教学、综合医院进行护理临床实习的人员应当在护士指导下开展有关工作。

二、保障护士合法权益

（一）履行劳动保护职责

护士的职业健康和安全问题主要包括生物性、物理性、化学性和心理性几方面问题。根据《护士条例》规定，医疗卫生机构应当为护士提供卫生防护用品，并采取有效的卫生防护措施和医疗保健措施。

（二）保障护士工资待遇

医疗卫生机构应当执行国家有关工资、福利待遇等规定，按照国家有关规定为在本机构从事护理工作的护士足额缴纳社会保险费用，保障护士的合法权益。

（三）补贴艰苦护理岗位

对在艰苦边远地区工作，或者从事直接接触有毒有害物质、有感染传染病危险工作的护士，所在医疗卫生机构应当按照国家有关规定给予津贴。

（四）保证护士职业培训

医疗卫生机构应当制定、实施本机构护士在职培训计划，并保证护士接受培训。护士培训应当注重新知识、新技术的应用；根据临床专科护理发展和专科护理岗位的需要，开展对护士的专科护理培训。

三、加强护士管理

（一）对护理职责进行监督

医疗卫生机构应当按照国务院卫生主管部门的规定，设置专门机构或者配备专(兼)职人员负责护理管理工作。医疗卫生机构应当建立护士岗位责任制并进行监督检查。

（二）对护理投诉进行处理

护士因不履行职责或者违反职业道德受到投诉的，其所在医疗卫生机构应当进行调查。经查证属实的，医疗卫生机构应当对护士作出处理，并将调查处理情况告知投诉人。

第五节　法律责任

一、卫生主管部门违反护士监管工作中的法律责任

卫生主管部门的工作人员未依照《护士条例》规定履行职责，在护士监督管理工作中滥用职权、徇私舞弊，或者有其他失职、渎职行为的，依法给予处分；构成犯罪的，依法追究刑事责任。

二、医疗机构违反《护士条例》的法律责任

（一）医疗卫生机构违反有关护士配备标准及护理人员执业资格规定的法律责任

医疗卫生机构有下列情形之一的，由县级以上地方人民政府卫生主管部门依据职

责分工责令限期改正，给予警告；逾期不改正的，根据国务院卫生主管部门规定的护士配备标准和在医疗卫生机构合法执业的护士数量核减其诊疗科目，或者暂停其6个月以上1年以下执业活动；国家举办的医疗卫生机构有下列情形之一、情节严重的，还应当对负有责任的主管人员和其他直接责任人员依法给予处分：①违反《护士条例》规定，护士的配备数量低于国务院卫生主管部门规定的护士配备标准的；②允许未取得护士执业证书的人员或者允许未依照《护士条例》规定办理执业地点变更手续、延续执业注册有效期的护士在本机构从事诊疗技术规范规定的护理活动的。

（二）医疗卫生机构违反有关工资、福利、社保、津贴及职业危险保护规定的法律责任

医疗卫生机构有下列情形之一的，依照有关法律、行政法规的规定给予处罚；国家举办的医疗卫生机构有下列情形之一、情节严重的，还应当对负有责任的主管人员和其他直接责任人员依法给予处分：①未执行国家有关工资、福利待遇等规定的；②对在本机构从事护理工作的护士，未按照国家有关规定足额缴纳社会保险费用的；③未为护士提供卫生防护用品，或者未采取有效的卫生防护措施、医疗保健措施的；④对在艰苦边远地区工作，或者从事直接接触有毒有害物质、有感染传染病危险工作的护士，未按照国家有关规定给予津贴的。

（三）医疗卫生机构违反有关培训、管理规定的法律责任

医疗卫生机构有下列情形之一的，由县级以上地方人民政府卫生主管部门依据职责分工责令限期改正，给予警告：①未制定、实施本机构护士在职培训计划或者未保证护士接受培训的；②未依照《护士条例》规定履行护士管理职责的。

三、护士违反《护士条例》的法律责任

护士在执业活动中有下列情形之一的，由县级以上地方人民政府卫生主管部门依据职责分工责令改正，给予警告；情节严重的，暂停其6个月以上1年以下执业活动，直至由原发证部门吊销其护士执业证书：①发现患者病情危急未立即通知医师的；②发现医嘱违反法律、法规、规章或者诊疗技术规范的规定，未依照《护士条例》第十七条的规定提出或者报告的；③泄露患者隐私的；④发生自然灾害、公共卫生事件等严重威胁公众生命健康的突发事件，不服从安排参加医疗救护的；⑤护士在执业活动中造成医疗事故的，依照医疗事故处理的有关规定承担法律责任。

护士被吊销执业证书的，自执业证书被吊销之日起2年内不得申请执业注册。

四、侵犯护士合法权益的法律责任

扰乱医疗秩序，阻碍护士依法开展执业活动，侮辱、威胁、殴打护士，或者有其他侵

犯护士合法权益行为的，由公安机关依照治安管理处罚法的规定给予处罚；构成犯罪的，依法追究刑事责任。

思考题

1. 名词解释：护士　护工
2. 护士执业考试和执业注册各需要哪些条件？
3. 护士有哪些执业权利和执业义务？
4. 医疗卫生机构对护士履行哪些管理职责？
5. 医疗卫生机构、护士违反《护士条例》需要承担哪些法律责任？

典型案例

[案例]患儿刘某，男，1岁11个月，因发热伴呕吐2天，到某镇中心卫生院某门诊部就诊，诊断：①肺部感染；②支气管肺炎。医生给予抗菌消炎、输液及对症治疗，病情无好转。次日8:10再次到该门诊部就诊，测体温38.8℃，两肺可闻湿啰音，予以布洛芬混悬液3 mL口服，同时静脉滴注双黄连注射液（双黄连针10 mL×1/2支+10%葡萄糖100 mL），在输液近半小时后，患者病情突然变化，出现面色苍白、呼吸困难、口唇青紫，立即更换液体，吸氧，静脉注射速尿5 mg并于9:00用救护车转送至某镇中心卫生院住院。入院时测体温38.8℃，呼吸32次/分，脉搏126次/分，颜面、口唇发绀，端坐呼吸，双肺可闻大量湿啰音。立即给予吸氧，利尿剂、激素及对症处理，约10 min后，患者口腔、鼻孔涌出大量泡沫痰，继之心跳、呼吸停止，经抢救无效死亡。患者死亡后，双方委托了尸检和医疗事故技术鉴定。

尸检结论为：①急性弥漫性肺炎；②急性弥漫性肺水肿；③胸腔积液；④轻度脑水肿；⑤轻度咽喉炎。主病：肺炎。死因：呼吸循环衰竭。

某市医学会医疗事故技术鉴定分析意见：医方根据患者就诊时的病史、临床症状、体征及检查所采取的抗感染、抗病毒及对症支持治疗无原则错误。由于患者年龄小，病情变化快，进展迅速。但医方对患者的病情估计不足，观察欠仔细，辅助检查欠完善，静脉滴注双黄连注射液速度过快，病情恶化时抢救力度不够。导致患者死亡原因主要是其自身疾病发生发展的结果，但与医方存在诊疗行为的不足也有一定因果关系。本病例属于一级甲等医疗事故，医方承担次要责任。

某县人民法院一审判决某镇中心卫生院承担30%赔偿责任，赔偿患者家属10776.45元；患者家属不服，提出上诉。

某市中级人民法院二审判决某镇中心卫生院承担30%赔偿责任，赔偿患者家属22776.45元。

问题：

该起医疗纠纷案例中，护士存在哪些过错，应该如何防范？

第五章 医疗技术临床应用法律制度

本章知识点：

- 医疗技术的分级管理
- 医疗机构禁止开展的临床运用技术
- 人体器官捐献的原则及条件
- 人体器官的分配及移植的伦理审查
- 人类辅助生殖技术实施规则
- 开展放射诊疗的基本条件、安全防护与质量保证

本章导读：患者为怀孕二十周的孕妇，到医疗机构就诊，医务人员未询问便开具了进行核素显像检查或X射线检查的单据，该医务人员的做法是否符合法律的规定？本章内容有关放射诊疗的法律规定给出了回答。

第一节 概 述

一、医疗技术的概念

医疗技术是指医疗机构及其医务人员以诊断和治疗疾病为目的，对疾病作出判断和消除疾病、缓解病情、减轻痛苦、改善功能、延长生命、帮助患者恢复健康而采取的诊断、治疗措施。

为加强医疗技术临床应用管理，建立医疗技术准入和管理制度，促进医学科学发展和医疗技术进步，提高医疗质量，保障医疗安全，卫生部于2009年3月2日发布了《医疗技术临床应用管理办法》。2015年5月10日，国务院印发了《关于取消非行政许可审批事项的决定》(国发〔2015〕27号)，取消了第三类医疗技术临床应用准入审批。为贯彻落实国务院行政审批制度改革要求，保证医疗技术临床应用管理平稳衔接、有序过渡，保障医疗质量和安全，2015年6月29日，国家卫生计生委发布《国家卫生计生委关于取消第三类医疗技术临床应用准入审批有关工作的通知》，对第三类医疗技术临床应用准入改为备案制，建立《限制临床应用的医疗技术(2015版)》在列医疗技术临床应用备案和公示制度。各省级卫生计生行政部门应当按照国务院行政审批改革精神和有关工作部署，研究取消第二类医疗技术非行政许可审批后加强事中事后监管的工作措施，

保证医疗质量和患者安全。

二、医疗技术临床应用应遵循的原则和要求

医疗技术临床应用应当遵循科学、安全、规范、有效、经济、符合伦理的原则。医疗机构开展医疗技术应当与其功能任务相适应，具有符合资质的专业技术人员、相应的设备、设施和质量控制体系，并遵守技术管理规范。

国家建立医疗技术临床应用准入和管理制度，对医疗技术实行分类、分级管理。

三、医疗技术分类分级管理

根据医疗技术的安全性、有效性、伦理性及风险程度，医疗技术可以分为三类，卫生行政部门分别给予不同程度的管理控制制度。

(1) 第一类医疗技术是指安全性、有效性确切，医疗机构通过常规管理在临床应用中能确保其安全性、有效性的技术。

(2) 第二类医疗技术是指安全性、有效性确切，涉及一定伦理问题或者风险较高，卫生行政部门应当加以控制管理的医疗技术。

(3) 第三类医疗技术是指具有下列情形之一，需要卫生行政部门加以严格控制管理的医疗技术：①涉及重大伦理问题；②高风险；③安全性、有效性尚需经规范的临床试验研究进一步验证；④需要使用稀缺资源；⑤卫生部规定的其他需要特殊管理的医疗技术。涉及重大伦理问题，安全性、有效性尚需经规范的临床实验研究进一步验证的医疗技术包括：克隆治疗技术、自体干细胞和免疫细胞治疗技术、基因治疗技术、中枢神经系统手术戒毒、立体定向手术治疗精神病技术、异基因干细胞移植技术、疫苗治疗技术等。涉及重大伦理问题，安全性、有效性确切的医疗技术包括：同种器官移植技术、变性手术等。风险性高，安全性、有效性尚需验证或者安全性、有效性确切的医疗技术：利用粒子发生装置等大型仪器设备实施毁损式治疗技术，放射性粒子植入治疗技术，肿瘤热疗治疗技术，肿瘤冷冻治疗技术，组织、细胞移植技术，人工心脏植入技术，人工智能辅助诊断治疗技术等。其他需要特殊管理的医疗技术：基因芯片诊断和治疗技术，断骨增高手术治疗技术，异种器官移植技术等。

第一类医疗技术临床应用由医疗机构根据功能、任务、技术能力实施严格管理；第二医疗技术目录由省级卫生行政部门根据本辖区情况制定并公布，报卫生部备案。取消第三类医疗技术临床应用准入审批改为备案制后，医疗机构对本机构医疗技术临床应用和管理承担主体责任。医疗机构应建立完善医疗技术临床应用管理制度，按照手术分级管理要求对医师进行手术授权并动态管理，建立健全医疗技术评估与管理档案制度。

四、医疗机构禁止开展的临床应用技术

1. 禁止开展安全性、有效性、伦理性存在重大问题的临床应用技术 医疗机构禁

止临床应用安全性、有效性存在重大问题的医疗技术(如脑下垂体酒精毁损术治疗顽固性疼痛),或者存在重大伦理问题(如克隆治疗技术、代孕技术),或者卫生计生行政部门明令禁止临床应用的医疗技术(如除医疗目的以外的肢体延长术),以及临床淘汰的医疗技术(如角膜放射状切开术)。

2. 禁止开展未经相关部门批准的临床应用技术 涉及使用药品、医疗器械或具有相似属性的相关产品、制剂等的医疗技术,在药品、医疗器械或具有相似属性的相关产品、制剂等未经食品药品监督管理部门批准上市之前,医疗机构不得开展临床应用。

五、医疗机构限制临床应用的医疗技术及管理

1. 安全性、有效性确切,但是技术难度大、风险高,对医疗机构的服务能力和人员技术水平有较高要求,需要限定条件的医疗技术 如:造血干细胞(包括脐带血造血干细胞)移植治疗血液系统疾病技术,质子、重离子加速器放射治疗技术,放射性粒子植入治疗技术(包括口腔颌面部恶性肿瘤放射性粒子植入治疗技术),肿瘤深部热疗和全身热疗技术,肿瘤消融治疗技术,心室辅助装置应用技术,颅颌面畸形颅面外科矫治术,口腔颌面部肿瘤颅颌联合根治术,人工智能辅助诊断、治疗技术等。

2. 存在重大伦理风险或使用稀缺资源,需要严格管理的医疗技术 如:同种胰岛移植治疗糖尿病技术,同种异体组织移植治疗技术(仅限于角膜、骨、软骨、皮肤移植治疗技术),性别重置技术等。

对于开展《限制临床应用的医疗技术(2015 版)》在列医疗技术,且经过原卫生部第三类医疗技术临床应用审批的医疗机构,由核发其医疗机构执业许可证的卫生计生行政部门在该机构医疗机构执业许可证副本备注栏注明,并向省级卫生计生行政部门备案。

拟新开展《限制临床应用的医疗技术(2015 版)》在列医疗技术临床应用的医疗机构,应当按照国家卫生计生委此前下发的相关医疗技术临床应用管理规范,经自我对照评估符合所规定条件的,按照上述程序进行备案。

第二节　人体器官移植管理

一、人体器官移植管理概述

(一) 人体器官移植的概念

人体器官移植,是指摘取人体器官捐献人具有特定功能的心脏、肺脏、肝脏、肾脏或者胰腺等器官的全部或者部分,将其植入接受人身体以代替其病损器官的过程。

在医学上,将身体的某一部分,设法移动置放在另一部位或另一个体,称为移植

(transplantation)。被移植部分称作移植物(transplant 或 graft),献出移植物的个体称作供者或者供体(donor),接受移植物的个体称作受者(recipient)或者宿主(host)。很早以前,移植仅指将移植物的血管与受者血管实行吻合的手术,而将不进行血管吻合的移植术称作种植(implantation),而现在将移植与种植均统称为移植。如果供者与受者属于同一个个体,则称为自体移植(auto transplantation)。

(二) 人体器官的法律性质

器官移植的器官分为三类:人体内的器官、从人体内取出的脱离人体的活体器官以及尸体器官。人体内的器官则属于人身体的一部分;从人体内取出的脱离人体的活体器官以及尸体器官在民法上通常认为是一种物。

(三) 我国器官移植的现状

我国自 2010 年启动了人体器官捐献工作,据中国人体器官捐献管理中心统计,截至 2015 年 3 月 31 日,全国实现公民逝世后捐献案例 3715 例,捐献器官 9912 个。仅 2014 年,实现公民逝世后捐献案例近 1700 例,捐献大器官 4548 个,对比 2010 年的每百万人口捐献率为 0.02,2014 年这一比率上升至 1.2,增长了 60 倍。

(四) 立法状况

1. 国外和国际组织的立法 国外器官立法始于 20 世纪 60 年代的欧洲,到目前为止,世界上许多个国家先后颁布了一系列关于器官移植的法律法规,如:《器官移植法》、《器官捐献法》、《脑死亡法》、《器官移植伦理指南》等。这些法律法规规定的内容主要包括器官捐献及其原则、禁止器官买卖交易、打击器官犯罪等方面,形成了所谓的美国模式、西班牙模式、日本模式、欧盟模式等。同时,一些国际组织也制定了相应的人体器官移植规定。如世界卫生组织制定的《世界卫生组织人体细胞、组织和器官移植指导原则》;国际移植学会发布的《活体捐献肾脏准则》和《尸体器官分配准则》;欧洲议会和欧洲理事会发布的《关于移植人体器官的质量安全标准指令》等。

2. 我国的立法 2007 年 3 月 31 日,国务院发布了《人体器官移植条例》,于 2007 年 5 月 1 日施行。该条例是我国第一部关于人体器官移植的行政法规。2009 年 12 月 28 日,卫生部发布了根据该条例制定的《关于规范活体器官移植的若干规定》。2011 年 2 月 25 日第十一届全国人大常委会通过《刑法修正案(八)》规定:组织他人出卖人体器官的,处五年以下有期徒刑,并处罚金;情节严重的,处五年以上有期徒刑,并处罚金或者没收财产。“未经本人同意摘取其器官,或者摘取不满十八周岁的人的器官,或者强迫、欺骗他人捐献器官的,依照本法第二百三十四条、第二百三十二条的规定定罪处罚”;“违背本人生前意愿摘取尸体器官,或者本人生前未表示同意,违反国家规定,违背其近亲属意愿摘取尸体器官的,依照本法第三百零二条的规定定罪处罚”。这是关于人体器官移植的最高效力等级的立法。

2011 年 5 月,卫生部发布了《卫生部办公厅关于启动心脏死亡捐献器官移植试点工作的通知》规定:符合《卫生部关于印发肝脏、肾脏、心脏、肺脏移植技术管理规范的通知》要求的三级甲等医院可以申请开展心脏死亡捐献器官移植试点工作，并将中国心脏死亡器官捐献分为三类，其中中国一类(C-I)，国际标准化脑死亡器官捐献(DBD)，即脑死亡案例，经过严格医学检查后，各项指标符合脑死亡国际现行标准和国内最新脑死亡标准，由通过卫生部委托机构培训认证的脑死亡专家明确判定为脑死亡。在脑死亡的案例中，判定脑死亡并用于器官移植有三个条件：①首先要经过严格的医学检查后，各项指标符合脑死亡国际现行标准和国内最新脑死亡标准，由认证专家明确判断为脑死亡；②第二是家属完全理解并且选择按脑死亡标准停止治疗、捐献器官，有一个双方认可；③第三是同时获得案例所在医院和相关领导、部门的同意和支持。2013年8月，国家卫生计生委员会发布了《人体捐献器官获取与分配管理规定(试行)》。

(五) 禁止买卖人体器官的原则

禁止买卖人体器官是世界上各个国家共同遵守的规则。我国的立法也明确规定了任何组织和个人不得以任何形式买卖人体器官，不得从事与买卖人体器官有关的活动。从事人体器官移植的医疗机构实施人体器官移植手术，除向接受人收取摘取和植入人体器官的手术费、保存和运送人体器官的费用；摘取、植入人体器官所发生的药费、检验费、医用耗材费之外不得收取或者变相收取所移植人体器官的费用。

二、人体器官的捐献管理

(一) 人体器官捐献的原则

在我国，人体器官捐献遵循自愿、无偿的原则。公民享有捐献或者不捐献人体器官的权利；任何组织或者个人不得强迫、欺骗或者利诱他人捐献人体器官。公民生前表示不同意捐献其人体器官的，任何组织或者个人不得捐献、摘取该公民的人体器官。

(二) 捐献人体器官的条件

在我国，捐献人体器官应符合以下几个条件：

1. 捐献人体器官的公民应当具有完全民事行为能力　根据我国民法的相关规定，公民具有完全民事行为能力是指公民年满十八周岁且智力正常。捐献活体器官的公民应当年满十八周岁且具有完全民事行为能力。

2. 有捐献意愿　公民捐献其人体器官应当有书面形式的捐献意愿。

3. 活体器官捐献限定的亲属关系　《卫生部关于规范活体器官移植的若干规定》的第二条规定：活体器官捐献人与接受人仅限于以下关系：①配偶：仅限于结婚3年以上或者婚后已育有子女的；②直系血亲或者三代以内旁系血亲；③因帮扶等形成亲情关系：仅限于养父母和养子女之间的关系、继父母与继子女之间的关系。

4. 亲属决定捐献的条件　公民生前未表示不同意捐献其人体器官的，该公民死亡后，其配偶、成年子女、父母可以以书面形式表示同意捐献该公民人体器官的意愿。

（三）人体器官捐献意愿的撤销

公民对已经表示捐献其人体器官的意愿有权予以撤销。

三、人体器官的分配管理

（一）捐献器官的获取

1. 获取捐献器官的时间 获取捐献器官，应当在捐献人死亡后进行。

2. 成立人体器官获取组织 省级卫生（卫生计生）行政部门必须在国家卫生计生委的统一领导下，成立一个或多个由人体器官移植外科医师、神经内外科医师、重症医学科医师及护士等组成的人体器官获取组织（Organ Procurement Organizations，以下简称 OPO）。捐献器官的获取工作必须由 OPO 按照中国心脏死亡器官捐献分类标准实施。

OPO 应当履行以下职责：①对其服务范围内的潜在捐献人进行相关医学评估；②依照《人体器官移植条例》的规定，与捐献人或其配偶、成年子女、父母签订人体器官捐献知情同意书等人体器官捐献合法性文件；③维护捐献器官的功能；④将潜在捐献人、捐献人及其捐献器官的临床数据和合法性文件录入中国人体器官分配与共享计算机系统（以下简称器官分配系统）；⑤使用器官分配系统启动捐献器官的自动分配；⑥获取、保存、运送捐献器官，并按照器官分配系统的分配结果与获得该器官的人体器官移植等待者（以下简称等待者）所在的具备人体器官移植资质的医院（以下简称移植医院）进行捐献器官的交接确认；⑦对捐献人遗体进行符合伦理原则的医学处理，并参与缅怀和慰问工作；⑧保护捐献人、接受人和等待者的个人信息，并保障其合法权益；⑨组织其服务范围内医疗机构的相关医务人员参加专业培训，协助卫生（卫生计生）行政部门对人体器官捐献协调员进行定期的培训和考核，开展学术交流和科学研究；⑩向社会公众提供人体器官捐献知识的普及、教育、宣传等。

（二）捐献器官的分配

1. 分配原则 捐献器官的分配应当符合医学需要，遵循公平、公正和公开的原则。

2. 分配系统 捐献器官必须通过器官分配系统进行分配，任何机构、组织和个人不得在器官分配系统外擅自分配捐献器官。

3. 自动分配 OPO 必须通过器官分配系统适时启动捐献器官的自动分配，严格执行分配结果，确保捐献人及其捐献器官的溯源性。

4. 统一等待名单 有条件的省（区、市）可以向国家卫生计生委提出申请，实施辖区内统一等待名单的捐献器官分配。

5. 录入等待者信息 移植医院必须将本院等待者的相关信息全部录入器官分配系统，按照要求及时更新。

目前，卫生部研发了中国器官移植与分配系统，系统的运行，是以等待名单中患者病情的紧急度和供受者匹配程度等医学数据作为唯一排序原则的器官分配过程，由计算机自动分配器官，利于确保器官捐献移植透明、公正和可溯源性。

四、人体器官的移植管理

（一）人体器官移植诊疗科目登记和条件

1. 人体器官移植诊疗科目登记 ①医疗机构从事人体器官移植，应当按照《医疗机构管理条例》的规定，向所在地省、自治区、直辖市人民政府卫生主管部门申请办理人体器官移植诊疗科目登记；②省级以上人民政府主管部门应当定期组织专家根据人体器官移植手术成功率、植入的人体器官和术后患者的长期存活率，对医疗机构的人体器官移植临床应用能力进行评估，并及时公布评估结果；对评估结果不合格的，由原登记部门撤销人体器官移植科目登记。

2. 医疗机构从事人体器官移植，应当具备的条件 ①有与从事人体器官移植相适应的执业医师和其他医务人员；②有满足人体器官移植所需要的设备、设施；③有由医学、法学、伦理学等方面专家组成的人体器官移植技术临床应用与伦理委员会，该委员会中从事人体器官移植的医学专家不超过委员会人数的四分之一；④有完善的人体器官移植质量监控等管理制度。

（二）对人体器官捐献人的医学检查和接受人的风险评估

实施人体器官移植手术的医疗机构及其医务人员应当对人体器官捐献人进行医学检查，对接受人因人体器官移植感染疾病的风险进行评估，并采取措施，降低风险。

（三）人体器官移植的伦理审查

1. 审查申请 在摘取活体器官前或者尸体器官捐献人死亡前，负责人体器官移植的执业医师应当向所在医疗机构的人体器官移植技术临床应用与伦理委员会提出摘取人体器官审查申请。

2. 一般器官摘取的伦理审查事项 人体器官移植技术临床应用与伦理委员会收到摘取人体器官审查申请后，应当对下列事项进行审查，并出具同意或者不同意的书面意见：①人体器官捐献人的捐献意愿是否真实；②有无买卖或者变相买卖人体器官的情形；③人体器官的配型和接受人的适应证是否符合伦理原则和人体器官移植技术管理规范。经三分之二以上委员同意，人体器官移植技术临床应用与伦理委员会方可出具同意摘取人体器官的书面意见。人体器官移植技术临床应用与伦理委员会不同意摘取人体器官的，医疗机构不得作出摘取人体器官的决定，医务人员不得摘取人体器官。

3. 活体器官摘取的伦理审查事项 人体器官移植技术临床应用与伦理委员会对下列事项进行审查和讨论，在全体委员一致同意并签名确认后，伦理委员会方可出具同意摘取活体器官的书面意见，同时医疗机构应当存留完整的伦理委员会会议记录备查。伦理委员会审查的事项包括：①活体器官捐献人和接受人按照卫生部《关于规范活体器官移植的若干规定》第三条要求提供的材料是否真实、合法，其关系是否符合该规定第二条的要求；②活体器官捐献人的捐献意愿是否真实；③有无买卖人体器官的情形；④器官的配型和接受人的适应证是否符合人体器官移植技术管理规范；⑤活体器官捐献人的身体和心理状况是否适宜捐献器官；⑥对《关于规范活体器官移植的若干规定》第四条第(四)项的评估是否全面、科学；⑦捐献是否符合医学和伦理学原则。

(四) 摘取尸体器官的要求

摘取尸体器官,应当在依法判定尸体器官捐献人死亡后进行。从事人体器官移植的医务人员不得参与捐献人的死亡判定。从事人体器官移植的医疗机构及其医务人员应当尊重死者的尊严；对摘取器官完毕的尸体,应当进行符合伦理原则的医学处理,除用于移植的器官以外,应当恢复尸体原貌。

(五) 摘取活体器官时应当履行的义务

根据《人体器官移植条例》及《关于规范活体器官移植的若干规定》的规定,任何组织或者个人不得摘取未满 18 周岁公民的活体器官用于移植；从事人体器官移植的医疗机构及其医务人员摘取活体器官前,应当履行下列义务：

(1) 向活体器官捐献人说明器官摘取手术的风险、术后注意事项、可能发生的并发症及其预防措施等,并与活体器官捐献人签署知情同意书；

(2) 查验活体器官捐献人同意捐献其器官的书面意愿、活体器官捐献人与接受人存在《人体器官移植条例》第十条规定关系的证明材料；

(3) 确认除摘取器官产生的直接后果外不会损害活体器官捐献人其他正常的生理功能；

(4) 评估接受人是否有接受活体器官移植手术的必要性、适应证；

(5) 评估活体器官捐献人的健康状况是否适合捐献器官；

(6) 评估接受人因活体器官移植传播疾病的风险；

(7) 根据医学及伦理学原则需要进行的其他评估；

(8) 向医疗机构人体器官移植技术临床应用与伦理委员会(以下简称伦理委员会)提出摘取活体器官申请；

(9) 从事人体器官移植的医疗机构应当保存活体器官捐献人的医学资料,并进行随访；

(10) 从事活体器官移植的医疗机构在伦理委员会出具同意摘取活体器官的书面意见后,应将相关材料上报省级卫生行政部门,根据回复意见实施；

(11) 在实施活体器官摘取手术前,应当由主管医师协助手术室工作人员再次确认活体器官捐献人身份。

(六) 实施活体器官摘取和器官移植手术后医务人员的义务

1. 向伦理委员会提交手术报告 包括活体器官摘取和移植简要过程、术中和术后是否发生不良事件或者并发症及处理措施等；

2. 向移植中心报告 按照要求向相应的移植数据中心上报人体器官移植数据。

（七）个人资料保密

从事人体器官移植的医务人员应当对人体器官捐献人、接受人和申请人体器官移植手术的患者的个人资料保密。《侵权责任法》规定了医务人员对患者的隐私负有保密的义务，这些信息也属于患者隐私的范畴。

五、法律责任

（一）医疗机构违反人体器官移植管理法规的法律责任

1. 医疗机构非法买卖人体器官应当承担的法律责任 医疗机构买卖人体器官或者从事与买卖人体器官有关活动的，由设区的市级以上地方人民政府卫生主管部门依照职责分工没收违法所得，并处交易额8倍以上10倍以下的罚款；医疗机构参与上述活动的，还应当对负有责任的医疗机构主管人员和其他责任人员依法给予处分，并由原登记部门撤销该医疗机构人体器官移植诊疗科目登记，该医疗机构3年内不得再申请人体器官移植诊疗科目登记。

2. 医疗机构擅自从事人体器官移植的法律责任 医疗机构未办理人体器官移植诊疗科目登记，擅自从事人体器官移植的，依照《医疗机构管理条例》的规定予以处罚：医疗机构诊疗活动超出登记范围的，由县级以上人民政府卫生行政部门予以警告、责令其改正，并可以根据情节处以3000元以下的罚款，情节严重的，吊销其医疗机构执业许可证。

3. 医疗机构违反规定，导致接受人因人体器官移植手术感染疾病的法律责任 实施人体器官移植手术的医疗机构违反规定，未对人体器官捐献人进行医学检查或者未采取措施，导致接受人因人体器官移植手术感染疾病的，依照《医疗事故处理条例》的规定予以处罚。目前《医疗事故处理条例》正在修订之中，一旦修订完成，相关的处罚将根据新修订的条例内容进行处罚。同时，医疗机构的上述行为如果同时违反了《侵权责任法》的相关规定，还应根据《侵权责任法》的相关规定承担侵权责任。

4. 医疗机构在人体器官移植中的其他法律责任 医疗机构有下列情形之一的，对负有责任的主管人员和其他直接责任人员依法给予处分；情节严重的，由原登记部门撤销该医疗机构人体器官移植诊疗科目登记，该医疗机构3年内不得再申请人体器官移植诊疗科目登记：①不具备《人体器官移植条例》第十一条规定条件，仍从事人体器官移植的；②未经人体器官移植技术临床应用与伦理委员会审查同意，作出摘取人体器官的决定，或者胁迫医务人员违反《人体器官移植条例》规定摘取人体器官的；③有《人体器官移植条例》第二十八条第（二）项、第（三）项列举的情形的。医疗机构未定期将实施人体器官移植的情况向所在地省、自治区、直辖市人民政府卫生主管部门报告的，由所在地省、自治区、直辖市人民政府卫生主管部门责令限期改正；逾期不改正的，对负有责任的主管人员和其他直接责任人员依法给予处分。

（二）医务人员违反人体器官移植管理法规的法律责任

1. 医务人员可能承担刑事责任的情形 医务人员如果有下列情形之一，构成犯罪，依法追究刑事责任：①未经公民本人同意摘取其活体器官的；②公民生前表示不同意捐献其人体器官而摘取其尸体器官的；③摘取未满 18 周岁公民的活体器官的。

2. 医疗人员违反规定，导致接受人因人体器官移植手术感染疾病的法律责任 实施人体器官移植手术的医务人员违反《人体器官移植条例》规定，未对人体器官捐献人进行医学检查或者未采取措施，导致接受人因人体器官移植手术感染疾病的，依照《医疗事故处理条例》的规定承担相应的责任。

3. 医务人员泄露患者资料应承担的法律责任 从事人体器官移植的医务人员违反《人体器官移植条例》规定，泄露人体器官捐献人、接受人或者申请人体器官移植手术患者个人资料的，依照《执业医师法》或者国家有关护士管理的规定予以处罚。如果同时违反《侵权责任法》的相关规定，构成侵权行为的，还可能承担侵权责任。

4. 医务人员的其他法律责任 医务人员有下列情形这一的，依法给予处分；情节严重的，由县级以上地方人民政府卫生主管部门依照职责分工暂停其 6 个月以上 1 年以下执业活动；情节特别严重的，由原发证部门吊销其执业证书：①未经人体器官移植技术临床应用与伦理委员会审查同意摘取人体器官的；②摘取活体器官前未依照《人体器官移植条例》第十九条的规定履行说明、查验、确认义务的；③对摘取器官完毕的尸体未进行符合伦理原则的医学处理，恢复尸体原貌的；④从事人体器官移植的医务人员参与尸体器官捐献人的死亡判定的。

（三）刑法中规定的相关法律责任

1. 组织、贩卖人体器官罪 《中华人民共和国刑法修正案（八）》第三十七条首次规定了关于人体器官的犯罪，规定：组织他人出卖人体器官的，处五年以下有期徒刑，并处罚金；情节严重的，处五年以上有期徒刑，并处罚金或者没收财产。

2. 非法摘取、骗取他人器官 未经本人同意摘取其器官，或者摘取不满十八周岁的人的器官，或者强迫、欺骗他人捐献器官的，依照本法第二百三十四条、第二百三十二条的规定定罪处罚。

3. 非法摘取尸体器官 违背本人生前意愿摘取其尸体器官，或者本人生前未表示同意，违反国家规定，违背其近亲属意愿摘取其尸体器官的，依照本法第三百零二条的规定定罪处罚。

第三节 人类辅助生殖技术

一、人类辅助生殖技术的概述

（一）人类辅助生殖技术的概念

人类辅助生殖技术（assisted reproductive technology，ART），是指运用医学技术和

方法对配子、合子、胚胎进行人工操作，以达到受孕目的的技术，分为人工授精和体外受精—胚胎移植技术及其各种衍生技术。这些衍生技术目前主要包括体外受精—胚胎移植、配子或合子输卵管内移植、卵细胞浆内精子显微注射、胚胎冻融、植入前胚胎遗传学诊断等。

（二）人类辅助生殖技术的分类

1. 人工(体内)授精 人工授精是指用人工方式将精液注入女性体内以取代性交途径使其妊娠的一种方法。根据精液来源不同，主要分为夫精人工授精和供精人工授精。

2. 人工体外授精 人工体外授精又称试管婴儿技术，指用人工方法从女性卵巢取出卵子，并使卵子和精子在试管内结合形成胚胎，然后再植入子宫继续妊娠的一种生育技术，用这种技术生育的婴儿称为“试管婴儿”。

3. 代孕母 代孕母指为他人代为妊娠的女性，其并不是一种人工生殖技术，而是人工体外授精及试管婴儿技术的发展阶段。根据代孕者和委托人与孩子的基因关系区分，可以分为三类：①借腹代孕，即精子、卵子均来自委托夫妻；②借卵代孕，即精子来自委托丈夫，卵子由代孕者提供，经体外受精后，由代孕者怀孕生育；③捐胚代孕，即代孕母使用捐赠的精子、卵子形成胚胎进行孕育。

4. 克隆技术 克隆技术是指生物通过细胞分裂进行无性生殖，形成基因型完全一致的种群，又称为“无性生殖”。联合国大会制定了《禁止生殖性克隆人国际公约》，各方支持公约在全球范围内严禁生殖性克隆人，但在是否禁止以预防和治疗疾病为目的的治疗性克隆问题上存在分歧。我国政府认为以预防和治疗疾病为目的的人类干细胞研究是有益，应该予以鼓励和支持。

（三）人类辅助生殖技术的立法

1. 国外的立法 世界上大多数国家都颁布了关于辅助技术的法律、法规。如美国路易斯安那州早在1986年就颁布了《人类胎胚法》、瑞典1988年颁布了《试管受精法》、德国于1990年颁布了《胚胎保护法》、荷兰2002年颁布了《胚胎法》、韩国2003年颁布了《生命伦理学法》、意大利2004年颁布了《医学辅助生殖规范》。世界各国对于辅助生殖引发的法律问题由于各自的传统、文化宗教等原因而采取不同的态度，因而不同国家对相关问题的处理方法和立法也多有不同。

2. 我国的立法 为了应对人类辅助生殖带来的法律问题，保证辅助生殖技术有序、健康的发展，2001年2月20日，卫生部颁布了《人类辅助生殖技术管理办法》和《人类精子库管理办法》(以下简称两个《办法》)，同年5月14日又发布了《人类辅助生殖技术规范》、《人类精子库基本标准》、《人类精子库技术规范》和《实施人类辅助生殖技术的伦理原则》(以下简称《技术规范、基本标准和伦理原则》)。2003年6月27日发布修改后的《人类辅助生殖技术规范》、《人类精子库基本标准和技术规范》、《人类辅助生殖技术和人类精子库伦理原则》，原《技术规范、基本标准和伦理原则》同时废止。这些法规的实施，对加强辅助生殖技术的管理，保障辅助生殖技术的规范应用，保证人类生殖安全，提升运用辅助生殖技术出生人口的素质，促进家庭幸福和社会和谐起到了十分重要的作用。

（四）人类辅助生殖技术带来的法律挑战

辅助生殖技术涉及医学、社会、伦理、法律等诸多的问题，属于限制性应用的特殊临床诊疗技术。一直以来各个国家的立法对其都是严格监管、规范实施。但实践中，一系列违法应用该技术的行为以及尚无法律进行规范的行为也给立法和法律的实施带来了挑战。违法运用该技术的行为包括：代孕、非法采供精、非法采供卵、滥用性别鉴定技术等。而目前现实中出现了一些案例则是法律尚无规定的，如关于“冷冻胚胎归属权争议”的问题。具体而言，人类辅助生殖技术在以下方面挑战了现有法律：

1. 父母亲子关系问题 人工授精技术的应用，使得生育跨越了时间及时空的限制，一个孩子存在了多个父母关系，如遗传学父母、社会学父母、孕育母亲等等，使得自然生殖中的父母亲子关系的习惯认定在这里成了困难。各国法律对此反应不一，从发展趋势看，多数国家倾向于主张夫妻合意的异源人工授精所生子女应推定为婚生子女，与生母之夫的关系视为亲生父子关系；使用捐卵的体外授精，孕育孩子的不孕夫妇的妻子应为母亲；使用捐精、捐卵的体外授精，孕育孩子的不孕夫妇为父母。

2. 受精卵和胚胎管理问题 由于生殖细胞及胚胎可以在体外储存，那么这些遗传物质的捐献、买卖、试验、移植、进出口都成为可能，由此引发出如何确定胚胎和受精卵的法律地位及相关的一系列法律问题。如受精卵和胚胎是不是人？是否享有继承权？能否被销毁？有认为是人应尊重保护的观点，也有观点不认为是人。我国目前的法律没有对此作出规定，但学术界倾向于认同它是一种人格物，应给予特别保护。

3. 代孕技术问题 代孕技术带来更多法律问题，如代孕合同的效力如何认定，有认为是违反公序良俗的无效合同，有认为应对其有限认可；对于代孕子女的法律地位、代孕母亲的身份等都存在争议，在代孕行为下，传统的婚姻家庭体系被打破，需要重新确定代孕子女的法律地位及其父母确定的问题，如代孕婴儿最多可能拥有遗传学母亲、分娩母亲及委托母亲三位不同的母亲，那么谁才是孩子的母亲。目前我国现有法律禁止医疗机构及医务人员实施任何形式的代孕技术，但地下“代孕”泛滥。

二、人类辅助生殖技术规范调整的范围

从事人类辅助生殖技术包括体外受精—胚胎移植及其衍生技术和人工授精的各类医疗机构和计划生育服务机构，必须遵守人类辅助生殖技术规范的调整。

三、人类辅助生殖技术机构的审批

《人类辅助生殖技术管理办法》规定，卫生部根据区域卫生规划、医疗需求和技术条件等实际情况，制订人类辅助生殖技术应用规划。

人类辅助生殖技术必须在经过批准并进行登记的医疗机构中实施。未经卫生行政

部门批准，任何单位和个人不得实施人类辅助生殖技术。卫生部指定卫生技术评估机构对开展人类辅助生殖技术的医疗机构进行技术质量监测和定期评估。技术评估的主要内容为人类辅助生殖技术的安全性、有效性、经济性和社会影响。

（一）申请条件

开展人类辅助生殖技术的医疗机构应当具备的以下基本条件：①具有与开展技术相适应的卫生专业技术人员和其他专业技术人员；②具有与开展技术相适应的技术和设备；③设有医学伦理委员会；④符合卫生部制定的《人类辅助生殖技术规范》的要求。

（二）审查批准

申请开展丈夫精液人工授精技术的医疗机构，由省、自治区、直辖市、人民政府卫生行政部门审查批准。对申请开展供精人工授精和体外受精—胚胎移植技术及其衍生技术的医疗机构，由省、自治区、直辖市、人民政府卫生行政部门提出初审意见，卫生部审批。经卫生部审核同意的，发给批准证书。

人类辅助生殖技术批准证书每 2 年校验一次，校验由原审批机关办理。校验合格的，可以继续开展人类辅助生殖技术；校验不合格的，收回其批准证书。

（三）变更登记

批准开展人类辅助生殖技术的医疗机构应当按照《医疗机构管理条例》的有关规定，持省、自治区、直辖市、人民政府卫生行政部门或卫生部的批准证书到核发其医疗机构执业许可证的卫生行政部门办理变更登记手续。

四、人类辅助生殖技术实施规则

实施人类辅助生殖技术必须遵循以下规则：

(1) 符合卫生部制定的《人类辅助生殖技术规范》的规定；

(2) 人类辅助生殖技术的应用应当在医疗机构中进行，以医疗为目的，并符合国家计划生育政策、伦理原则和有关法律规定；

(3) 禁止以任何形式买卖配子、合子、胚胎，医疗机构和医务人员不得实施任何形式的代孕技术；

(4) 应当遵循知情同意原则，并签署知情同意书。涉及伦理问题的，应当提交医学伦理委员会讨论；

(5) 实施供精人工授精和体外受精—胚胎移植技术及其各种衍生技术的医疗机构应当与卫生部批准的人类精子库签订供精协议，严禁私自采精。医疗机构在实施人类辅助生殖技术时应当索取精子检验合格证明；

(6) 应当为当事人保密，不得泄漏有关信息；

(7) 不得进行性别选择，法律法规另有规定的除外；

(8) 应当建立健全技术档案管理制度，供精人工授精医疗行为方面的医疗技术档案和法律文书应当永久保存；

(9) 应当对实施人类辅助生殖技术的人员进行医学业务和伦理学知识的培训。

五、实施人工授精技术人员的行为准则

实施人工授精技术的人员必须遵守以下行为准则：①必须严格遵守国家人口和计划生育法律法规；②必须严格遵守知情同意、知情选择的自愿原则；③必须尊重患者隐私权；④禁止无医学指征的性别选择；⑤禁止实施代孕技术；⑥禁止实施胚胎赠送；⑦禁止实施以治疗不育为目的的人卵胞浆移植及核移植技术；⑧禁止人类与异种配子的杂交；禁止人类体内移植异种配子(精子和卵子)、合子(受精卵)和胚胎；禁止异种体内移植人类配子、合子和胚胎；⑨禁止以生殖为目的对人类配子、合子和胚胎进行基因操作；⑩禁止实施近亲间的精子和卵子结合；⑪在同一治疗周期中，配子和合子必须来自同一男性和同一女性；⑫禁止在患者不知情和不自愿的情况下，将配子、合子和胚胎转送他人或进行科学研究；⑬禁止给不符合国家人口和计划生育法规和条例规定的夫妇和单身妇女实施人类辅助生殖技术；⑭禁止开展人类嵌合体胚胎试验研究；⑮禁止克隆人。

六、人类精子库管理

人类精子库是指以治疗不育症以及预防遗传病等为目的，利用超低温冷冻技术，采集、检测、保存和提供精子的机构。

《人类精子库管理办法》规定，人类精子库必须设置在医疗机构内。精子的采集和提供应当遵守当事人自愿和符合社会伦理原则，任何单位和个人不得以营利为目的进行精子的采集与提供活动。

(一) 设置审批

卫生部根据我国卫生资源、对供精的需求、精子的来源。技术条件等实际情况，制订人类精子库设置规划。

申请设置人类精子库的医疗机构应当符合下列条件：①具有医疗机构执业许可证；②设有医学伦理委员会；③具有与采集、检测、保存和提供精子相适应的卫生专业技术人员；④具有与采集、检测、保存和提供精子相适应的技术和仪器设备；⑤具有对供精者进行筛查的技术能力；⑥应当符合卫生部制定的《人类精干库基本标准》。

经卫生部审核批准，发给人类精子库批准证书。批准设置人类精子库的医疗机构应当按照《医疗机构管理条例》的有关规定，持卫生部的批准证书到核发其医疗机构执业许可证的卫生行政部门办理变更登记手续。人类精子库批准证书每 2 年校验一次。校验合格的，可以继续开展人类精子库工作；校验不合格的，收回人类精子库批准证书。

(二) 精子的采集与提供

《人类精子库管理办法》规定，精子的采集与提供应当在经过批准的人类精子库中

进行。未经批准，任何单位和个人不得从事精子的采集与提供活动。精子的采集与提供应当严格遵守卫生部制定的《人类精子库技术规范》和各项技术操作规程。

1. 精子的采集 供精者应当是年龄在22～45周岁之间的健康男性。人类精子库应当对供精者进行健康检查和严格筛选，不得采集有下列情况之一的人员的精液：①有遗传病家族史或者患遗传性疾病；②精神病患者；③传染病患者或者病源携带者；④长期接触放射线和有害物质者；⑤精液检查不合格者；⑥其他严重器质性疾病患者。

供精者只能在一个人类精子库中供精。人类精子库工作人员应当向供精者说明精子的用途、保存方式以及可能带来的社会伦理等问题。人类精子库应当和供精者签署知情同意书。

2. 精子的提供 精子库采集精子后，应当进行检验和筛查。精子冷冻6个月后，经过复检合格，方可向经卫生行政部门批准开展人类辅助生殖技术的医疗机构提供，并向医疗机构提交检验结果。未经检验或检验不合格的，不得向医疗机构提供。

严禁精子库向医疗机构提供新鲜精子。严禁精子库向未经批准开展人类辅助生殖技术的医疗机构提供精子。一个供精者的精子最多只能提供给5名妇女受孕。

3. 保密规定 人类精子库应当建立供精者档案，对供精者的详细资料和精子使用情况进行计算机管理并永久保存。人类精子库应当为供精者和受精者保密，未经供精者和受精者同意不得泄漏有关信息。

人类精子库工作人员应遵守的保密规定：①人类精子库工作人员应尊重供精和受精当事人的隐私权并严格保密；②除司法机关出具公函或相关当事人具有充分理由同意查阅外，其他任何单位和个人一律谢绝查阅供精者的档案；确因工作需要及其他特殊原因非得查阅档案时，则必须经人类精子库机构负责人批准，并隐去供精者的社会身份资料。

4. 评估制度 卫生部指定卫生技术评估机构，对人类精子库进行技术质量监测和定期检查。监测结果和检查报告报人类精子库所在地的省，自治区、直辖市人民政府卫生行政部门和卫生部备案。

七、法律责任

（一）擅自开展人类辅助生殖技术的或者擅自设置人类精子库的法律责任

医疗机构未经批准擅自开展人类辅助生殖技术的或者未经批准擅自设置人类精子库，采集、提供精子的，由县级以上人民政府卫生行政部门责令其停止执业活动，没收非法所得和药品、器械，并可以根据情节处以1万元以下的罚款。

（二）医疗机构在开展人类辅助生殖技术中的其他法律责任

医疗机构开展人类辅助生殖技术，如果存在以下行为的，由省级卫生行政部门给予警告、3万元以下罚款，并给予有关责任人员行政处分；构成犯罪的，依法追究刑事责任:①买卖配子、合子、胚胎的;②实施代孕技术的;③使用不具有《人类精子库批准证书》机构提供的精子的;④擅自进行性别选择的;⑤实施人类辅助生殖技术档案不健全的;⑥经指定技术评估机构检查技术质量不合格的;⑦其他违反本办法规定的行为。

第四节 放射诊疗

一、放射诊疗的概述

(一)概念

放射诊疗工作,是指使用放射性同位素、射线装置进行临床医学诊断、治疗和健康检查的活动。

为加强放射诊疗工作的管理,保证医疗质量和医疗安全,保障放射诊疗工作人员、患者和公众的健康权益,依据《中华人民共和国职业病防治法》、《放射性同位素与射线装置安全和防护条例》和《医疗机构管理条例》等法律、行政法规的规定,卫生部于2006年1月24日发布了《放射诊疗管理规定》,自2006年3月1日起施行。2016年1月19日根据《国家卫生计生委关于修改外国医师来华短期行医暂行管理办法等8件部门规章的决定》修改公布。

(二)分类

自1895年伦琴发现X射线后,X射线很快就被应用于医学诊断和治疗,之后随着科学和医学的进步,应用越来越广泛。从医用辐射三大分支学科(X线诊断、临床核医学、放射肿瘤学)的蓬勃发展到影像医学的形成,以及介入放射学的崛起,为人类防病治病带来了巨大的贡献。目前放射诊疗工作按照治疗风险和技术难易程度分为以下四类进行管理:

(1)放射治疗是指利用电离辐射的生物效应治疗肿瘤等疾病的技术。

(2)核医学是指利用放射性同位素诊断或治疗疾病或进行医学研究的技术。

(3)介入放射学是指在医学影像系统监视引导下,经皮针穿刺或引入导管做抽吸注射、引流或对管腔、血管等做成型、灌注、栓塞等,以诊断与治疗疾病的技术。

(4)X射线影像诊断是指利用X射线的穿透等性质取得人体内器官与组织的影像信息以诊断疾病的技术。

二、放射诊疗的执业条件

(一)开展放射诊疗的基本条件

医疗机构开展放射诊疗工作,应当具备与其开展的放射诊疗工作相适应的条件,经所在地县级以上地方卫生行政部门的放射诊疗技术和医用辐射机构许可。

医疗机构开展放射诊疗工作，应当具备以下基本条件：①具有经核准登记的医学影像科诊疗科目；②具有符合国家相关标准和规定的放射诊疗场所和配套设施；③具有质量与安全防护专（兼）职管理人员和管理制度，并配备必要的防护用品和监测仪器；④产生放射性废气、废液、固体废物的，具有确保放射性废气、废液、固体废物达标排放的处理能力或者可行的处理方案；⑤具有放射事件应急处理预案。

（二）安全防护装置、辐射检测仪器和个人防护用品的配备与使用

医疗机构应当按照以下要求配备并使用安全防护装置、辐射检测仪器和个人防护用品：①放射治疗场所应当按照相应标准设置多重安全联锁系统、剂量监测系统、影像监控、对讲装置和固定式剂量监测报警装置；配备放疗剂量仪、剂量扫描装置和个人剂量报警仪；②开展核医学工作的，设有专门的放射性同位素分装、注射、储存场所，放射性废物屏蔽设备和存放场所；配备活度计、放射性表面污染监测仪；③介入放射学与其他X射线影像诊断工作场所应当配备工作人员防护用品和受检者个人防护用品。

（三）设备和场所警示标志的设置

医疗机构应当对下列设备和场所设置醒目的警示标志：①装有放射性同位素和放射性废物的设备、容器，设有电离辐射标志；②放射性同位素和放射性废物储存场所，设有电离辐射警告标志及必要的文字说明；③放射诊疗工作场所的入口处，设有电离辐射警告标志；④放射诊疗工作场所应当按照有关标准和要求分为控制区、监督区，在控制区进出口及其他适当位置，设有电离辐射警告标志和工作指示灯。

三、安全防护与质量保证

医疗机构应当采取有效措施，保证放射防护安全与放射诊疗质量符合有关规定、标准和规范的要求。

（一）放射诊疗设备和检测仪表的要求

(1) 新安装、维修或更换重要部件后的设备，应当经省级以上卫生行政部门资质认证的检测机构对其进行检测，合格后方可启用；

(2) 定期进行稳定性检测、校正和维护保养，由省级以上卫生行政部门资质认证的检测机构每年至少进行一次状态检测；

(3) 按照国家有关规定检验或者校准用于放射防护和质量控制的检测仪表；

(4) 放射诊疗设备及其相关设备的技术指标和安全、防护性能，应当符合有关标准与要求；不合格或国家有关部门规定淘汰的放射诊疗设备不得购置、使用、转让和出租。

（二）放射诊疗场所防护要求

医疗机构应当定期对放射诊疗工作场所、放射性同位素储存场所和防护设施进行放射防护检测，保证辐射水平符合有关规定或者标准。放射性同位素不得与易燃、易

爆、腐蚀性物品同库储存;储存场所应当采取有效的防泄露等措施,并安装必要的报警装置。放射性同位素储存场所应当有专人负责,有完善的存入、领取、归还登记和检查的制度,做到交接严格,检查及时,账目清楚,账物相符,记录资料完整。

(三) 放射诊疗工作人员防护要求

放射诊疗工作人员应当按照有关规定佩戴个人剂量计。医疗机构应当按照有关规定和标准,对放射诊疗工作人员进行上岗前、在岗期间和离岗时的健康检查,定期进行专业及防护知识培训,并分别建立个人剂量、职业健康管理和教育培训档案。

(四) 患者和受检者的防护要求

放射诊疗工作人员对患者和受检者进行医疗照射时,应当遵守医疗照射正当化和放射防护最优化的原则,有明确有医疗目的,严格控制受照剂量;对邻近照射野的敏感器官和组织进行屏蔽防护,并事先告知患者和受检者辐射对健康的影响。

(五) 放射诊断检查的原则和实施

医疗机构在实施放射诊断检查前应当对不同检查方法进行利弊分析,在保证诊断效果的前提下,优先采用对人体健康影响较小的诊断技术。实施检查应当遵守下列规定:

(1) 严格执行检查资料的登记、保存、提取和借阅制度,不得因资料管理、受检者转诊等原因使受检者接受不必要的重复照射。

(2) 不得将核素显像检查和 X 射线胸部检查列入对婴幼儿及少年儿童体检的常规检查项目。

(3) 对育龄妇女腹部或骨盆进行核素显像检查或 X 射线检查前,应问明是否怀孕;非特殊需要,对受孕八至十五周的育龄妇女,不得进行下腹部放射影像检查。

(4) 应当尽量以胸部 X 射线摄影代替胸部荧光透视检查。

(5) 实施放射性药物给药和 X 射线照射操作时,应当禁止非受检者进入操作现场;因患者病情需要其他人员陪检时,应当对陪检者采取防护措施。

(六) 放射治疗的原则和实施

开展放射治疗的医疗机构,在对患者实施放射治疗前,应当进行影像学、病理学及其他相关检查,严格掌握放射治疗的适应证。对确需要进行放射治疗的,应当制定科学的治疗计划,并按照下列要求实施:

(1) 对体外远距离放射治疗,放射诊疗工作人员在进入治疗室前,应首先检查操作控制台的源位显示,确认放射性结束或放射源处于关闭位时,方可进入;

(2) 对近距离放射治疗,放射诊疗工作人员应当使用专用工具拿取放射源,不得徒手操作;对接受敷贴治疗的患者采取安全护理,防止放射源被患者带走或丢失;

(3) 在实施永久性籽粒插植治疗时,放射诊疗工作人员应随时清点所使用的放射性籽粒,防止在操作过程中遗失;放射性籽粒植入后,必须进行医学影像学检查,确认植入部位和放射性籽粒的数量；

(4) 治疗过程中，治疗现场至少应有 2 名放射诊疗工作人员，并密切注视治疗的装置的显示及病人情况，及时解决治疗中出现的问题；严禁其他无关人员进入治疗场所；

(5) 放射诊疗工作人员应当严格按照放射治疗操作规范、规程实施照射；不得擅自修改治疗计划；

(6) 放射诊疗工作人员应当验证治疗计划的执行情况，发现偏离计划现象时，应当及时采取补救措施并向本科室负责人或者本机构负责医疗质量控制的部门报告。

（七）放射事件的处理

1. 应急预案 医疗机构应当制定防范和处置放射事件的应急预案；发生放射事件后应当立即采取有效应急救援和控制措施，防止事件的扩大和蔓延。

2. 及时处理并报告 医疗机构发生下列放射事件情形之一的，应当及时进行调查处理，如实记录，并按照有关规定及时报告卫生行政部门和有关部门：①诊断放射性药物实际用量偏离处方剂量 50%以上的；②放射治疗实际照射剂量偏离处方剂量 25%以上的；③人员误照或误用放射性药物的；④放射性同位素丢失、被盗和污染的；⑤设备故障或人为失误引起的其他放射事件。

四、法律责任

（一）医疗机构未依法从事放射诊疗、科目登记等工作应承担的责任

医疗机构有下列情形之一的，由县级以上卫生行政部门给予警告、责令限期改正，并可以根据情节处以 3000 元以下的罚款；情节严重的，吊销其医疗机构执业许可证：①未取得放射诊疗许可证从事放射诊疗工作的；②未办理诊疗科目登记或者未按照规定进行校验的；③未经批准擅自变更放射诊疗项目或者超出批准范围从事放射诊疗工作的。

（二）医疗机构使用不具备相应资质的人员从事放射诊疗工作的法律责任

医疗机构使用不具备相应资质的人员从事放射诊疗工作的，由县级以上卫生行政部门责令限期改正，并可处以 5000 元以下的罚款；情节严重的，吊销其医疗机构执业许可证。

（三）医疗机构在放射诊疗中的其他法律责任

医疗机构违反本规定，有下列行为之一的，由县级以上卫生行政部门给予警告，责令限期改正；并可处 1 万元以下的罚款：①购置、使用不合格或国家有关部门规定淘汰的放射诊疗设备的；②未按照规定使用安全防护装置和个人防护用品的；③未按照规定对放射诊疗设备、工作场所及防护设施进行检测和检查的；④未按照规定对放射诊疗工作人员进行个人剂量监测、健康检查、建立个人剂量和健康档案的；⑤发生放射事件并

造成人员健康严重损害的；⑥发生放射事件未立即采取应急救援和控制措施或者未按照规定及时报告的；⑦违反《放射诊疗管理规定》的其他情形。

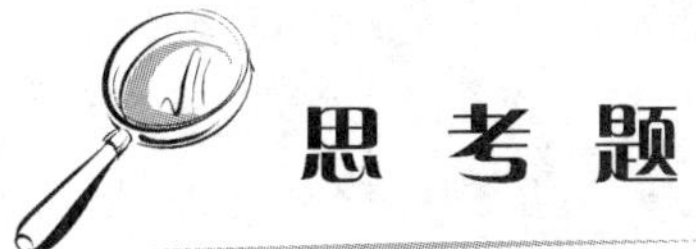

思考题

1. 名词解释：人体器官移植　人类辅助生殖技术　放射诊疗
2. 人体器官捐献应具备哪些条件？
3. 人体器官移植的伦理审查包括哪些内容？
4. 实施人工授精技术人员应遵循哪些行为准则？
5. 放射诊疗的执业条件有哪些？

案例思考

江苏宜兴一对双独年轻夫妻不幸因车祸身亡，小两口生前曾于2012年2月在鼓楼医院生殖医学中心采用人工辅助生育技术繁育后代，留下4枚冷冻胚胎。之后，双方家属因冷冻胚胎的处置与医院产生分歧，后沈某将其儿媳父母告上法院，并将鼓楼医院追加为第三人，要求取得冷冻胚胎的继承权。2014年5月15日，江苏省宜兴市法院对此案进行一审，并以手术过程中留下的胚胎所享有的受限制权利不能被继承为由，驳回了原告的诉讼请求。2014年9月7日，无锡市中级人民法院二审，最终决定撤销一审判决，支持双方老人共同处置4枚冷冻胚胎。

问题：

1. 请问人类辅助生殖技术实施规则有哪些规定？
2. 人类辅助生殖技术涉及哪些法律问题？
3. 对我国人类辅助生殖技术的相关法律应该如何完善？

第六章

医疗纠纷处理法律制度

本章知识点：

- 医疗纠纷、医疗损害责任、医疗事故的含义
- 医疗损害侵权责任
- 医疗纠纷预防和处理
- 医疗事故处置
- 医疗损害鉴定
- 医疗纠纷的法律责任

本章导读：某产妇因临产到某市妇幼保健院进行住院分娩，剖宫产手术后发现神经损伤，经某司法鉴定中心鉴定构成七级伤残。该产妇该如何维护自己的合法权益？本章内容中的医疗纠纷处理的法律规定给出了回答。

第一节　概　　述

一、医疗纠纷的概念及类别

医疗纠纷是指因医疗行为以及与医疗行为有关的因素所引起的当事人之间的一种争执。它是民事纠纷在医疗服务领域中的特殊体现，主要是医患双方对医疗后果、产生原因以及如何处理的认识产生分歧，从而引发的纠纷。

医疗纠纷包括医疗过失纠纷和非医疗过失纠纷。前者主要指由于医疗机构及其医务人员的过失引起的纠纷，根据其损害结果的不同，一般包括医疗事故和医疗差错。后者主要是由于医疗意外、并发症、病情自然转归等引起的纠纷，或者由于患者不配合、医疗需求的矛盾、无理取闹等医疗以外原因所引起的纠纷。

从逻辑学角度看，医疗纠纷仅代表着一种责任不确定的争议状态，而真正体现法律意义的应该是其下位概念，如医疗服务合同纠纷、医疗损害责任纠纷（侵害患者知情同意权责任纠纷、医疗产品责任纠纷）等。发生医疗纠纷时，当事人可以选择违约之诉，也可以选择侵权之诉，选择医疗服务合同纠纷的违约之诉时适用《合同法》，选择医疗损害责任纠纷的侵权之诉时适用《侵权责任法》。

二、我国医疗纠纷处理法律的历史发展

为了将医疗纠纷的处理纳入法制的轨道，在《民法通则》、《合同法》等一般法律之外，我国一直不断制定医疗纠纷处理的特别法，国务院于1987年6月颁布了《医疗事故处理办法》（以下简称《办法》）。1988年5月，为解决各地在贯彻执行《办法》过程中有待明确的问题，卫生部颁布了《关于〈医疗事故处理办法〉若干问题的说明》。2002年2月20日，国务院正式通过《医疗事故处理条例》（以下简称《条例》）并于同年9月1日实施。《条例》对《办法》进行了重大修改，扩大了事故的范围；为患者设立了知情权、复印病历权等十二种权利；改革了鉴定体制；提高了赔偿数额；对医疗机构加大了处罚力度等。此后，卫生部和中医药管理局又相继配套颁布了《医疗事故技术鉴定暂行办法》、《医疗事故技术鉴定专家库学科专业组名录（试行）》、《医疗事故分级标准（试行）》、《医疗事故争议中尸检机构及专业技术人员资格认定办法》、《医疗机构病历管理规定》、《病历书写基本规范》和《重大医疗过失行为和医疗事故报告制度的规定》等部门规章或行业规范，构建了以《条例》为主干的关于医疗纠纷处理的法律系统。

2009年12月26日，第十一届全国人大常委会第十二次会议审议通过《中华人民共和国侵权责任法》（以下简称《侵权责任法》），自2010年7月1日起施行。该法第七章以专章的形式对医疗损害责任进行了规定，内容包括医疗损害责任的归责原则、患者知情同意权、医疗过错认定、医疗侵权责任形态等方面内容。

《侵权责任法》颁布以前，《条例》以“特别法”的优势地位在医疗事故处理方面一直是优先适用的，《条例》设定的医疗事故技术鉴定也一直优先于司法鉴定，这种优先适用有时甚至被理解为排他性的。自《侵权责任法》实施后，基于“上位法优于下位法”、“新法优于旧法”的原则，其对《条例》的效力进行了弱化，使《条例》丧失了特别法的优势地位——凡与《侵权责任法》相矛盾的地方，一律优先适用《侵权责任法》；而与《侵权责任法》不相矛盾的地方，主要是有关医疗事故行政监督及预防处置的内容仍然继续有效。

2018年7月31日国务院总理李克强签署中华人民共和国国务院令，公布了《医疗纠纷预防和处理条例》（以下简称“新《条例》”），自2018年10月1日起施行。新《条例》的起草在总体思路上主要把握了以下三点：一是平衡医患双方的权利和义务，维护双方的合法权益；二是关口前移，通过加强医疗质量安全管理，畅通医患沟通渠道，从源头预防和减少纠纷；三是充分发挥人民调解在解决医疗纠纷中的主渠道作用，倡导以柔性方式化解医疗纠纷，减少医患对抗，促进医患和谐。

第二节　医疗损害侵权责任

一、医疗损害及医疗损害责任

（一）医疗损害的概念

医疗损害是指因医疗机构及其医务人员的故意或过失（即医疗过错），而对就医患者造成身体上或精神上的损害结果。

在诉讼实践中，因医务人员的故意或者重大过失而造成患者医疗损害的，视情可构成刑法上的“医疗事故罪”，则由刑法对其进行调整；因医务人员的一般过失而造成患者医疗损害的，属民事侵权行为，依据《侵权责任法》应由医疗机构承担医疗损害责任。

（二）医疗损害责任及其构成要件

医疗损害责任，是指医疗机构及医务人员在医疗过程中因过错，或者在法律规定的情况下无论有无过错，造成患者人身损害或者其他损害，应当承担的以损害赔偿为主要方式的侵权责任。

作为一种特殊的民事侵权责任，医疗损害责任的构成要件主要有以下几个方面。

1. 主体的特殊性　医疗损害的行为人必须具有特殊身份，即必须是医疗机构或者其他医务人员，在医疗产品损害责任中主要是产品生产者。由医疗机构或产品生产者直接对患者承担医疗损害赔偿责任。

2. 损害的客观性　损害的客观性是指因医方违反其注意义务的行为给患者造成客观的人身及财产的损害后果。

3. 行为的违法性　医疗机构及其医务人员必须要有违反医疗卫生管理法律、行政法规、部门规章和诊疗规范、常规的行为；也包括违反医疗卫生单位内部制定的规章制度及具体操作规程。

4. 因果的必要性　医方的违法行为与患者人身损害后果之间必须具有引起与被引起的关系。

5. 主观的过错性　一般而言，行为人主观上必须要有过错。医方在医疗活动中承担高度注意义务，确定医方是否有过错应当以其是否尽到与当时医疗水平相应的诊疗注意义务等为标准；在司法实践中一般需要通过鉴定予以确定。

二、医疗损害责任的类型

按照《侵权责任法》的规定，可将医疗损害责任分为以下五类。

1. 医疗技术损害责任　医疗技术损害责任是指医疗机构及医务人员从事病情检

验、诊断、治疗方法的选择,治疗措施的执行,病情发展过程的追踪,以及术后照护等医疗行为中,存在不符合当时医疗水平的过失,从而造成患者损害的行为。这是最基本的医疗侵权类型,实践中医疗纠纷往往围绕此类侵权行为发生。

2. 医疗伦理损害责任 医疗伦理损害责任是指医疗机构及医务人员从事各种医疗行为时,未对病患者充分告知或者说明其病情,未提供对病患者及时有用的医疗建议,未保守与病情有关的各种秘密,或未取得病患者同意即采取某种医疗措施或停止继续治疗等,以及其他医疗违法行为,而违反医疗职业良知或职业伦理上应遵守的规则的过失行为。

比较典型的医疗伦理损害责任一般表现为违反告知义务的损害责任和违反保密义务的损害责任。即医务人员在诊疗活动中未善尽告知义务,违反了《侵权责任法》第五十五条的规定,未依法向患者说明病情和医疗措施,未及时向患者说明医疗风险、替代医疗方案等情况并取得其同意。或者违反了第六十二条的规定,泄露患者隐私或者未经患者同意公开其病历资料,造成患者损害的。

3. 医疗产品损害责任 医疗产品损害责任是指医疗机构在医疗过程中使用有缺陷的药品、消毒药剂、医疗器械以及血液及制品等医疗产品而造成的患者人身损害。需要注意的是,衡量药品是否存在缺陷,应当以《产品质量法》的规定作为基本标准;消毒药剂缺陷主要是指示缺陷,即生产商或销售商没有提供真实、完整、符合安全使用要求的产品使用说明和警示说明。

4. 医疗管理损害责任 医疗管理损害责任是指医疗机构和医务人员违背医疗管理规范和医疗管理职责的要求,具有医疗管理过错,造成患者人身损害、财产损害的医疗损害责任。医疗管理过错是指医疗机构及医务人员在医疗管理中,由于疏忽或者懈怠甚至是故意,不能履行管理规范或者管理职责,造成患者人身损害或者财产损害。

5. 过度医疗损害责任 过度医疗损害责任是指医疗机构及医务人员在医疗活动中,违反法定及约定义务,提供了超过患者实际需求的医疗检查,造成患者人身伤害及财产损失的行为。一般来讲,符合以下几个方面的因素,就是适度的诊疗:①符合患者实际需求的。实际需求应因人而异、因地而异,诊疗应考虑患者病情、承受能力等方面情况。②疗效是最好的,既非“过”,亦非“不及”。③经济耗费是最小的。④对患者的侵害是最小的,无伤害或伤害最小,无痛苦或痛苦最小,能药物治疗的尽量不要动手术,肢体、器官能保留的要尽量保留。⑤便捷的。如果双方有约定,那么适度诊疗就是依约诊疗,但约定不能违反法律的强制性规定,也不能违反公序良俗。因此,适度的诊疗就是符合诊疗规范、不违背基本医疗道德规范的诊疗,否则,即构成过度医疗。

三、医疗损害责任的归责原则

《侵权责任法》依据不同情况,确定了医疗损害责任的归责原则以过错责任原则为主、无过错责任原则相结合的多元化归责原则体系。

（一）过错责任原则

根据《侵权责任法》的规定，医疗损害责任的一般归责原则是过错责任原则，即医疗机构的过错是医疗损害责任的构成要件，医疗机构因过错侵害患者民事权益，应当承担侵权责任。《侵权责任法》第五十四条规定："患者在诊疗活动中受到损害，医疗机构及其医务人员有过错的，由医疗机构承担赔偿责任。"这即是过错责任原则的适用。

特定情况下，适用过错推定的原则，来缓和患者的举证责任。

根据《侵权责任法》第五十八条的规定，在特殊情形下，医疗损害责任实行过错推定原则，即患者有损害，因下列情形之一的，推定医疗机构有过错：①违反法律、行政法规、规章以及其他有关诊疗规范的规定；②隐匿或者拒绝提供与纠纷有关的病历资料；③伪造、篡改或者销毁病历资料。医疗机构及其医务人员存在上述行为，即推定医疗机构存在过错，医疗机构不能证明自己没有过错的，应当承担侵权责任。《侵权责任法》规定的"医疗过错推定"与《民事诉讼证据规则》中规定的"医疗举证责任倒置"有很大的不同。"医疗举证责任倒置"是从"损害"直接推定"医疗过错"，患方只要证明损害是由医疗行为造成的即可，医方就必须证明医疗无过错，否则必须承担败诉的责任；而"医疗过错推定"，患方首先要证明损害后果存在，其次证明医方存在《侵权责任法》第五十八条规定的三种情形之一，才推定医方存在医疗过错，然后由医方提出证据证明医疗行为无过错。

（二）无过错责任原则

根据《侵权责任法》第五十九条的规定，构成医用产品缺陷损害责任，实行无过错责任原则。该条规定："因药品、消毒药剂、医疗器械的缺陷，或者输入不合格的血液造成患者损害的，患者可以向生产者或者血液提供机构请求赔偿，也可以向医疗机构请求赔偿。患者向医疗机构请求赔偿的，医疗机构赔偿后，有权向负有责任的生产者或者血液提供机构追偿。"即不论医疗机构对其使用的医用产品缺陷的产生有无过错，都要向因此受到损害的患者承担侵权损害赔偿责任，医疗机构不能以缺陷并非因其产生而主张免除该赔偿责任。

四、医疗损害责任的免责事由

免责事由是指免除或减轻行为人责任的事由。医疗损害侵权责任的免责事由则是指被告针对原告的诉讼请求而提出的，证明原告所主张的卫生侵权事由不成立或者不完全不成立的事实。医疗损害责任的免责事由的举证责任由医方承担。

（一）一般免责事由

1. 正当防卫　正当防卫是指行为人为了保护自己或他人的合法权益，对于正在进行的不法侵害采取的不超过必要限度的防卫措施。《侵权责任法》规定："因正当防卫造成损害的，不承担责任。"在医疗损害侵权责任领域，如果是基于正当防卫造成的损害，不需要承担民事责任。

2. 紧急避险 紧急避险是指为了使本人或者第三人的人身或财产公共利益免遭正在发生的、实际存在的危险而不得已采取的一种加害于他人人身或财产的行为。《侵权责任法》第三十一条规定:"因紧急避险造成损害的,由引起险情发生的人承担责任。"但紧急避险的行为不能超过必要的限度,如果超过必要的限度造成不应有的损害的,紧急避险人应当承担适当的责任。

3. 不可抗力 不可抗力是指不能预见、不能避免并不能克服的客观情况,包括自然原因如地震、台风、海啸和社会原因如武装冲突、战争等。在医疗损害责任中,不可抗力也是侵权的一般免责事由,在损害完全是由不可抗力引起的情况下,表明被告的行为与损害结果之间无因果关系,且没有过错,因此应免除责任。

4. 第三人过错 《侵权责任法》规定:"损害如果是基于第三人的过错造成的,第三人应当承担侵权责任。"行为人只对不属于自己过错的行为或可以证明属于他人过错行为造成的损害免责。

5. 受害人故意 损害是因受害人故意造成的,行为人不承担责任。在医疗损害中,受害人的故意可以使行为人在没有过错或具有轻过失,甚至重大过失的情况下免责。

(二)特殊免责情形

《侵权责任法》第六十条以列举的方式规定了三种特殊免责情形。

1. 患者不配合诊疗 患者或者其近亲属不配合医疗机构进行符合诊疗规范的诊疗,医疗机构不承担赔偿责任。医患之间必须协力配合,才能达到理想的治疗效果。实践中,以下情形应视为"患者或者其近亲属不配合医疗机构进行符合诊疗规范的诊疗":因患者原因延误诊疗;不按医嘱服药或私自服药;个别患者出于某种动机和目的,不真实反映症状;不接受医护人员的合理治疗措施;过早地增加活动;术后过早进餐,私自外出等。由于患者的这些原因导致的不良后果,医疗机构不承担责任。当然,如果医疗机构及其医务人员在这其中也有过错的,则不能全部免责,应当承担相应的赔偿责任。

2. 紧急救治 医务人员在抢救生命垂危的患者等紧急情况下已经尽到合理诊疗义务的,医疗机构不承担赔偿责任。抢救生命垂危的患者,不要求医务人员具有和平常一样的注意义务,只要按照救治措施的医疗操作规范实施诊疗行为,就可以不承担责任。这里应对"紧急情况"做广义的理解,它不单指患者的生命垂危,还包括其他紧急情况下已经尽到合理诊疗义务的行为,例如不及时施救,患者会造成重度残疾等。

3. 医疗水平限制 限于当时的医疗水平难以诊疗的,医疗机构不承担赔偿责任。主要包括:①现有的医疗技术尚未认识到的疾病原理,出现无法预见、无法避免并无法克服的客观情况。②由于患者病情异常或体质特殊而发生医疗意外。这里需要注意的是,在该种情形下,如果医疗机构及其医务人员在其中也有过错的,则不能全部免责,应当承担相应的赔偿责任。比如,从医学理论的角度看,在基础麻醉或推管阻滞麻醉时,使用规定剂量的麻药,仍导致呼吸抑制,血压下降或麻醉平面过高,虽经积极抢救,依然未能防止不良后果的,属麻醉意外,医院不应承担责任。但实践中的做法往往与理论差异较大。司法实践一般认为，麻醉虽然具有一定风险，但也不能排除医院在麻醉、手术过程中存在操作不当、观察不严等医疗过失行为，如果这种过失行为与患者所受的损害有关，则医院就应当承担相应的赔偿责任。

五、医方的说明义务与患者的知情同意权

医方的说明义务对应的是患者的知情同意权。所谓知情同意权，是患方有权知晓自己的病情，从而对医疗措施决定取舍的权利，由知情、理解、同意三个要素构成，该权利包括了解权、被告知权、选择权、拒绝权和同意权。知情同意的内容包括但不限于病种、病情、检查项目、并发症或医疗风险、配合注意事项等。医疗机构及其医务人员应当按照规定填写并妥善保管住院志、医嘱单、检验报告、手术及其麻醉记录、病理资料、护理记录、医疗费用等病历资料。患者要求查阅、复制前款规定的病历资料的，医疗机构应当提供。如果拒绝提供，视为未尽到说明告知义务。

（一）医务人员履行说明义务的范围

一是在诊疗活动中应当向患者说明病情和医疗措施；二是在需要实施手术，或者开展临床试验等存在一定危险性、可能产生不良后果的特殊检查、特殊治疗的，应当及时向患者说明医疗风险、替代医疗方案等情况。

第一种情况是指医务人员在通常的诊疗活动中履行说明义务的范围。在这种情况下，需要说明的信息主要为病情和医疗措施。具体说来，病情包括疾病的性质、严重程度、发展变化趋势等信息，还包括诊断信息，即疾病名称、诊断依据等。医疗措施包括可供选择的医疗措施、各种医疗措施的利与弊，根据患者的具体情况拟采用的医疗措施、该医疗措施的治疗效果和预计大致所需要的费用、可能出现的并发症以及不采取医疗措施的危险性等。

第二种情况是相对于第一种情况来说的特殊情况。在这种情况下，医务人员除了要履行向患者说明病情和医疗措施义务以外，还应当及时向患者说明医疗风险、替代医疗方案等情况。所谓医疗风险，是指医疗措施可能出现的并发症、后遗症、不良反应等风险，替代医疗方案信息包括可选择的几种手术方案及其利弊等信息。这种特殊说明义务适用的条件是患者需要实施手术、特殊检查、特殊治疗。对于特殊检查、特殊治疗，《医疗机构管理条例实施细则》第八十八条作了规定："特殊检查、特殊治疗：是指具有下列情形之一的诊断、治疗活动：①有一定危险性，可能产生不良后果的检查和治疗；②由于患者体质特殊或者病情危笃，可能对患者产生不良后果和危险的检查和治疗；③临床试验性检查和治疗；④收费可能对患者造成较大经济负担的检查和治疗。"严格按照上述相关的规定履行说明义务，即视为履行了法律所规定的说明义务。

（二）医方履行说明义务的对象及方式

医方履行说明义务的对象是患者本人，在本人不能理解说明的内容（如患者年幼、神志不清或者需要保护性医疗措施而不宜接受说明）时，应当向其近亲属说明。

关于一般说明的方式，法律没有限制；但对于需要实施手术、特殊检查、特殊治疗的，以及向患者的近亲属说明的，必须采取书面形式，否则不产生已尽到说明义务的效力，因此造成患者损害的，医疗机构应当承担赔偿责任。手术治疗、特殊检查、特殊治疗的风险说明、替代医疗方案说明，包括知情同意书、告知书、其他经患方签字认可的病历记载等，需要制作书面的证据材料。

（三）特殊情形下医方告知义务的免除

医务人员告知义务虽然是一种法定义务，但并不是绝对义务，但在患者接受强制治疗、可能对患者造成不良影响的情况、患者对医疗内容有充分了解、患者明确表示无须医务人员说明的情况等特定情形下，医务人员的告知义务是可以免除的。

第三节　医疗纠纷预防和处理

一、医疗纠纷预防

（一）加强医疗质量安全的日常管理

新《条例》规定，开展诊疗活动应当以患者为中心，加强人文关怀，严格遵循法律、法规、诊疗相关规范、常规，遵守职业道德；医疗机构应当对其医务人员进行医疗卫生法律、法规、规章和诊疗相关规范、常规的培训，并加强职业道德教育。

医疗机构应当落实医疗质量安全管理制度，设置医疗服务质量监控部门或者配备专（兼）职人员，加强对诊断、治疗、护理、药事、检查等工作的规范化管理，优化服务流程，提高服务水平。

医疗机构应当加强医疗风险管理，完善医疗风险的识别、评估和防控措施，定期检查措施落实情况，及时消除隐患。

卫生主管部门应当督促医疗机构落实医疗质量安全管理制度，加强监管。

（二）强化医疗服务关键环节和领域的风险防控

新《条例》规定，医疗机构开展医疗技术服务，应当与其技术能力相适应，采用医疗新技术应当开展技术评估和伦理审查，确保安全有效、符合伦理。

医疗机构应当依照有关法律、法规的规定，严格执行药品、医疗器械、消毒药剂、血液等的进货查验、保管等制度。禁止使用无合格证明文件、过期等不合格的药品、医疗器械、消毒药剂、血液等。

开展手术、特殊检查、特殊治疗等诊疗活动，应当提前预备应对方案，主动防范突发风险。

（三）加强医疗服务中的医患沟通

医疗机构应当建立健全医患沟通机制，对患者在诊疗过程中提出的咨询、意见和建议，应当耐心解释、说明，并按照规定进行处理；对患者就诊疗行为提出的疑问，应当及时予以核实、自查，并指定有关人员与患者或者其近亲属沟通，如实说明情况。

医疗机构应当建立健全投诉接待制度，设置统一的投诉管理部门或者配备专（兼）职人员，在医疗机构显著位置公布医疗纠纷解决途径、程序和联系方式等，方便患者投诉或者咨询。

二、医疗纠纷处理

（一）处理原则

新《条例》规定，处理医疗纠纷，应当遵循公平、公正、及时的原则，实事求是，依法处理。

（二）处理途径

新《条例》第二十二条规定，发生医疗纠纷，医患双方可以通过自愿协商、人民调解、行政调解、向人民法院提起诉讼等途径解决。

1. 自行协商 医患双方选择协商解决医疗纠纷的，应当在专门场所协商，不得影响正常医疗秩序。医患双方人数较多的，应当推举代表进行协商，每方代表人数不超过5人。

协商解决医疗纠纷应当坚持自愿、合法、平等的原则，尊重当事人的权利，尊重客观事实。医患双方应当文明、理性表达意见和要求，不得有违法行为。

协商确定赔付金额应当以事实为依据，防止畸高或者畸低。对分歧较大或者索赔数额较高的医疗纠纷，鼓励医患双方通过人民调解的途径解决。

医患双方经协商达成一致的，应当签署书面和解协议书。

2. 人民调解 申请医疗纠纷人民调解的，由医患双方共同向医疗纠纷人民调解委员会提出申请；一方申请调解的，医疗纠纷人民调解委员会在征得另一方同意后进行调解。

申请人可以以书面或者口头形式申请调解。书面申请的，申请书应当载明申请人的基本情况、申请调解的争议事项和理由等；口头申请的，医疗纠纷人民调解员应当当场记录申请人的基本情况、申请调解的争议事项和理由等，并经申请人签字确认。

医疗纠纷人民调解委员会获悉医疗机构内发生重大医疗纠纷，可以主动开展工作，引导医患双方申请调解。

当事人已经向人民法院提起诉讼并且已被受理，或者已经申请卫生主管部门调解并且已被受理的，医疗纠纷人民调解委员会不予受理；已经受理的，终止调解。

设立医疗纠纷人民调解委员会，应当遵守《中华人民共和国人民调解法》的规定，并符合本地区实际需要。医疗纠纷人民调解委员会应当自设立之日起30个工作日内向所在地县级以上地方人民政府司法行政部门备案。

医疗纠纷人民调解委员会应当根据具体情况，聘任一定数量的具有医学、法学等专业知识且热心调解工作的人员担任专（兼）职医疗纠纷人民调解员。

医疗纠纷人民调解委员会调解医疗纠纷，不得收取费用。医疗纠纷人民调解工作所需经费按照国务院财政、司法行政部门的有关规定执行。

3. 行政调解 医患双方申请医疗纠纷行政调解的，应当向医疗纠纷发生地县级人民政府卫生主管部门提出申请。

卫生主管部门应当自收到申请之日起5个工作日内作出是否受理的决定。当事人已经向人民法院提起诉讼并且已被受理，或者已经申请医疗纠纷人民调解委员会调解并且已被受理的，卫生主管部门不予受理；已经受理的，终止调解。

卫生主管部门应当自受理之日起30个工作日内完成调解。需要鉴定的，鉴定时间不计入调解期限。超过调解期限未达成调解协议的，视为调解不成。

4. 民事诉讼 新《条例》第四十三条规定，发生医疗纠纷，当事人协商、调解不成的，可以依法向人民法院提起诉讼。当事人也可以直接向人民法院提起诉讼。

三、证据保全制度

（一）病历资料的封存

病历资料是判定医疗事故争议责任的重要依据，医疗机构应当按照国务院卫生行政部门规定的要求，书写并妥善保管病历资料。凡因抢救急危患者，未能及时书写病历的，有关医务人员应当在抢救结束后6小时内据实补记，并加以注明。

新《条例》规定，患者有权查阅、复制其门诊病历、住院志、体温单、医嘱单、化验单（检验报告）、医学影像检查资料、特殊检查同意书、手术同意书、手术及麻醉记录、病理资料、护理记录、医疗费用以及国务院卫生主管部门规定的其他属于病历的全部资料。

发生医疗纠纷需要封存、启封病历资料的，应当在医患双方在场的情况下进行。封存的病历资料可以是原件，也可以是复制件，由医疗机构保管。病历尚未完成需要封存的，对已完成病历先行封存；病历按照规定完成后，再对后续完成部分进行封存。医疗机构应当对封存的病历开列封存清单，由医患双方签字或者盖章，各执一份。

病历资料封存后医疗纠纷已经解决，或者患者在病历资料封存满3年未再提出解决医疗纠纷要求的，医疗机构可以自行启封。

（二）现场实物的封存

疑似输液、输血、注射、用药等引起不良后果的，医患双方应当共同对现场实物进行封存、启封，封存的现场实物由医疗机构保管。需要检验的，应当由双方共同委托依法具有检验资格的检验机构进行检验；双方无法共同委托的，由医疗机构所在地县级人民政府卫生主管部门指定。

疑似输血引起不良后果，需要对血液进行封存保留的，医疗机构应当通知提供该血液的血站派员到场。

现场实物封存后医疗纠纷已经解决，或者患者在现场实物封存满3年未再提出解决医疗纠纷要求的，医疗机构可以自行启封。

（三）尸检程序

患者死亡，医患双方对死因有异议的，应当在患者死亡后 48 小时内进行尸检；具备尸体冻存条件的，可以延长至 7 日。尸检应当经死者近亲属同意并签字，拒绝签字的，视为死者近亲属不同意进行尸检。不同意或者拖延尸检，超过规定时间，影响对死因判定的，由不同意或者拖延的一方承担责任。

尸检应当由按照国家有关规定取得相应资格的机构和专业技术人员进行。

医患双方可以委派代表观察尸检过程。

患者在医疗机构内死亡的，尸体应当立即移放太平间或者指定的场所，死者尸体存放时间一般不得超过 14 日。逾期不处理的尸体，由医疗机构在向所在地县级人民政府卫生主管部门和公安机关报告后，按照规定处理。

第四节　医疗事故处置

一、医疗事故

医疗事故是指医疗机构及其医务人员在医疗活动中，违反医疗卫生管理法律、行政法律，部门规章和诊疗规范、常规，过失造成患者人身损害的事故。

医疗事故的构成要件与前述医疗损害侵权的构成要件基本类似，即医疗事故的行为主体必须是医疗机构及其医务人员；医疗事故的行为人必须有诊疗护理工作中的过失；构成医疗事故的行为必须是发生在医疗活动中的行为，包括为此服务的后勤和管理工作；给患者造成人身损害的结果；危害行为和危害结果之间有因果关系。

二、医疗事故的分级

根据《医疗事故分级标准（试行）》的规定，医疗事故分四级，其中一级乙等至三级戊等对应的是伤残等级一至十级。

1. 一级医疗事故　一级医疗事故是指造成患者死亡、重度残疾的事故，其中，造成患者死亡的，系一级甲等医疗事故；一级乙等医疗事故则指造成患者重要器官缺失或功能完全丧失，其他器官不能代偿，存在特殊医疗依赖，生活完全不能自理。

2. 二级医疗事故　二级医疗事故是指造成患者中度残疾、器官组织损伤导致严重功能障碍的情形。

3. 三级医疗事故　三级医疗事故是指造成患者轻度残疾、器官组织损伤导致一般功能障碍的事故，又分为甲、乙、丙、丁、戊五等。

4. 四级医疗事故　四级医疗事故是指造成患者明显人身损害的其他后果的医疗事故，比如拔错牙、软组织内异物滞留、产后胎盘残留引起大出血等。

三、医疗事故的报告制度

医务人员在医疗活动中发生或者发现医疗事故、可能引起医疗事故的医疗过失行为或者发生医疗事故争议的，应当立即向所在科室负责人报告，科室负责人应当及时向本医疗机构负责医疗服务质量监控的部门或者专(兼)职人员报告；负责医疗服务质量监控的部门或者专(兼)职人员接到报告后，应当立即进行调查、核实，将有关情况如实向本医疗机构的负责人报告，并向患者通报、解释。

发生医疗事故的医疗机构，应当按照规定向所在地卫生行政部门报告。当发生导致患者死亡或者可能为二级以上的医疗事故、导致 3 人以上人身损害后果及其他重大医疗过失行为时，医疗机构应当在 12 小时内向所在地卫生行政部门报告。

第五节　医疗损害鉴定

一、医疗损害鉴定

（一）医疗损害鉴定的沿革

医疗损害鉴定，是指在解决医疗损害赔偿纠纷的过程中，鉴定人受人民法院、行政主管部门、当事人或代理人的指派或委托，运用专门的知识和技能，依法对医患双方所争议的某些专门性问题作出鉴别和意见的活动。

2010 年 7 月 1 日《侵权责任法》实施以前，医疗损害民事诉讼中的司法鉴定因人民法院委托的鉴定机构不同，其鉴定名称也不同。《条例》规定各级医学会负责“医疗事故技术鉴定”，司法鉴定机构则依法开展“医疗过错司法鉴定”。为了正确适用《侵权责任法》，最高人民法院于 2010 年 6 月 30 日发布《关于适用侵权责任法若干问题的通知》，《通知》第三条规定：人民法院适用《侵权责任法》审理民事纠纷案件，根据当事人的申请或者依职权决定进行鉴定的，统一称为医疗损害鉴定。2017 年 12 月 13 日，最高人民法院发布《最高人民法院关于审理医疗损害责任纠纷案件适用法律若干问题的解释》(简称《若干解释》)第十一条对医疗损害鉴定事项进行了明确与统一[①]，但却没有涉及医疗损害的鉴定体制问题。是以，直至当前，医疗损害鉴定的二元化体制仍泾渭分明。

---

① 《若干解释》第十一条规定：委托鉴定书，应当有明确的鉴定事项和鉴定要求。鉴定人应当按照委托鉴定的事项和要求进行鉴定。下列专门性问题可以作为申请医疗损害鉴定的事项：(一)实施诊疗行为有无过错；(二)诊疗行为与损害后果之间是否存在因果关系以及原因力大小；(三)医疗机构是否尽到了说明义务、取得患者或者患者近亲属书面同意的义务；(四)医疗产品是否有缺陷、该缺陷与损害后果之间是否存在因果关系以及原因力的大小；(五)患者损伤残疾程度；(六)患者的护理期、休息期、营养期；(七)其他专门性问题。鉴定要求包括鉴定人的资质、鉴定人的组成、鉴定程序、鉴定意见、鉴定期限等。

目前,从事医疗损害鉴定的机构主要有三类:①中华医学会及各级医学会;②司法鉴定机构;③依法具有检验资格的检验机构。医学会主要进行医疗事故技术鉴定,现在也可以进行医疗损害鉴定,称为"医疗事故(损害)责任技术鉴定";法医鉴定机构根据司法行政部门授予的业务范围进行医疗过错司法鉴定,称为"医疗过错司法鉴定";检验机构进行缺陷、不合格产品、血液、药品等的质量鉴定。

(二)新《司法鉴定程序通则》的主要亮点

2015年12月4日,司法部发布了修订后的《司法鉴定程序通则》,该通则于2016年5月1日施行,此后关于医疗纠纷的司法鉴定工作将根据该通则的规定进行。其亮点主要表现在以下几点。

1. 优化了司法鉴定程序 明确规定司法鉴定人回避的具体情形;严格鉴定人到现场提取检材的程序要求;完善了鉴定标准、重新鉴定、终止鉴定的规定。

2. 健全了司法鉴定防错纠错机制 明确补充鉴定应当由原司法鉴定人进行鉴定;提高了重新鉴定的司法鉴定人资质条件(至少1名高级职称);完善专家参加咨询的相关要求;进一步强化了鉴定机构对鉴定人的内部监督。

3. 完善了司法鉴定文书规范 明确规定受理鉴定委托的,应与委托人签订司法鉴定委托书,并对司法鉴定委托书的内容进行修改完善;强调应当按照统一的文本格式制作司法鉴定意见书;增加对有瑕疵的司法鉴定意见书进行补正的条件和措施。

4. 规范了鉴定机构与诉讼当事人之间的关系 明确规定司法鉴定人不得违反规定会见诉讼当事人或其委托的人;司法鉴定机构应当统一受理办案机关的司法鉴定委托;诉讼当事人对鉴定材料有异议的,应当向委托人提出。

5. 明确了鉴定人出庭作证规范 新增加"司法鉴定人出庭作证"的专门章节,明确规定司法鉴定人无正当理由不得拒绝出庭作证;司法鉴定人出庭作证必须遵守诉讼程序和法庭规则;司法鉴定机构应当支持司法鉴定人出庭作证等。

(三)新《条例》统一规范了诉讼前的医疗损害鉴定活动

新《条例》根据医学会、司法鉴定机构均开展医疗损害鉴定的现实情况,从鉴定标准、程序和专家库等方面明确开展鉴定的统一要求:鉴定应由鉴定事项所涉专业的临床医学、法医学等专业人员进行;医学会或司法鉴定机构没有相关专业人员的,应当从卫生、司法行政部门共同设立的专家库中抽取相关专业专家进行鉴定;开展医疗损害鉴定应当执行规定的标准和程序,并授权国家卫生健康委、司法部共同制定医疗损害鉴定的具体管理办法。此外,《条例》对出具虚假鉴定结论等违法行为,设定了严格的法律责任。

二、医疗事故技术鉴定

医疗事故技术鉴定是指由医学会组织有关临床医学专家或和法医学专家组成的专家组,运用医学、法医学等科学知识和技术,对涉及医疗事故行政处理的有关专门性问题进行检验、鉴别和判断并提供鉴定结论的活动。

医疗事故技术鉴定,由负责组织医疗事故技术鉴定工作的医学会组织专家进行。设区的市级地方医学会和省、自治区、直辖市直接管辖的县(市)地方医学会负责组织首次医疗事故技术鉴定工作。省级地方医学会负责组织再次鉴定工作。必要时,中华医学会可以组织疑难、复杂并在全国有重大影响的医疗事故争议的技术鉴定工作。

医疗事故技术鉴定程序的启动方式主要有三种,分别是卫生行政部门移交鉴定、医患双方共同委托鉴定和法院委托鉴定。

三、医疗损害责任过错鉴定

医疗损害责任过错鉴定一般由有资质的司法鉴定机构完成。司法鉴定机构接受委托后,由司法鉴定机构指定司法鉴定人、或者由委托人申请并经司法鉴定机构同意的司法鉴定人完成委托事项。

(一) 医疗过错司法鉴定内容

当事人有权对以下内容申请鉴定:①实施诊疗行为有无过错;②诊疗行为与损害后果之间是否存在因果关系以及原因力大小;③医疗机构是否尽到了说明义务、取得患者或者患者近亲属书面同意的义务;④医疗产品是否有缺陷、该缺陷与损害后果之间是否存在因果关系以及原因力的大小;⑤患者损伤残疾程度;⑥患者的护理期、休息期、营养期;⑦其他专门性问题。

(二) 医疗损害鉴定的主体

人民法院根据当事人的申请或者依职权决定进行医疗损害鉴定的,按照《全国人民代表大会常务委员会关于司法鉴定管理问题的决定》及国家有关部门的规定组织鉴定。

人民法院委托进行医疗损害责任过错鉴定的,应当委托具有相应资质的鉴定机构组织鉴定。

在国家有关部门关于医疗损害鉴定的新规定颁布之前,人民法院也可以委托各级医学会进行医疗损害责任技术鉴定。

(三) 补充鉴定与重新鉴定

同一司法鉴定事项由两名以上司法鉴定人进行,第一司法鉴定人对鉴定结论承担主要责任,其他司法鉴定人承担次要责任。鉴定结论出来后,任何一方当事人对初次鉴定结论不服的,可以申请补充鉴定、重新鉴定或复核鉴定,但要符合一定条件,比如要求补充鉴定的必须:①原委托鉴定事项有遗漏的;②委托人就原委托鉴定事项提供新的鉴定材料的;③其他需要补充鉴定的情形。而要重新鉴定,则要满足以下条件:①原司法鉴定人不具有从事委托鉴定事项执业资格的;②原司法鉴定机构超出登记的业务范围组织鉴定的;③原司法鉴定人应当回避没有回避的;④办案机关认为需要重新鉴定的;⑤法律规定的其他情形。

四、医疗事故技术鉴定与医疗损害责任过错鉴定的不同

1. 启动程序不同 前者的启动有行政鉴定(由卫生行政部门委托)、自行鉴定(由双方当事人共同委托)、委托鉴定(法院委托)三种方式启动鉴定程序;后者的启动一般是应双方当事人申请或者法院依职权启动。

2. 鉴定人员的组成不同 前者的鉴定人员主要是医学专家;后者是由司法鉴定机构组织具备司法鉴定人资格的医学专家(包括法医)主持鉴定,同时特邀或者聘请临床医学专家参加鉴定。

3. 鉴定的组织者不同 前者由医学会负责组织鉴定;后者由司法鉴定机构组织鉴定。

4. 鉴定的内容和鉴定所要解决的问题不同 前者只解决医疗机构是否构成医疗事故的问题;后者解决医疗机构是否存在医疗差错,以及医疗差错和患者所受到的损害是否存在因果关系等问题。

5. 鉴定的监督机制、弥补鉴定结论的方法不同 前者实行首次鉴定、再次鉴定两级鉴定制度,另外还有重新鉴定;后者存在补充鉴定、重新鉴定、复核鉴定三种对鉴定结论的弥补方法。

第六节 法律责任

一、医疗机构的民事赔偿责任

赔偿不仅是一种对过错行为所造成损失的经济上的弥补,更是一种对侵权行为承担法律责任的形式,具有惩罚性。

1. 赔偿原则 确定医疗损害赔偿数额,应当综合考虑医疗过失行为在医疗损害后果中的责任程度,医疗损害后果与患者原有疾病状况之间的关系以及医疗科学发展水平,医疗风险状况等因素。

2. 赔偿项目标准 《民法通则》规定,损坏国家的、集体的财产或者他人财产的,应当恢复原状或者折价赔偿;受害人因此遭受其他重大损失的,侵害人应当赔偿损失。侵害公民身体造成伤害的,应当赔偿医疗费,因误工减少的收入、残疾者生活补助费等费用;造成死亡的,并应当支付丧葬费、死者生前扶养的人必要的生活费等费用。

最高人民法院《关于确定民事侵权精神损害赔偿责任若干问题的解释》规定,自然人因人身权益受到损害的可以要求精神损害赔偿,并明确致人残疾的,可主张残疾赔偿金;致人死亡的,则为死亡赔偿金;其他损害情形的,为精神抚慰金。

最高人民法院《最高人民法院关于审理人身损害赔偿案件适用法律若干问题的解

释》规定包括医疗费、误工费、护理费、交通费、住宿费、住院伙食补助费、必要的营养费、残疾赔偿金、残疾辅助器具费、被抚养人生活费、康复费、后续治疗费、精神损害赔偿金、残废赔偿金、交通费、丧葬费等费用并且也对每一种费用的计算标准都进行了规定。

《侵权责任法》规定包括：医疗费、误工费、护理费、交通费、残疾赔偿金、残疾辅助器具费、被抚养人生费、康复费、后续治疗费、精神损害赔偿金、死亡赔偿金、交通费、丧葬费等合理费用。《侵权责任法》第十六条虽然取消了被抚养人生活费的赔偿项目，但依据《关于适用〈中华人民共和国侵权责任法〉若干问题的通知》第四条规定："人民法院适用侵权责任法审理民事纠纷案件，如受害人有被抚养人的，应当依据《最高人民法院关于审理人身损害赔偿案件适用法律若干问题的解释》第二十八条的规定，将被抚养人生活费计入残疾赔偿金或死亡赔偿金。"但对于如何将抚养人生活费计入残疾赔偿金或死亡赔偿金，仍有待进一步明确。

3. 赔偿方式 《条例》规定医疗事故赔偿费用，实行一次性结算。而根据人身损害赔偿的司法解释的规定，一次性支付的对象为物质赔偿费用与精神损害抚慰金，而且特别指出一审法庭辩论终结前已经发生的费用、死亡赔偿金以及精神损害抚慰金，应当一次性给付。如果赔偿义务人一次性支付确有困难的，可以分期支付。

二、医疗机构及其医务人员的行政法律责任

1. 医疗事故的行政责任 医疗机构发生医疗事故的，由卫生行政部门根据医疗事故等级和情节，给予警告，情节严重的，责令限期停业整顿直至由原发证部门吊销执业许可证；对负有责任的人员按照刑法追究刑事责任，尚不够刑事处罚的，依法给予行政处分或纪律处分，情节严重的，吊销其执业证书。

2. 与病历相关的行政责任 医疗机构篡改、伪造、隐匿、毁灭病历资料的，对直接负责的主管人员和其他直接责任人员，由县级以上人民政府卫生主管部门给予或者责令给予降低岗位等级或者撤职的处分，对有关医务人员责令暂停 6 个月以上 1 年以下执业活动；造成严重后果的，对直接负责的主管人员和其他直接责任人员给予或者责令给予开除的处分，对有关医务人员由原发证部门吊销执业证书。

3. 医疗技术应用的行政责任 医疗机构将未通过技术评估和伦理审查的医疗新技术应用于临床的，由县级以上人民政府卫生主管部门没收违法所得，并处 5 万元以上 10 万元以下罚款，对直接负责的主管人员和其他直接责任人员给予或者责令给予降低岗位等级或者撤职的处分，对有关医务人员责令暂停 6 个月以上 1 年以下执业活动；情节严重的，对直接负责的主管人员和其他直接责任人员给予或者责令给予开除的处分，对有关医务人员由原发证部门吊销执业证书。

4. 其他方面的行政责任 医疗机构及其医务人员有下列情形之一的，由县级以上人民政府卫生主管部门责令改正，给予警告，并处 1 万元以上 5 万元以下罚款；情节严重的，对直接负责的主管人员和其他直接责任人员给予或者责令给予降低岗位等级或者撤职的处分，对有关医务人员可以责令暂停 1 个月以上 6 个月以下执业活动；构成犯

罪的，依法追究刑事责任：①未按规定制定和实施医疗质量安全管理制度；②未按规定告知患者病情、医疗措施、医疗风险、替代医疗方案等；③开展具有较高医疗风险的诊疗活动，未提前预备应对方案防范突发风险；④未按规定填写、保管病历资料，或者未按规定补记抢救病历；⑤拒绝为患者提供查阅、复制病历资料服务；⑥未建立投诉接待制度、设置统一投诉管理部门或者配备专（兼）职人员；⑦未按规定封存、保管、启封病历资料和现场实物；⑧未按规定向卫生主管部门报告重大医疗纠纷；⑨其他未履行本条例规定义务的情形。

三、卫生行政部门及其工作人员的法律责任

当有下列需要追究责任的情形时，由上级卫生行政部门给予警告并责令限期改正，情节严重的，对负有责任的主管人员和其他直接人员依法给予行政处分：①接到医疗机构关于重大医疗过失行为的报告后，未及时组织调查的；②接到医疗事故事故处理申请后，未在规定的时间内审查或者移送上一级人民政府卫生行政部门处理的；③未将应进行医疗事故技术鉴定的重大医疗过失行为或者医疗事故争议移交医学会组织鉴定的；④未按照规定逐级将当地发生的医疗事故以及依法对发生医疗事故的医疗机构和医务人员的行政处理情况上报的；⑤未按照条例规定审核医疗事故技术鉴定书的。

县级以上人民政府卫生主管部门和其他有关部门及其工作人员在医疗纠纷预防和处理工作中，不履行职责或者滥用职权、玩忽职守、徇私舞弊的，由上级人民政府卫生等有关部门或者监察机关责令改正；依法对直接负责的主管人员和其他直接责任人员给予处分。

卫生行政部门的工作人员在处理医疗事故过程中违反《条例》的规定，利用职务上的便利收受他人财物或者其他利益，滥用职权，玩忽职守，或者发现违法行为不予查处，造成严重后果的，依照刑法关于受贿罪、滥用职权罪、玩忽职守罪或者其他有关罪的规定，依法追究刑事责任；尚不够刑事处罚的，依法给予降级或者撤职的行政处分。

四、鉴定机构及其工作人员的法律责任

医学会、司法鉴定机构出具虚假医疗损害鉴定意见的，由县级以上人民政府卫生、司法行政部门依据职责没收违法所得，并处5万元以上10万元以下罚款，对该医学会、司法鉴定机构和有关鉴定人员责令暂停3个月以上1年以下医疗损害鉴定业务，对直接负责的主管人员和其他直接责任人员给予或者责令给予降低岗位等级或者撤职的处分；情节严重的，该医学会、司法鉴定机构和有关鉴定人员5年内不得从事医疗损害鉴定业务或者撤销登记，对直接负责的主管人员和其他直接责任人员给予或者责令给予开除的处分；构成犯罪的，依法追究刑事责任。

尸检机构出具虚假尸检报告的，由县级以上人民政府卫生、司法行政部门依据职责

没收违法所得，并处5万元以上10万元以下罚款，对该尸检机构和有关尸检专业技术人员责令暂停3个月以上1年以下尸检业务，对直接负责的主管人员和其他直接责任人员给予或者责令给予降低岗位等级或者撤职的处分；情节严重的，撤销该尸检机构和有关尸检专业技术人员的尸检资格，对直接负责的主管人员和其他直接责任人员给予或者责令给予开除的处分。

五、其他相关主体的法律责任

以医疗事故为由，寻衅滋事、抢夺病历资料，扰乱医疗机构正常医疗秩序和医疗事故技术鉴定工作，依照刑法关于扰乱社会秩序罪的规定，依法追究刑事责任；尚不够刑事处罚的，依法给予治安管理处罚。

新闻媒体编造、散布虚假医疗纠纷信息的，由有关主管部门依法给予处罚；给公民、法人或者其他组织的合法权益造成损害的，依法承担消除影响、恢复名誉、赔偿损失、赔礼道歉等民事责任。

医疗纠纷人民调解员偏袒一方当事人、侮辱当事人、泄露医患双方个人隐私或索取、收受财物或者牟取其他不正当利益的，由医疗纠纷人民调解委员会给予批评教育、责令改正；情节严重的，依法予以解聘。

六、刑法中规定的相关法律责任

我国《刑法》第三百三十五条规定了医疗事故罪：医务人员由于严重不负责任，造成就诊人死亡或者严重损害就诊人身体健康的，处三年以下有期徒刑或者拘役。

此外，鉴定人员接受一方或双方财物或利益，出具虚假医疗事故技术鉴定书，造成严重后果的，依法追究刑事责任；尸检机构出具虚假尸检报告、构成犯罪的，依法追究刑事责任。

思考题

1. 名词解释：医疗纠纷　医疗损害责任　医疗事故 医疗损害鉴定
2. 如何理解医疗侵权行为的构成要件？
3. 医疗纠纷的处理途径有哪些？
4. 医疗损害的赔偿原则及项目有哪些？

案例思考

2013 年 12 月 28 日，原告某产妇入住被告某市妇幼保健院，入院诊断为："1. 胎膜早破；2. 孕 2 产 0，宫内妊娠 38＋周，LOA，活胎，先兆临产；3. 慢性高血压并发子痫前期；4. 巨大儿。"12 月 29 日，被告为原告实施"子宫下段剖宫产术"，术后复查示原告宫腔线显示欠清，子宫伤口处浆膜层欠光滑，肌层内可见短强光及强光点，排尿有残余，宫腔积液，并左侧下肢感觉麻木、乏力，大小便无感觉。2014 年 1 月 3 日，原告前往某中医药大学附属医院就诊，经"MRI 平扫"，诊断为："1. L_5/S_1 椎间盘变性并轻度膨出；2. S_2 水平骶骨囊肿；3. 腰背筋膜水肿。"2014 年 1 月 7 日，原告于某大学医院处进行"MRI 胸椎平扫＋增强"及"肌电图"检查，确认为"1. 双侧 L_5、S_1、S_2 神经根根性损伤电生理改变，以左侧为重；2. 双侧骶丛神经不完全性损伤电生理改变"。2014 年 8 月 12 日，经湖南某司法鉴定中心鉴定该产妇被评为七级伤残。原告要求被告承担赔偿责任，被告以麻醉反应属于医疗意外为由，拒绝任何赔偿。原告遂向长沙市某法院提起民事诉讼，要求医院赔偿近 30 万元。2015 年 4 月 1 日，经法院委托，湖南某司法鉴定中心鉴定确认某市妇幼保健院存在医疗过失，考虑为轻微因素。2016 年 3 月，经法院判决，被告某市妇幼保健院承担 30％责任比例，赔偿原告近 10 万元。

问题：

1. 用医疗纠纷处理相关法律规定分析此案例。
2. 麻醉意外，医院是否当然免责？

第七章 传染病防治法律制度

本章知识要点：

- 传染病和艾滋病的概念
- 法定传染病的分类
- 艾滋病防治条例的防治原则方针和适用范围
- 医疗机构在传染病防治中的工作职责
- 传染病疫情报告、通报和公布制度
- 传染病疫情控制制度
- 医疗机构违反《传染病防治法》和《艾滋病防治条例》应承担的法律责任

本章导读：李某出国回来时到某医疗机构进行身体检查时被确诊患有麻疹，按照《传染病防治法》的规定，对于李某该医疗机构应采取哪些控制措施？本章内容中的医疗机构在传染病防治中的工作职责和传染病疫情控制制度的法律规定给出了答案。

第一节 概 述

一、传染病的概念及分类管理

（一）传染病的概念与特点

传染病是由各种病原体引起的能在人与人、动物与人之间相互传染的疾病。传染病具有传染性、流行性、反复性、地方性和季节性等特点。

（二）传染病的分类管理

《中华人民共和国传染病防治法》(简称《传染病防治法》)根据传染病的危害程度和应采取的监督、监测、管理措施，结合我国的实际情况，将全国发病率较高、流行面较大、危害严重的急性和慢性传染病列为法定管理的传染病，并根据其传播方式、传播速度及其对人类危害程度的不同，分为甲、乙、丙三类，实行分类管理。

《传染病防治法》还规定，国务院卫生行政部门可以根据实际情况，分别依权限决定传染病病种的增加或者减少并予以公布。2008 年 5 月 2 日，卫生部决定将手足口病列入丙类传染病进行管理；2009 年 5 月 1 日，卫生部将甲型 H1N1 流感纳入乙类传染病；2013 年 10 月 28 日，国家卫生计生委发出《关于调整部分法定传染病病种管理工作的通知》，将人感染 H7N9 禽流感纳入法定乙类传染病；将甲型 H1N1 流感从乙类调整为丙类，并入现有的流行性感冒进行管理；解除对人感染 H7N9 禽流感采取的甲类传染病预防、控制措施。目前，我国共有 39 种法定传染病，其中甲类 2 种、乙类 26 种、丙类 11 种。

1. 甲类传染病 甲类传染病也称为强制管理传染病，包括：鼠疫、霍乱。对此类传染病发生后报告疫情的时限，对患者、病原携带者的隔离、治疗方式以及对疫点、疫区的处理等，均强制执行。

2. 乙类传染病 乙类传染病也称为严格管理传染病，包括：传染性非典型肺炎、艾滋病、病毒性肝炎、脊髓灰质炎、人感染高致病性禽流感、麻疹、流行性出血热、狂犬病、流行性乙型脑炎、登革热、炭疽、细菌性和阿米巴性痢疾、肺结核、伤寒和副伤寒、流行性脑脊髓膜炎、百日咳、白喉、新生儿破伤风、猩红热、布鲁氏菌病、淋病、梅毒、钩端螺旋体病、血吸虫病、疟疾、人感染 H7N9 禽流感。

对此类传染病要严格按照有关规定和防治方案进行预防和控制。对其中的传染性非典型肺炎、炭疽中的肺炭疽要采取甲类传染病的预防、控制措施。其他乙类传染病和突发原因不明的传染病需要采取甲类传染病的预防、控制措施的，由国务院卫生行政部门及时报经国务院批准后予以公布、实施。

3. 丙类传染病 丙类传染病也称为监测管理传染病，包括：流行性感冒、流行性腮腺炎、风疹、急性出血性结膜炎、麻风病、流行性和地方性斑疹伤寒、黑热病、包虫病、丝虫病，除霍乱、细菌性和阿米巴性痢疾、伤寒和副伤寒以外的感染性腹泻病、手足口病。

对此类传染病要按卫生行政部门规定的监测管理方法进行管理。

二、传染病防治法概述

（一）传染病防治法的概念

传染病防治法是调整预防、控制和消除传染病的发生与流行，保障人体健康和公共卫生活动中产生的各种社会关系的法律规范的总和。

1989 年 2 月 21 日，第七届人大常委会第六次会议通过了《中华人民共和国传染病防治法》，并于同年 9 月 1 日起施行，2004 年 8 月 28 日，第十届人大常务委员会第十一次会议对其进行了修订，并于 2004 年 12 月 1 日起施行，2013 年 6 月 29 日第十二届人大常务委员会第三次会议通过《全国人民代表大会常务委员会关于修改〈中华人民共和国文物保护法〉等十二部法律的决定》对其进行了第二次修订。

《传染病防治法》是我国传染病防治的最基本法律，其他的有关传染病防治的现行法律法规还有：《传染病医院建设标准》、《卫生部将手足口病纳入法定传染病管理的通知》、《突发公共卫生事件与传染病疫情监测信息报告管理办法》、《传染病信息报告管理规范》、《传染病病人或疑似病人尸体解剖查验规定》、《医疗机构传染病预检分诊管理办法》、《疫苗流通和预防接种管理条例》等。

(二) 传染病防治方针

我国对传染病防治实行预防为主的方针,防治结合、分类管理、依靠科学、依靠群众的原则。

(三) 传染病防治法的适用范围

我国《传染病防治法》规定,在中华人民共和国领域内的一切单位和个人,必须接受医疗保健机构、卫生防疫机构有关传染病的查询、检验、调查取证以及预防、控制措施,并有权检举、控告违反传染病防治法的行为。根据我国有关法律规定和国际惯例,外交人员没有传染病防治方面的豁免权,所有驻中国的外国领事馆人员也必须遵守传染病防治法的规定。

第二节 传染病预防与疫情报告

一、传染病预防

(一) 传染病防治过程中有关部门的职责

各级人民政府组织开展群众性卫生活动,进行预防传染病的健康教育,倡导文明健康的生活方式,提高公众对传染病的防治意识和应对能力,加强环境卫生建设,消除鼠害和蚊、蝇等病媒生物的危害。

各级人民政府农业、水利、林业行政部门按照职责分工负责指导和组织消除农田、湖区、河流、牧场、林区的鼠害与血吸虫危害,以及其他传播传染病的动物和病媒生物的危害。铁路、交通、民用航空行政部门负责组织消除交通工具以及相关场所的鼠害和蚊、蝇等病媒生物的危害。地方各级人民政府应当有计划地建设和改造公共卫生设施,改善饮用水卫生条件,对污水、污物、粪便进行无害化处置。

(二) 预防接种制度

预防接种是根据疾病预防控制规划,利用预防性生物制品,按照国家规定的免疫接种程序,由合格的接种技术人员,给适宜接种的对象接种,提高人群的免疫水平。以达到预防和控制传染病发生和流行的目的。

我国实行有计划的预防接种制度。国务院卫生行政部门和省级卫生行政部门,根据传染病预防、控制的需要,制定传染病预防接种规划并组织实施。国家对儿童实行预防接种证制度,国家免疫规划项目的预防接种实行免费。国务院通过了《疫苗流通和预防接种管理条例》(2005 年,2016 年修订),对疫苗管理和预防接种作出了明确规定(详见药品管理法第五节内容)。

(三) 传染病监测制度

传染病监测是指持续地、系统地收集、分析和解释与传染病预防控制有关的资料,并将相关结果分送给负责疾病预防控制工作的部门、机构或人员。《传染病防治法》规定，国家建立传染病监测制度。国务院卫生行政部门制定国家传染病监测规划和方案。省、自治区、直辖市人民政府卫生行政部门则根据国家传染病监测规划和方案，制定本行政区域的传染病监测计划和工作方案。各级疾病预防控制机构对传染病的发生、流行以及影响其发生、流行的因素进行监测；对国外发生、国内尚未发生的传染病或者国内新发生的传染病进行监测。

（四）传染病预警制度

传染病预警是指根据传染病疫情报告、检测资料或国内外疫情信息，对某种传染病或不明原因的疾病进行分析评估，对可能引起传染病在人群中发生、暴发、流行发出警示信息，并采用应对措施。《传染病防治法》规定，国家建立传染病预警制度。国务院卫生行政部门和省级人民政府根据传染病发生、流行趋势的预测，及时发出传染病预警，根据情况予以公布。同时县级以上地方人民政府应当制定传染病预防、控制预案，报上一级人民政府备案。当地方人民政府和疾病预防控制机构接到国务院卫生行政部门或者省级人民政府发出的传染病预警后，应当按照传染病预防、控制预案，采取相应的预防、控制措施。

（五）传染病菌种、毒种管理

传染病菌种、毒种是指可能引起传染病防治法规定的传染病发生的细菌菌种、病毒毒种。《传染病防治法》规定，国家建立传染病菌种、毒种库。国家对传染病菌种、毒种和传染病检测样本的采集、保藏、携带、运输和使用实行分类管理，建立健全严格的管理制度；对可能导致甲类传染病传播的以及国务院卫生行政部门规定的菌种、毒种和传染病检测样本，确需采集、保藏、携带、运输和使用的，须经省级以上人民政府卫生行政部门批准。

（六）疾病预防控制机构的职责

《传染病防治法》规定，各级疾病预防控制机构承担传染病监测、预测、流行病学调查、疫情报告以及其他预防、控制工作。

1. 在传染病预防控制中的职责 其职责主要包括以下几方面：①实施传染病预防控制规划、计划和方案；②收集、分析和报告传染病监测信息，预测传染病的发生、流行趋势；③开展对传染病疫情和突发公共卫生事件的流行病学调查、现场处理及其效果评价；④开展传染病实验室检测、诊断、病原学鉴定；⑤实施免疫规划，负责预防性生物制品的使用管理；⑥开展健康教育、咨询，普及传染病防治知识；⑦指导、培训下级疾病预防控制机构及其工作人员开展传染病监测工作；⑧开展传染病防治应用性研究和卫生评价，提供技术咨询。

2. 传染病发生、流行时的监测和预测职责 国家、省级疾病预防控制机构负责对传染病发生、流行以及分布进行监测，对重大传染病流行趋势进行预测，提出预防控制对策，参与并指导对暴发的疫情进行调查处理，开展传染病病原学鉴定，建立检测质量控制体系，开展应用性研究和卫生评价。设区的市和县级疾病预防控制机构负责传染病预防控制规划、方案的落实，组织实施免疫、消毒、控制病媒生物的危害，普及传染病防治知识，负责本地区疫情和突发公共卫生事件监测、报告，开展流行病学调查和常见病原微生物检测。

3. 传染病疫情信息的调查和核实职责 疾病预防控制机构应当主动收集、分析、调查、核实传染病疫情信息。接到甲类、乙类传染病疫情报告或者发现传染病暴发、流行时，应当立即报告当地卫生行政部门，由当地卫生行政部门立即报告当地人民政府，同时报告上级卫生行政部门和国务院卫生行政部门。同时还应当设立或者指定专门的部门、人员负责传染病疫情信息管理工作，及时对疫情报告进行核实、分析。

4. 自然疫源地施工环境的卫生调查职责 自然疫源地，是指可以引起人类传染病的病原体在自然界的野生动物中长期存在和循环的地区。《传染病防治法》规定，在国家确认的自然疫源地计划兴建水利、交通、旅游、能源等大型建设项目的，应事先由省级以上疾病预防控制机构对施工环境进行卫生调查。建设单位应当根据疾病预防控制机构的意见，采取必要的传染病预防、控制措施。施工期间，建设单位应当设专人负责工地上的卫生防疫工作。工程竣工后，疾病预防控制机构应当对可能发生的传染病进行监测。

（七）医疗机构的职责

《传染病防治法》规定，医疗机构承担与医疗救治有关的传染病防治工作和责任区域内的传染病预防工作。城市社区和农村基层医疗机构在疾病预防控制机构的指导下，承担城市社区、农村基层相应的传染病防治工作。

1. 防止传染病的医源性感染和医院感染职责 医疗机构必须严格执行国务院卫生行政部门规定的管理制度、操作规范，防止传染病的医源性感染和医院感染。医源性感染是指在医学服务中，因病原体传播引起的感染。医院感染是指患者因住院、陪诊或医院工作人员因医疗、护理工作而被感染所引起的任何临床显示症状的微生物性疾病。

2. 承担责任区域内传染病预防工作职责 医疗机构应当确定专门的部门或者人员，承担传染病疫情报告、本单位的传染病预防、控制以及责任区域内的传染病预防工作；承担医疗活动中与医院感染有关的危险因素监测、安全防护、消毒、隔离和医疗废物处置工作。疾病预防控制机构应当指定专门人员负责对医疗机构内传染病预防工作进行指导、考核，开展流行病学调查。

（八）保护传染病病人、病原携带者和疑似传染病病人合法权益

传染病病人、疑似传染病病人是指根据国务院卫生行政部门发布的《法定传染病诊断标准及处理原则》中的规定，符合传染病病人和疑似传染病病人诊断标准的人。病原携带者则是指感染病原体无临床症状但能排出病原体的人。

《传染病防治法》规定，国家和社会应当关心、帮助传染病病人、病原携带者和疑似传染病病人，使其得到及时救治。任何单位和个人不得歧视传染病病人、病原携带者和疑似传染病病人。疾病预防控制机构和医疗机构不得泄露涉及个人隐私的相关信息和

资料。

为了保护他人的身体健康和生命安全，《传染病防治法》还规定，传染病病人、病原携带者和疑似传染病病人，在治愈前或者在排除传染病嫌疑前，不得从事法律、行政法规和国务院卫生行政部门规定禁止从事的易使该传染病扩散的工作。

二、传染病疫情报告、通报和公布

（一）传染病疫情报告

传染病疫情报告是为各级政府提供传染病发生、发展信息的重要渠道。只有建立起一套完整的传染病报告制度，并且保证其正常运转，才能保证信息的通畅。这是政府决策者准确掌握事件动态、及时正确进行决策与有关部门及时采取预防控制措施的重要前提。

1. 传染病疫情报告人 传染病疫情报告人分为：①责任疫情报告人。包括疾病预防控制机构、医疗机构和采供血机构及其执行职务的人员。②义务疫情报告人。除上述机构和人员以外的任何单位和个人。

2. 疫情报告的内容 疫情报告内容包括常规疫情报告（法定传染病报告）、特殊疫情报告（暴发疫情、重大疫情、灾区疫情、新发现的传染病、突发原因不明的传染病）和传染病菌种、毒种丢失的报告。

3. 疫情报告的要求 传染病报告实行属地化管理。实行首诊医生负责制，医院内诊断的传染病病例的报告卡由首诊医生负责填写，由医院预防保健科的专业人员负责进行网络直报。暴发疫情现场调查的院外传染病病例报告卡由属地疾病预防控制机构的现场调查人员填写，并由疾控机构进行报告。

依法负有传染病疫情报告职责的人民政府有关部门、疾病预防控制机构、医疗机构、采供血机构及其工作人员，不得隐瞒、谎报、缓报传染病疫情。

（二）传染病疫情通报

国务院卫生行政部门应当及时向国务院其他有关部门和各省级卫生行政部门通报全国传染病疫情以及监测、预警的相关信息。毗邻的以及相关的地方人民政府卫生行政部门，应当及时互相通报本行政区域的传染病疫情以及监测、预警的相关信息。

县级以上人民政府有关部门发现传染病疫情时，应当及时向同级人民政府卫生行政部门通报。中国人民解放军卫生主管部门发现传染病疫情时，应当向国务院卫生行政部门通报。

港口、机场、铁路疾病预防控制机构以及国境卫生检疫机关发现甲类传染病病人、病原携带者、疑似传染病病人时，应当按照国家有关规定立即向国境口岸所在地的疾病预防控制机构或者所在地县级以上地方人民政府卫生行政部门报告并互相通报。

动物防疫机构和疾病预防控制机构，应当及时互相通报动物间和人间发生的人畜共患传染病疫情以及相关信息。

（三）传染病疫情公布

《传染病防治法》建立了传染病疫情信息公布制度，要求国务院卫生行政部门定期公布全国传染病疫情信息，要求省、自治区、直辖市人民政府卫生行政部门定期公布本行政区域的传染病疫情信息。

当传染病暴发、流行时，国务院卫生行政部门负责向社会公布传染病疫情信息，并可以授权省、自治区、直辖市人民政府卫生行政部门向社会公布本行政区域的传染病疫情信息，同时要求公布传染病疫情信息应当及时、准确。

第三节　疫情控制及医疗救治措施

一、疫情控制措施

（一）医疗机构的隔离治疗措施

1. 医疗机构发现甲类传染病时的控制措施　①对病人、病原携带者，予以隔离治疗，隔离期限根据医学检查结果确定；②对疑似病人，确诊前在指定场所单独隔离治疗；③对医疗机构内的病人、病原携带者、疑似病人的密切接触者，在指定场所进行医学观察和采取其他必要的预防措施。

2. 医疗机构发现乙类或者丙类传染病时的控制措施　应当根据病情采取必要的治疗和控制传播措施。

3. 医疗机构对传染病病原体污染物的控制措施　医疗机构对本单位内被传染病病原体污染的场所、物品以及医疗废物，还必须依照法律、法规的规定实施消毒和无害化处置。

（二）疾病预防控制机构的疫情控制措施

疾病预防控制机构发现传染病疫情或者接到传染病疫情报告时，应当及时采取以下措施。

1. 进行流行病学调查　对传染病疫情进行流行病学调查，根据调查情况提出划定疫点、疫区的建议，对被污染的场所进行卫生处理，对密切接触者，在指定场所进行医学观察和采取其他必要的预防措施，并向卫生行政部门提出疫情控制方案。

2. 提出疫情控方案　传染病暴发、流行时，对疫点、疫区进行卫生处理，向卫生行政部门提出疫情控制方案，并按照卫生行政部门的要求采取措施。

3. 采取疫情处理措施　指导下级疾病预防控制机构实施传染病预防、控制措施，组织、指导有关单位对传染病疫情的处理。

（三）紧急措施

1. 对发生甲类传染病病例的场所及特定区域人员的紧急措施　对已经发生甲类

传染病病例的场所或者该场所内的特定区域的人员，所在地的县级以上地方人民政府可以实施隔离措施，并同时向上一级人民政府报告；接到报告的上级人民政府应当即时作出是否批准的决定。上级人民政府作出不予批准决定的，实施隔离措施的人民政府应当立即解除隔离措施。

在隔离期间，实施隔离措施的人民政府应当对被隔离人员提供生活保障；被隔离人员有工作单位的，所在单位不得停止支付其隔离期间的工作报酬。

隔离措施的解除，由原决定机关决定并宣布。

2. 传染病暴发、流行时的紧急措施 传染病暴发是指在局部地区短期内突然发生多例同一种传染病病人；传染病流行是指一个地区某种传染病发病率显著超过该病历年的一般发病率水平。《传染病防治法》规定，传染病暴发、流行时，县级以上地方人民政府可以采取下列紧急措施并予以公告：

(1) 限制或者停止集市、影剧院演出或者其他人群聚集的活动；

(2) 停工、停业、停课；

(3) 封闭或者封存被传染病病原体污染的公共饮用水源、食品以及相关物品；

(4) 控制或者扑杀染疫野生动物、家畜家禽；

(5) 封闭可能造成传染病扩散的场所。

紧急措施的解除，由原决定机关决定并宣布。

3. 疫区封锁 疫区是指传染病在人群中暴发、流行时，其病原体向周围播散时所能涉及的地区。甲类、乙类传染病暴发、流行时，县级以上地方人民政府报经上一级人民政府决定，可以宣布本行政区域部分或者全部为疫区；国务院可以决定并宣布跨省、自治区、直辖市的疫区。省、自治区、直辖市人民政府可以决定对本行政区域内的甲类传染病疫区实施封锁。但是，封锁大、中城市的疫区或者封锁跨省、自治区、直辖市的疫区，以及封锁疫区导致中断干线交通或者封锁国境的，由国务院决定。疫区封锁的解除，由原决定机关决定并宣布。

（四）其他措施

1. 交通卫生检疫措施 发生甲类传染病时，为了防止该传染病通过交通工具及其乘运的人员、物资传播，可以对出入检疫传染病疫区的交通工具及其乘运的人员、物资实施交通卫生检疫。目前关于交通检疫的规定主要是1998年11月28日国务院发布的《国内交通卫生检疫条例》，此外，2010年4月24日国务院发布修订后的《中华人民共和国国境卫生检疫法实施细则》也对入境、出境的交通卫生检疫作了规定。

2. 紧急调集人员、征用物资等措施 传染病暴发、流行时，根据传染病疫情控制的需要，国务院有权在全国范围或者跨省、自治区、直辖市范围内，县级以上地方人民政府有权在本行政区域内紧急调集人员或者调用储备物资，临时征用房屋、交通工具以及相关设施、设备。

紧急调集人员的，应当按照规定给予合理报酬。临时征用房屋、交通工具以及相关设施、设备的，应当依法给予补偿；能返还的，应当及时返还。

3. 疫区中被传染病污染的物品的处理措施 疫区中被传染病病原体污染或者可

能被污染的物品，经消毒后可以使用的，应当在当地疾病预防控制机构的指导下，进行消毒处理后，方可使用、出售和运输。

4. 药品和医疗器械供应措施 传染病暴发、流行时，药品和医疗器械生产、供应单位应当及时生产、供应防治传染病的药品和医疗器械。铁路、交通、民用航空经营单位必须优先运送处理传染病疫情的人员以及防治传染病的药品和医疗器械。

二、医疗救治措施

对传染病病人实施医疗救治是传染病防治工作不可或缺的组成部分，在传染病暴发、流行时，显得尤其重要，具体措施有以下三个方面。

（一）医疗救治服务网络建设

《传染病防治法》第五十条规定，县级以上人民政府应当加强和完善传染病医疗救治服务网络的建设，指定具备传染病救治条件和能力的医疗机构承担传染病救治任务，或者根据传染病救治需要设置传染病医院。

医疗救治服务网络由医疗救治机构、医疗救治信息网络和医疗救治专业技术人员组成。

（二）提高医疗机构的传染病医疗救治能力

医疗机构应当严格按照预防传染病医院感染的要求，制定基本标准、建筑设计和服务流程，应当按照国务院卫生行政部门规定的传染病诊断标准和治疗要求，采取相应措施，提高传染病医疗救治能力。

（三）医疗机构开展医疗救治的管理制度

1. 医疗救治的内容 医疗机构应当对传染病病人或者疑似传染病病人提供医疗救护、现场救援和接诊治疗，书写病历记录以及其他有关资料，并妥善保管。

2. 建立传染病预检、分诊制度 《医疗机构传染病预检分诊管理办法》已于2005年2月28日由卫生部颁布并实施。医疗机构应当实行传染病预检、分诊制度；对传染病病人、疑似传染病病人，应当引导至相对隔离的分诊点进行初诊。

3. 转院制度 医疗机构不具备相应救治能力的，应当将患者及其病历记录复印件一并转至具备相应救治能力的医疗机构。转诊传染病病人或疑似传染病病人时，应当按照当地卫生行政部门的规定使用专用车辆。

第四节 法律责任

一、卫生行政部门违反《传染病防治法》的法律责任

县级以上卫生行政部门违反规定，有下列情形之一的，由本级或上级卫生行政部门

责令改正，通报批评；造成传染病传播、流行或者其他严重后果的，对负有责任的主管人员和其他直接责任人员，依法给予行政处分；构成犯罪的，依法追究刑事责任：①未依法履行传染病疫情通报、报告或者公布职责，或者隐瞒、谎报、缓报传染病疫情的；②发生或者可能发生传染病传播时未及时采取预防、控制措施的；③未依法履行监督检查职责，或者发现违法行为不及时查处的；④未及时调查、处理单位和个人对下级卫生行政部门不履行传染病防治职责的举报的；⑤违反本法的其他失职、渎职行为。

二、疾病预防控制机构违反《传染病防治法》的法律责任

疾病预防控制机构违反规定，有下列情形之一的，由县级以上卫生行政部门责令限期改正，通报批评，给予警告；对负有责任的主管人员和其他直接责任人员，给予降级、撤职、开除的处分，并可以依法吊销有关责任人员的执业证书；构成犯罪，依法追究刑事责任：①未依法履行传染病监测职责的；②未依法履行传染病疫情报告、通报职责或者隐瞒、谎报、缓报传染病疫情的；③未主动收集传染病疫情信息，或者对传染病疫情信息和疫情报告未及时进行分析、调查、核实的；④发现传染病疫情时，未依据职责及时采取本法规定的措施的；⑤故意泄露传染病病人、病原携带者、疑似传染病病人、密切接触者涉及个人隐私的有关信息、资料的。

三、医疗机构违反《传染病防治法》的法律责任

医疗机构违反《传染病防治法》的规定，有下列情形之一的，由县级以上卫生行政部门责令改正，通报批评，给予警告；造成传染病传播、流行或者其他严重后果的，对负有责任的主管人员和其他直接责任人员，给予降级、撤职、开除的处分，并可以吊销有关责任人员的执业证书；构成犯罪的，依法追究刑事责任：①未按照规定承担本单位的传染病预防、控制工作、医院感染控制任务和责任区域内的传染病预防工作的；②未按照规定报告传染病疫情，或者隐瞒、谎报、缓报传染病疫情的；③发现传染病疫情时，未按照规定对传染病病人、疑似传染病病人提供医疗救护、现场救援、接诊、转诊的，或者拒绝接受转诊的；④未按照规定对本单位内被传染病病原体污染的场所、物品以及医疗废物实施消毒或者无害化处置的；⑤未按照规定对医疗器械进行消毒，或者对按照规定一次使用的医疗器具未予销毁，再次使用的；⑥在医疗救治过程中未按照规定保管医学记录资料的；⑦故意泄露传染病病人、病原携带者、疑似传染病病人、密切接触者涉及个人隐私的有关信息、资料的。

四、刑法中规定的相关法律责任

我国《刑法》第三百三十条规定妨害传染病防治罪、第三百三十一条规定了传染病菌种、毒种扩散罪。（详见突发公共卫生事件应急法律制度的法律责任的内容）

1. 重大环境污染事故罪 2011 年 2 月 25 日，第十一届全国人大常委会第十九次会议审议通过了《刑法（修正案八）》，自 2011 年 5 月 1 日起施行，其中对《刑法》第三百三十八条“重大环境污染事故罪”做了较大修改，修改为：违反国家规定，排放、倾倒或者处置有放射性的废物、含传染病病原体的废物、有毒物质或者其他有害物质，严重污染环境的，处三年以下有期徒刑或者拘役，并处或者单处罚金；后果特别严重的，处三年以上七年以下有期徒刑，并处罚金。

2. 传染病防治失职罪 《刑法》第四百零九条规定，从事传染病防治的政府卫生行政部门的工作人员严重不负责任，导致传染病传播或者流行，情节严重的，处三年以下有期徒刑或拘役。

第五节 艾滋病防治管理法律制度

一、概述

（一）艾滋病的概念

艾滋病，是指人类免疫缺陷病毒（艾滋病病毒，即 HIV）引起的获得性免疫缺陷综合征，是一种危害性极大的传染病。艾滋病已被我国列入乙类法定传染病，并被列为国境卫生监测传染病之一。

为了预防、控制艾滋病在我国的发生与流行，保障人体健康和公共卫生，根据传染病防治法，国务院于 2006 年 1 月 18 日颁布了《艾滋病防治条例》，自 2006 年 3 月 1 日起施行。

（二）艾滋病防治原则

艾滋病防治工作坚持预防为主、防治结合的方针，建立政府组织领导、部门各负其责、全社会共同参与的机制，加强宣传教育，采取行为干预和关怀救助措施，实行综合防治。

二、预防与控制

（一）艾滋病监测网络

国家建立健全艾滋病监测网络。艾滋病监测，是指连续、系统地收集各类人群中艾滋病（或者艾滋病病毒感染）及其相关因素的分布资料，对这些资料进行综合分析，为有关部门制定预防控制策略和措施提供及时可靠的信息和依据，并对预防控制措施进行效果评价。

（二）艾滋病自愿咨询和自愿检测制度

国家实行艾滋病自愿咨询和自愿检测制度。县级以上地方人民政府卫生主管部门指定的医疗卫生机构，应当按照国务院卫生主管部门会同国务院其他有关部门制定的艾滋病自愿咨询和检测办法，为自愿接受艾滋病咨询、检测的人员免费提供咨询和初筛检测。

艾滋病检测是指采用实验室方法对人体血液、其他体液、组织器官、血液衍生物等进行艾滋病病毒、艾滋病病毒抗体及相关免疫指标检测，包括监测、检验检疫、自愿咨询检测、临床诊断、血液及血液制品筛查工作中的艾滋病检测。

为利于治疗和预防，我国已自 2012 年起在艾滋病防控重点地区开展实名制艾滋病检测，即要求艾滋病受检测者应当向检测机构提供本人姓名、身份证号、现住址等真实信息，而检测机构应当为受检测者保守信息秘密。未经本人或者其监护人同意，不得公开艾滋病感染者的姓名、住址、工作单位、肖像、病史资料以及其他可能推断出其具体身份的信息。

（三）采集或使用人体血液、血浆、组织的管理

1. 采集或使用人体血液、血浆的管理 血站、单采血浆站应当对采集的人体血液、血浆进行艾滋病检测，不得向医疗机构和血液制品生产单位供应未经艾滋病检测或者艾滋病检测阳性的人体血液、血浆。血液制品生产单位应当在原料血浆投料生产前对每一份血浆进行艾滋病检测；未经艾滋病检测或者艾滋病检测阳性的血浆，不得作为原料血浆投料生产。

2. 临时应急采集血液的管理 在临时应急采集血液时，医疗机构应当对采集的血液进行艾滋病检测，对临床用血艾滋病检测结果进行核查；对未经艾滋病检测、核查或者艾滋病检测阳性的血液，不得采集或者使用。

3. 采集或者使用人体组织、器官、细胞、骨髓等的管理 在采集或者使用人体组织、器官、细胞、骨髓等时，应进行艾滋病检测；未经艾滋病检测或者艾滋病检测阳性的，不得采集或者使用。但是，用于艾滋病防治科研、教学的除外。

（四）艾滋病病毒感染者和艾滋病病人的权益和义务

1. 艾滋病病毒感染者和艾滋病病人的相关权益 为了避免对艾滋病病毒感染者、艾滋病病人以及其家属造成不必要的社会心理损害，《艾滋病防治条例》规定了一些保护性制度：

(1) 不得歧视的规定。任何单位和个人不得歧视艾滋病病毒感染者、艾滋病病人及其家属。艾滋病病毒感染者、艾滋病病人及其家属享有的婚姻、就业、就医、入学等合法权益受法律保护。

(2) 隐私权的保护的规定。未经本人或者其监护人同意，任何单位或者个人不得公开艾滋病病毒感染者、艾滋病病人及其家属的姓名、住址、工作单位、肖像、病史资料以及其他可能推断出其具体身份的信息。

2. 艾滋病病毒感染者和艾滋病病人的法定义务 艾滋病病毒感染者和艾滋病病人不得以任何方式故意传播艾滋病，同时还应当履行下列法定义务：①接受疾病预防控制机构或者出入境检验检疫机构的流行病学调查和指导；②将感染或者发病的事实及

时告知与其有性关系者;③就医时,将感染或者发病的事实如实告知接诊医生;④采取必要的防护措施,防止感染他人。

三、治疗与救助

(一) 医疗机构的治疗和救助责任

1. 提供艾滋病防治咨询、诊断和治疗服务 医疗机构应当为艾滋病病毒感染者和艾滋病病人提供艾滋病防治咨询、诊断和治疗服务,同时还要做好对就诊者的艾滋病防治宣传教育工作。医疗机构不得因就诊的病人是艾滋病病毒感染者或者艾滋病病人,推诿或者拒绝对其其他疾病进行治疗。

2. 如实告知感染或发病的事实 当就诊人被确诊为艾滋病病毒感染者和艾滋病病人后,医疗卫生机构的工作人员应当将其感染或者发病的事实告知本人,如本人为无行为能力人或者限制行为能力人的,应当告知其监护人。

3. 实施预防艾滋病母婴传播技术指导方案 医疗卫生机构应当按照国务院卫生主管部门制定的预防艾滋病母婴传播技术指导方案的规定,对孕产妇提供艾滋病防治咨询和检测,对感染艾滋病病毒的孕产妇及其婴儿,提供预防艾滋病母婴传播的咨询、产前指导、阻断、治疗、产后访视、婴儿随访和检测等服务。

4. 严格执行操作规程和消毒管理制度 医疗卫生机构应当按照国务院卫生主管部门的规定,遵守标准防护原则,严格执行操作规程和消毒管理制度,防止发生艾滋病医院感染和医源性感染。

(二) 各级人民政府的救助责任

1. 提供或减免相关治疗药品及费用 向农村艾滋病病人和城镇经济困难的艾滋病病人免费提供抗艾滋病病毒治疗药品;对农村和城镇经济困难的艾滋病病毒感染者、艾滋病病人适当减免抗机会性感染治疗药品的费用。

2. 给予生活救助和工作扶持 县级以上地方人民政府应当对生活困难并符合社会救助条件的艾滋病病毒感染者、艾滋病病人及其家属给予生活救助,同时应当积极创造条件,扶持有劳动能力的艾滋病病毒感染者和艾滋病病人,从事力所能及的生产和工作。

四、法律责任

(一) 县级以上人民政府卫生主管部门的法律责任

县级以上人民政府卫生主管部门未履行艾滋病防治宣传教育职责的、对有证据证明可能被艾滋病病毒污染的物品但未采取控制措施的或其他有关失职、渎职行为的,由本级人民政府或者上级人民政府卫生主管部门责令改正,通报批评;造成艾滋病传播、流行或者其他严重后果的,对负有责任的主管人员和其他直接责任人员依法给予行政处分。构成犯罪的,依法追究刑事责任。

(二) 医疗卫生机构的法律责任

1. 医疗卫生机构实施违反规定的医疗行为的法律责任 医疗机构未依照艾滋病防治条例规定履行职责,有下列情形之一的,由县级以上人民政府卫生主管部门责令限期改正,通报批评,给予警告;造成艾滋病传播、流行或者其他严重后果的,对负有责任的主管人员和其他直接责任人员依法给予降级、撤职、开除的处分,并可以依法吊销有关机构或者责任人员的执业许可证件;构成犯罪的,依法追究刑事责任:

(1) 未履行艾滋病监测职责的;

(2) 未按照规定免费提供咨询和初筛检测的;

(3) 对临时应急采集的血液未进行艾滋病检测,对临床用血艾滋病检测结果未进行核查,或者将艾滋病检测阳性的血液用于临床的;

(4) 未遵守标准防护原则,或者未执行操作规程和消毒管理制度,发生艾滋病医院感染或者医源性感染的;

(5) 未采取有效的卫生防护措施和医疗保健措施的;

(6) 推诿、拒绝治疗艾滋病病毒感染者或者艾滋病病人的其他疾病,或者对艾滋病病毒感染者、艾滋病病人未提供咨询、诊断和治疗服务的;

(7) 未对艾滋病病毒感染者或者艾滋病病人进行医学随访的;

(8) 未按照规定对感染艾滋病病毒的孕产妇及其婴儿提供预防艾滋病母婴传播技术指导的。

2. 医疗卫生机构违规公布信息的法律责任 未经本人或者其监护人同意,公开艾滋病病毒感染者、艾滋病病人及其家属相关信息的,依照传染病防治法的规定予以处罚。

根据《传染病防治法》第六十九条的规定,医疗机构故意泄露传染病病人、病原携带者、疑似传染病病人、密切接触者涉及个人隐私的有关信息、资料的,由县级以上人民政府卫生行政部门责令改正,通报批评,给予警告;造成传染病传播、流行或者其他严重后果的,对负有责任的主管人员和其他直接责任人员,依法给予降级、撤职、开除的处分,并可以依法吊销有关责任人员的执业证书;构成犯罪的,依法追究刑事责任。

(三) 出入境检验检疫机构的法律责任

1. 出入境检验检疫机构未采取相应控制措施的法律责任 出入境检验检疫机构未履行艾滋病防治宣传教育职责的、对有证据证明可能被艾滋病病毒污染的物品但未采取控制措施的或其他有关失职、渎职行为的,由其上级主管部门责令改正,通报批评;造成艾滋病传播、流行或者其他严重后果的,对负有责任的主管人员和其他直接责任人员依法给予行政处分。构成犯罪的,依法追究刑事责任。

2. 出入境检验检疫机构未依照《艾滋病防治条例》规定履行职责的法律责任 出入境检验检疫机构有下列情形之一的,由其上级主管部门责令限期改正,通报批评,给予警告;造成艾滋病传播、流行或者其他严重后果的,对负有责任的主管人员和其他直接责任人员依法给予降级、撤职、开除的处分，并可以依法吊销有关机构或者责任人员的执业许可证件；构成犯罪的，依法追究刑事责任：①未履行艾滋病监测职责的；②未遵守标准防护原则，或者未执行操作规程和消毒管理制度，发生艾滋病医院感染或者医源性感染的；③未采取有效的卫生防护措施和医疗保健措施的。

思考题

1. 名词解释：传染病　艾滋病
2.《传染病防治法》规定哪些乙类传染病按甲类传染病防控？
3.《传染病防治法》对卫生行政部门在履行监督检查职责时的权利有哪些规定？
4. 谈谈对青少年艾滋病防控措施的认识。

案例思考

2008 年 11 月 25 日，叶县辛店乡田寨“小帅才幼儿园”6 名幼儿出现了恶心、呕吐等症状，经辛店乡卫生院诊断为甲肝。时任叶县辛店乡防保组组长的赵某，在明知疫情发生的情况下，不认真履行自己的传染病防治监管职责，对本辖区内的田寨小学和田寨“小帅才幼儿园”的甲肝疫情不及时上报，导致疫情流行，至 2008 年 12 月 30 日上报疫情时，已有 36 名幼儿被传染甲肝。时任叶县疾控中心学卫科科长的张某，负有对全县传染病疫情上报的管理职责，却不认真履行责任，在得知辛店乡发生甲肝疫情的情况下，对辛店乡防保组的疫情上报工作失予监管，导致甲肝疫情在叶县辛店乡田寨小学和田寨小帅才幼儿园暴发、流行。叶县检察院以涉嫌传染病防治失职犯罪对赵某立案侦查。

问题：

1. 赵某和张某在传染病防治方面有哪些具体职责？
2. 赵某和张某触犯了我国刑法中的什么罪名？应承担什么样的刑事责任？

第八章

突发公共卫生事件应急法律制度

本章知识点：

◆ 突发公共卫生事件的含义

◆ 突发公共卫生事件的报告与信息发布

◆ 突发公共卫生事件的应急处理

◆ 医疗机构违法所应承担的法律责任

本章导读：2013年10月24日，内蒙古包头市回民中学发生一起食物中毒事件，午餐后3小时200多人出现食物中毒症状，陆续被送至医院检查治疗。这是否属于突发公共卫生事件？此时医疗机构和各级政府机关应如何上报、发布并采取应急措施？本章内容中的法律规定给出了回答。

第一节 概 述

一、突发公共卫生事件的概念及分类

（一）突发公共卫生事件的概念

突发公共卫生事件是指突然发生，造成或者可能造成社会公众健康严重损害的重大传染病疫情、群体性不明原因疾病、重大食物和职业中毒以及其他严重影响公众健康的事件。突发公共卫生事件具备三个主要特征：①突发性，事件的发生往往突如其来、难以预测，应当属于不可抗力；②公共卫生性，事件在公共卫生领域发生，针对的不是特定的多数人，主要影响公众生命健康利益；③严重危害性，突出表现为已经或可能对社会公众健康造成严重损害，并且可能或已经发生的损害和危害影响要发展或达到一定的程度。

为有效预防、及时控制和消除突发公共卫生事件的危害，保障公众身体健康和生命安全，维护正常的社会秩序，国务院颁布实施了一系列行政法规，如2003年5月9日颁布实施的《突发公共卫生事件应急条例》(简称《条例》，根据2011年1月8日《国务院关于废止和修改部分行政法规的决定》修改公布)、2006年1月8日颁布实施的《国家突发公共事件总体应急预案》、2006年2月26日颁布实施的《国家突发公共事件医疗卫

生救援应急预案》等。

(二) 突发公共卫生事件的分类

根据事件发生的性质和原因,突发公共卫生事件可分为四类。

1. 重大传染病疫情 重大传染病疫情是指某种传染病在短时间内发生、波及范围广泛,出现大量的患者或死亡病例,其发病率远远超过常年的发病率水平。此处所指传染病主要是指《传染病防治法》规定或依法增加的传染病。《传染病防治法》规定了3类39种传染病,除此之外,法律授权国务院根据需要决定列入甲类传染病的其他传染病,国务院卫生行政部门根据需要决定列入乙类或丙类传染病的其他传染病并予以公布。

重大传染病疫情具体指传染病的暴发和流行。传染病的暴发是指一个局部地区,短期内突然发生多例同一种传染病的患者。传染病的流行是指在一个地区某种传染病发病率显著超过该病历年的一般发病率水平。传染病暴发和流行时,即视为重大传染病疫情发生,相关部门必须依法采取必要的预防控制措施或者紧急措施。

2. 群体性不明原因疾病 群体性不明原因疾病是指在短时间内,某个相对集中的区域内同时或者相继出现具有共同临床表现的患者,且病例不断增加,范围不断扩大,又暂时不能明确诊断的疾病。这种疾病可能是某种传染病或非传染性疾病,可能是群体性癔症,也可能是某种中毒等。

3. 重大食物中毒和职业中毒 中毒是指由于吞服、吸入有毒物质,或有毒物质与人体接触所产生的有害影响。食物中毒,是指食用了被生物性、化学性有毒有害物质污染的食品或者食用了含有毒有害物质的食品后出现的急性、亚急性食源性疾患。职业中毒,是指劳动者在职业活动中接触有害化学因素而发生的职业损伤的总称。重大食物中毒和职业中毒就是指由于食品污染和职业危害等原因而造成的人数众多或者伤亡较重的中毒事件。

4. 其他严重影响公众健康事件 其他严重影响公众健康事件是指具有突发公共卫生事件特征,针对不特定的社会群体,造成或者可能造成社会公众健康严重损害,影响正常社会秩序的重大事件。

二、突发公共卫生事件的分级

突发公共卫生事件实行分级管理。根据突发公共卫生事件性质、危害程度、涉及范围,突发公共卫生事件划分为一般(Ⅳ级)、较重(Ⅲ级)、严重(Ⅱ级)和特别严重(Ⅰ级)四级,依次用蓝色、黄色、橙色和红色进行预警。

(一) 一般突发公共卫生事件(Ⅳ级)

这是突发公共卫生事件中最低的级别,主要是涉及县级范围内的甲级传染病疫情以及未出现死亡的一般突发公共卫生事件。

（二）较重突发公共卫生事件（Ⅲ级）

这是突发公共卫生事件中较严重的级别。从涉及范围来看，疫情主要是发生在跨县（区）或地级以上城市的市区；从发生的种类来看，主要是乙、丙类传染病疫情；从危害程度来看，主要是死亡 5 人以下的或一个县（区）域内发现群体性不明原因疾病的突发公共卫生事件。

（三）严重突发公共卫生事件（Ⅱ级）

这是突发公共卫生事件中严重的级别。从涉及范围来看，主要是发生在跨市（地）的地区；从危害程度来看，主要是死亡和危重病例超过 5 例的突发公共卫生事件。

（四）特别严重突发公共卫生事件（Ⅰ级）

这是突发公共卫生事件中最严重的级别。从涉及范围来看，主要是发生在跨省（区、市）的地区；从危害程度来看，主要是甲类传染病在大、中城市发生；或疫情波及 2 个及以上的县，跨省（区、市）的有特别严重人员伤亡的突发公共卫生事件；从发生的种类来看，发生新发传染病或已消灭传染病，如发生传染性典型肺炎，疫情波及 2 个及以上省份，并有继续扩散的趋势；重度或极重度放射事故等。

三、突发公共卫生事件应急机构

（一）应急处理指挥机构

突发公共卫生事件发生后，事件发生地所在的人民政府根据同级卫生主管部门的建议和突发公共卫生事件应急处理需要，成立突发公共卫生事件应急处理指挥部。应急处理指挥部由同级政府有关主管部门组成，同级政府主要领导人担任总指挥。根据突发公共卫生事件危害程度、涉及范围和级别的不同，相应的应急处理指挥机构分为国家、省级、地市级和县级四级。

（二）日常管理机构

国务院卫生主管部门即卫生部设立公共卫生事件应急办公室，负责全国突发公共卫生事件应急处理的日常管理工作。各省级卫生主管部门设立省级突发公共卫生事件的日常管理机构，负责辖区内突发公共卫生事件应急协调、管理工作。各地市级、县级卫生主管部门要指定机构负责本辖区内突发公共卫生事件应急的日常管理工作。

四、突发公共卫生事件应急处理原则

突发事件应急处理工作，遵循预防为主、常备不懈的方针，贯彻统一领导、分级负责、反应及时、措施果断、依靠科学、加强合作的原则，以有效预防、及时控制和消除突发公共卫生事件的危害，保障公众身体健康与生命安全，维护正常的社会秩序。

第二节　突发公共卫生事件预防与应急准备

一、突发公共卫生事件应急预案

《条例》规定，国务院卫生行政主管部门按照分类指导、快速反应的要求，制定全国突发事件应急预案，报请国务院批准；省、自治区、直辖市人民政府根据全国突发事件应急预案，结合本地实际情况，制定本行政区域的突发事件应急预案。

制定突发公共卫生事件应急预案应遵循政府负责、统一指挥，科学防治、技术主导，属地管理、职能保障，满足投入、讲究效率，维护社会稳定、保障经济发展的原则。

（一）突发公共卫生事件应急预案的内容

突发公共卫生事件应急预案一般应包括以下内容：①突发事件应急处理指挥部的组成和相关部门的职责；②突发事件的监测与预警；③突发事件信息的收集、分析、报告、通报制度；④突发事件应急处理技术和监测机构及其任务；⑤突发事件的分级和应急处理工作方案；⑥突发事件预防、现场控制，应急设施、设备、救治药品和医疗器械以及其他物资和技术的储备与调度；⑦突发事件应急处理专业队伍的建设和培训。

由于突发事件的发生和发展难以预测，变化往往超出人们事先的设想，这就需要审时度势，根据新出现的情况和问题，及时修订、补充应急预案，使应急预案更好地适应新的形势需要，指导应急工作。

（二）突发公共卫生事件应急预案的启动

《条例》的有关规定，突发事件发生后，卫生主管部门应当组织专家对突发事件进行综合评估，初步判断突发事件的类型，提出是否启动全国突发事件应急预案，由国务院卫生行政部门报国务院批准后实施。省、自治区、直辖市启动突发事件应急预案，由省级人民政府决定，并向国务院报告。

应急预案启动前，县级以上各级人民政府有关部门应当根据突发公共卫生事件的实际情况，做好应急处理准备，采取必要的应急措施。应急预案启动后，突发公共卫生事件发生地的人民政府有关部门，应当根据预案规定的职责要求，服从突发公共卫生事件应急处理指挥部的统一指挥，立即到达规定岗位，采取相关的控制措施。

二、突发公共卫生事件监测、预警机制

突发公共卫生事件的监测和预警机制是指，在日常工作中，运用各种医药卫生的知识和其他科学技术和手段，通过分析突发公共卫生事件的国内外历史资料以及监测结果等相关数据，预测突发公共卫生事件的发生、发展与变化的趋势和可能的危害程度，

便于及早发现和及时应对突发公共卫生事件。在监测和预警机制的建立中，要根据突发事件的类别，制定监测计划、预警等级、报告程序和时限，确保监测与预警系统的正常运行。

在《国家突发公共卫生事件应急预案》中，突发公共卫生事件分为四级，预警级别与其相一致，依次以蓝、黄、红、橙四色进行预警。

第三节　突发公共卫生事件的报告与信息发布

一、突发公共卫生事件应急报告制度

突发公共卫生事件应急报告制度是指对突然发生的、直接关系到公众健康和社会安全的公共卫生事件，按规定程序和时限向各级人民政府及其有关部门进行报告的制度。突发事件的应急报告是有关决策机关掌握突发事件发生、发展信息的重要渠道。保证突发事件信息报告的准确和通畅，是及时、正确处理突发事件的关键。

（一）应急报告的主体

从严格意义上讲，任何单位和个人均是突发公共卫生事件应急报告的主体，但为了进一步明确报告人的职责，法律规定了责任报告单位和责任报告人。

对于传染病疫情、食物中毒、不明原因疾病、群体性疾病等日常报告和突发事件报告的责任主体，在《传染病防治法》和《食物中毒事故处理办法》、《卫生部关于规范突发事件和加强传染病疫情报告的通知》中均有明确的规定和要求。但是，这些规定中的责任报告人均局限在医疗卫生机构及其执行职务的医务人员和各级卫生行政主管部门。报告的主要渠道也只是局限在卫生系统内部，规定在卫生系统内部向上级卫生行政主管部门报告的同时，向同级人民政府报告。为使中央政府能够尽快掌握突发事件的有关信息，在现有规定和报告系统的基础上，国家对突发事件的责任报告人做了进一步规定。

1. 责任报告单位　责任报告单位包括：①县级以上各级人民政府卫生主管部门指定的突发公共卫生事件监测机构；②各级各类医疗卫生机构；③卫生主管部门；④县级以上地方人民政府；⑤有关单位，主要包括突发公共卫生事件发生单位、与群众健康和卫生保健工作有密切关系的机构，如检验检疫机构、环境保护监测机构和药品监督检验机构等。

2. 责任报告人　主要指执行职务的医疗卫生机构的医务人员、检疫人员、疾病预防控制人员、乡村医生和个体开业医生等。

（二）报告事项

有下列情形之一的，责任报告单位和责任报告人应按规定上报：①发生或者可能发

生传染病暴发、流行的；②发生或者发现不明原因的群体性疾病的；③发生传染病菌种、毒种丢失的；④发生或者可能发生重大食物和职业中毒事件的。

首次报告未经调查确认的突发公共卫生事件或隐患的相关信息，应说明信息来源、危害范围、事件性质的初步判定和拟采取的主要措施。经调查确认的突发公共卫生事件报告应包括事件性质、波及范围、危害程度、流行病学分布、势态评估、控制措施等内容。

（三）报告的时限和程序

1. 报告的时限和程序 突发公共卫生事件监测报告机构、医疗卫生机构和有关单位发现上述报告事项中所列的突发公共卫生事件，应当在 2 小时内向所在地县级人民政府卫生主管部门报告；接到报告的卫生主管部门应当在 2 小时内向本级人民政府报告，并同时向上级人民政府卫生主管部门报告和国务院卫生行政主管部门报告。

县级人民政府应当在接到报告后 2 小时内向设区的市级人民政府或者上一级人民政府报告。设区的市级人民政府应当在接到报告后 2 小时内向省级人民政府报告；省级人民政府在接到报告后 1 小时内，向国务院卫生主管部门报告。对可能造成重大社会影响的突发公共卫生事件，省以下地方人民政府卫生主管部门可直接上报国务院卫生主管部门，国务院卫生主管部门接到报告后应当立即向国务院报告。

任何单位和个人对突发事件，不得隐瞒、缓报、谎报或者授意他人隐瞒、缓报、谎报。

2. 报告事项的调查核实 接到报告的地方人民政府、卫生行政主管部门依照本条例规定报告的同时，应当立即组织力量对报告事项调查核实、确证，采取必要的控制措施，并及时报告调查情况。

二、突发公共卫生事件通报制度

（一）国务院卫生主管部门的通报职能

国务院卫生主管部门根据实际情况和工作需要，及时向国务院有关部门和各省、自治区、直辖市人民政府卫生主管部门以及军队有关部门通报突发公共卫生事件的情况。

1. 向国务院有关部门通报 对突发公共卫生事件的处理，不仅仅是卫生系统的事，它涉及许多相关部门，需要在许多相关部门的配合和努力下共同完成。按照有关法律和行政法规的规定以及部门的职责分工，有关部门在各自的职责范围内具有相应的监督管理职责。各相关部门接到卫生部的通报后，应当依据自己的职责，采取相应的控制措施，并按照应急预案的要求，做好相应的准备工作。

2. 国家卫生主管部门向各省、自治区、直辖市人民政府卫生行政主管部门通报 各省、自治区、直辖市卫生行政主管部门是处理突发公共卫生事件的主体，接到突发公共卫生事件的报告后，根据突发公共卫生事件的区域及事件特点，立即通报有关的省、自治区、直辖市卫生行政主管部门，以便在省区之间协调行动，或能够采取有效的预防措施，避免类似的事件发生。

（二）突发公共卫生事件发生地省、自治区、直辖市、人民政府卫生主管部门的通报职能

突发公共卫生事件发生地的省、自治区、直辖市、人民政府卫生主管部门，应当及时向其他有关部门、毗邻和可能波及的省、自治区、直辖市、人民政府卫生主管部门通报突发公共卫生事件的情况。对于一些容易通过人员、物资、动物等媒介扩散的突发事件，例如传染病和食物中毒，省际的互相配合是非常重要的。

接到通报的省、自治区、直辖市、人民政府卫生主管部门，应当采取相应的防范措施，并视情况及时通知相应的医疗卫生机构，组织做好应急处理所需的人员与物资准备。医疗卫生机构接到有关通报后，应当根据预案的要求做好必要准备工作。

（三）县级以上地方人民政府有关部门的通报职责

针对已经发生的突发公共卫生事件或者发现可能引起突发公共卫生事件的情形，县级以上地方人民政府有关部门应当及时向同级人民政府卫生主管部门通报。由于各部门工作的性质和面对主要人群的不同，获得有关信息的渠道不同，信息的灵敏性和准确性不同，突发事件发生后，其他有关部门应及时向卫生行政主管部门通报情况，以便及时评估，采取有效控制措施，甚至启动应急预案。

三、突发公共卫生事件信息发布制度

公共关系学理论强调，信息沟通是危机管理的核心，及时、准确、全面地发布突发事件信息是有效控制突发事件的一项积极主动的措施。

按照《传染病防治法》及《条例》的有关规定，卫生部负责向社会及时、准确、全面发布突发公共卫生事件的信息。省级卫生主管部门经卫生部授权向社会发布本行政区域内突发公共卫生事件的信息。

突发公共卫生事件和传染病疫情发布内容包括：突发公共卫生事件和传染病疫情性质、原因、发生地及范围、发病、伤亡及涉及的人员范围、处理措施和预防控制情况以及突发公共卫生事件和传染病疫情发生地的解除。

信息发布形式主要包括授权发布、散发新闻稿、组织报道、接受记者采访、举行新闻发布会等。

第四节　突发公共卫生事件应急处理

一、突发公共卫生事件应急处理制度

突发卫生事件发生后，为尽可能地保护人民的生命健康权益，控制危害范围，各级

政府和相关职能部门必须及时采取应急处理措施，迅速应对。对此，《条例》主要规定了以下处理措施：

1. 成立应急指挥机构 突发卫生事件发生后，国务院和有关省级人民政府成立应急处理指挥部，负责对突发卫生事件应急处理的统一领导和指挥；国务院卫生行政主管部门和其他有关部门在各自的职责范围内，做好突发卫生事件应急处理的有关工作。

2. 宣布法定传染病 国务院和国务院卫生行政主管部门对新发现的突发传染病，根据危害程度、流行强度，依照我国《传染病防治法》规定及时宣布为法定传染病。

3. 制定技术标准、规范及控制措施 对新发现的突发传染病、不明原因的群体性疾病、重大食物和职业中毒事件，国务院卫生行政主管部门应当尽快组织力量制定相关的技术标准、规范和控制措施。

4. 防止传染病扩散 医疗卫生机构、有关部门应当对传染病做到早发现、早报告、早隔离、早治疗，切断传播途径，防止扩散。对传染病病人和疑似传染病病人，应当采取就地隔离、就地观察、就地治疗的措施；对传染病暴发、流行区域内流动人口，突发事件发生地的县级以上地方人民政府应当做好预防工作，落实有关卫生控制措施；对传染病病人和疑似传染病病人，应当采取就地隔离、就地观察、就地治疗的措施。特别是对在交通工具上发现的传染病患者应采取严密的控制措施。

5. 进行医疗救护及现场救援 医疗卫生机构应当对因突发事件致病的人员提供医疗救护和现场救援，对需要转送的病人，应当按照规定将病人及其病历记录的复印件转送至接诊的或者指定的医疗机构；医疗卫生机构内应当采取卫生防护措施，防止交叉感染和污染；医疗卫生机构应当对传染病病人密切接触者采取医学观察措施，传染病病人密切接触者应当予以配合。

6. 进行流行病学调查 医疗机构收治传染病病人、疑似传染病病人，应当依法报告所在地的疾病预防控制机构；接到报告的疾病预防控制机构应当立即对可能受到危害的人员进行调查，根据需要采取必要的控制措施。

二、突发公共卫生事件的终结

突发公共卫生事件的终结需符合以下条件：突发公共卫生事件隐患或相关危险因素消除后，或末例传染病病例发生后经过最长潜伏期无新的病例出现。

一般而言，由政府卫生主管部门组织专家进行分析论证，提出终结建议，报请同级人民政府或突发公共卫生事件应急处理指挥部批准后实施，并向上一级人民政府卫生主管部门报告。

突发公共卫生事件结束后，各级卫生主管部门应在本级政府的领导下，组织有关人员对突发公共卫生事件的处理情况进行评估，评估内容主要包括事件概况、现场调查处理概况、患者救治情况、所采取措施的效果评价、应急处理过程中存在的问题和取得的经验，评估报告上报本级政府和上一级政府卫生主管部门。

第五节　法律责任

一、地方政府及卫生行政部门的法律责任

（一）未依法履行报告职责的法律责任

县级以上地方人民政府及其卫生行政主管部门未依照本条例的规定履行报告职责，对突发事件隐瞒、缓报、谎报或者授意他人隐瞒、缓报、谎报的，对政府主要领导人及其卫生行政主管部门主要负责人，依法给予降级或者撤职的行政处分；造成传染病传播、流行或者对社会公众健康造成其他严重危害后果的，依法给予开除的行政处分；构成犯罪的，依法追究刑事责任。

（二）未依法履行突发公共卫生事件处置的法律责任

县级以上各级人民政府卫生行政主管部门和其他有关部门在突发事件调查、控制、医疗救治工作中玩忽职守、失职、渎职的，由本级人民政府或者上级人民政府有关部门责令改正、通报批评、给予警告；对主要负责人、负有责任的主管人员和其他责任人员依法给予降级、撤职的行政处分；造成传染病传播、流行或者对社会公众健康造成其他严重危害后果的，依法给予开除的行政处分；构成犯罪的，依法追究刑事责任。

二、医疗机构的法律责任

医疗卫生机构有下列行为之一的，由卫生行政主管部门责令改正、通报批评、给予警告；情节严重的，吊销医疗机构执业许可证；对主要负责人、负有责任的主管人员和其他直接责任人员依法给予降级或者撤职的纪律处分；造成传染病传播、流行或者对社会公众健康造成其他严重危害后果，构成犯罪的，依法追究刑事责任：①未依照《条例》的规定履行报告职责，隐瞒、缓报或者谎报的；②未依照《条例》的规定及时采取控制措施的；③未依照《条例》的规定履行突发事件监测职责的；④拒绝接诊病人的；⑤拒不服从突发事件应急处理指挥部调度的。

三、刑法中规定的相关法律责任

在处理突发公共卫生事件过程中，地方政府、卫生行政部门、医疗机构违反法定义务造成严重危害，可能构成传染病防治失职罪（在传染病防治法律制度章节已有论述）、妨害传染病防治罪、传染病菌种、毒种扩散罪等犯罪，应根据我国刑法承担相应刑事责任。

1. 妨害传染病防治罪　《刑法》三百三十条规定：违反传染病防治法的规定，有下

列情形之一，引起甲类传染病传播或者有传播严重危险的，处三年以下有期徒刑或者拘役；后果特别严重的，处三年以上七年以下有期徒刑：①供水单位供应的饮用水不符合国家规定的卫生标准的；②拒绝按照卫生防疫机构提出的卫生要求，对传染病病原体污染的污水、污物、粪便进行消毒处理的；③准许或者纵容传染病病人、病原携带者和疑似传染病病人从事国务院卫生行政部门规定禁止从事的易使该传染病扩散的工作的；④拒绝执行卫生防疫机构依照传染病防治法提出的预防、控制措施的。

单位犯前款罪的，对单位判处罚金，并对其直接负责的主管人员和其他直接责任人员，依照前款的规定处罚。

2. 传染病菌种、毒种扩散罪 《刑法》第三百三十一条规定：从事实验、保藏、携带、运输传染病菌种、毒种的人员，违反国务院卫生行政部门的有关规定，造成传染病菌种、毒种扩散，后果严重的，处三年以下有期徒刑或者拘役；后果特别严重的，处三年以上七年以下有期徒刑。

思考题

1. 名词解释：突发公共卫生事件
2. 我国突发公共卫生事件可分为哪几类？
3. 我国突发公共卫生事件的处理原则是什么？
4. 简述我国突发公共卫生事件报告的时限和程序。
5. 医疗机构违反《突发公共卫生处理条例》的违法行为有哪些？应承担什么法律责任？

案例思考

2013 年 10 月 24 日下午 3 时 30 分左右，内蒙古自治区包头市某中学发生一起食物中毒事件。24 日中午，全校 3000 多名师生在学校食堂 6 个灶就餐，当日下午 3 时 30 分许，在 3 号灶就餐的师生多人陆续出现腹痛、呕吐等症状，后有 200 多人陆续被送至附近医院检查治疗。送到医院的学生主要表现为恶心、呕吐，或腹痛，个别腹泻，有些学生表现为周身发软、麻木，还有个别表现出流涎、出汗症状。医生初步判定是食源性中毒。据介绍，当地 3 家医院及时对就诊的学生进行了催吐、洗胃、输液等相关治疗，大多数学生病情明显好转，所有学生生命体征平稳，无生命危险。事件发生后，包头市卫生、教育、公安等部门对 3 号灶做饭人员展开了调查，调查结果显示此次食物中毒事件是由于食材中的少量未清理的发芽土豆引起的。

问题：

1. 本案是否属于突发公共卫生事件？为什么？
2. 对于此类事件，报告的程序和时限是怎样的？

第九章 血液管理法律制度

本章知识点：

- 无偿献血、血站、血液制品的含义
- 血站在采血供血方面的职责
- 医疗机构在临床用血方面的职责
- 医疗机构临时采血的法律规定
- 医疗机构及血站违反血液管理法所应承担的法律责任

本章导读：患者因交通事故送往某市三甲医院进行抢救，急需输入RH阴性A型血，但医院没有储备该血，该医院能否紧急采集家属血液用于抢救？本章内容中的医疗机构临时采集血液的法律规定给出了回答。

第一节 概 述

一、血液管理法律制度概述

血液是一种复杂的维持生命不可缺少的物质，在临床医学领域中为拯救生命、治疗疾病发挥着其他药物所不可替代的重要作用。

血液管理法是调整国家对献血、采血、临床用血以及血液制品等进行管理过程中形成的各种社会关系的法律规范的总称。血液管理法律法规关系到人民群众的身体健康和生命安全，它是我国卫生法体系的重要组成部分。

献血法是血液管理法律制度中最重要的法律制度，是指调整保证临床用血需要和安全，保障献血者和用血者身体健康活动中产生的各种社会关系的法律规范的总称。

二、我国血液管理法律的沿革

我国血液管理立法始于20世纪70年代后期，为保证血液安全，1978年11月24日国务院批转卫生部《关于加强输血工作的请示报告》，正式提出实行公民义务献血制度，从法规上否定了职业供血。1979年国务院首次颁发《全国血站工作条例(试行草案)》，标志着我国血液管理工作规范化的起步。1993年卫生部颁布《采供血机构和血液管理办法》、《血站基本标准》，进一步细化了对血站和单采血浆站的管理。1996年12月30

日国务院发布了《血液制品管理条例》，这是我国第一个有关血液制品管理的行政法规。1997 年 12 月 29 日，第八届全国人大常委会第 29 次会议通过了《中华人民共和国献血法》(简称《献血法》)，共 24 条，自 1998 年 10 月 1 日起施行。以法律的形式确立了我国临床用血实行无偿献血制度，对公民献血、用血，血站采血、储血、供血，以及医疗机构临床用血等活动作了规范，标志着我国无偿献血工作走上了法制化轨道。

此后，卫生部先后制定发布《血站管理办法》(2005 年 11 月，2016 年 1 月 19 日根据《国家卫生计生委关于修改外国医师来华短期行医暂行管理办法等 8 件部门规章的决定》修改公布)、《全国无偿献血表彰奖励办法》(1999 年 7 月颁布、2009 年、2014 年修订)、《医疗机构临床用血管理办法》(2012 年 6 月)和《单采血浆站管理办法》(2008 年 1 月颁布，2015 年 5 月修订，2016 年 1 月 19 日根据《国家卫生计生委关于修改外国医师来华短期行医暂行管理办法等 8 件部门规章的决定》修改公布)等法律法规；及《临床输血技术规范》(2000 年 6 月)、《单采血浆站基本标准》(2000 年 11 月)、《中国输血技术操作规程》(1997 年)、《献血者健康检查标准》(1998 年 10 月)等血液技术标准和规范。《献血法》及其配套法规的颁布实施，标志着我国血液管理法律体系基本建立。

第二节　无偿献血制度

一、无偿献血的概念

无偿献血是指公民向血站自愿、无报酬地提供自身血液的行为。它与个体供血、义务献血不同，个体供血是公民向采供血机构提供自身血液而获取一定报酬的行为。义务献血是通过政府献血领导小组或献血委员会向机关、企事业单位分配献血指标，下达献血任务，献血后给予献血者一定营养补助费的献血制度。

献血活动在世界上经历了一个有偿到无偿的过程，国际红十字会和世界卫生组织从 20 世纪 30 年代建议和提倡无偿献血。到目前为止，世界上许多国家都从有偿献血逐步过渡到了无偿献血，如德国、日本、瑞士、美国、加拿大、澳大利亚等国家都先后全部或基本上实现了公民无偿献血。《献血法》以法律的形式，确立了我国临床用血实行无偿献血制度。实行无偿献血能从根本上保证血液质量，最大限度地降低经血液传播疾病的危险，保障医疗临床用血安全。

二、无偿献血的主体

世界各国关于无偿献血的主体规定不尽一致，大多规定献血者的起止年龄为 18～60 周岁，世界卫生组织提倡的献血者起止年龄则为 18～65 周岁。

《献血法》提倡 18～55 周岁的健康公民自愿献血，根据 2011 年卫生部、国家标准化委员会发布的《献血者健康体检要求》(GB 18467—2011)规定，既往无献血反应、符合健康检查要求的多次献血者主动要求再次献血的，年龄可延长至60岁。我国各省、市规定的献血者的年龄存在一些差别，在18～60岁之间。

《献血法》规定国家机关、军队、社会团体、企业事业组织、居民委员会、村民委员会，应当动员和组织本单位或者本居住区的适龄公民参加献血；鼓励国家工作人员、现役军人和高等学校在校学生率先献血。对献血者，发给国务院卫生行政部门制作的无偿献血证书。

三、无偿献血工作的组织和领导

(一) 世界各国关于无偿献血工作管理的体制

国外的无偿献血工作主要由各国红十字会组织负责。但因红十字会只是一种民间团体，在开展献血活动中遇到了一定的困难，所以，国际红十字会组织要求各国红十字会与政府密切合作，共同推进无偿献血工作。为此，一些国家(包括我国在内)通过立法等方式，确认政府对献血工作的管理责任。

(二) 我国献血工作的组织管理

《献血法》确立了政府领导、部门配合、社会动员、宣教开路、先进带头的献血工作体制和机制。从而明确了各级政府、卫生行政部门和红十字会在献血工作中的地位、责任及其相互关系。

各级人民政府领导本行政区域内的献血工作。统一规划并负责组织、协调；加强对无偿献血宣传教育工作的领导，广泛宣传献血的意义，普及献血的科学知识，开展预防和控制经血液途径传播的疾病的教育。

各级红十字会依法参与、推动献血工作。红十字会配合各级政府和卫生行政部门进行无偿献血的宣传、动员和组织工作。

县级以上卫生行政部门监督管理献血工作，对血源、血液、献血工作进行监督管理。

社会团体、新闻媒体开展无偿献血的社会公益性宣传，提高公民自愿无偿献血的积极性，使自愿无偿献血的善举成为社会新风尚。

第三节　血站采供血管理

一、血站的概念

血站是指不以营利为目的，采集、制备、储存血液及提供临床用血的公益性卫生机构。

我国的血液管理分临床用血管理和血液制品生产用原料血浆管理，相应的我国的采供血机构分为血站和单采血浆站。

血站包括一般血站和特殊血站。一般血站分为血液中心、中心血站和中心血库。特殊血站包括脐带血造血干细胞库和卫生部根据医学发展需要设置的其他类型血库。《血站管理办法》对血站的设置、执业、监督管理及法律责任作出明确规定。

二、血站的设置与审批

（一）血站的设置

1. 批准机构 卫生部根据全国医疗资源配置、临床用血需求，制定全国采供血机构设置规划指导原则，并负责全国血站建设规划的指导。省级卫生行政部门依据卫生部规划，结合本行政区域人口、医疗资源、临床用血需求等实际情况和当地区域卫生发展规划，制定本行政区域血站设置规划，报同级人民政府批准，并报卫生部备案。

2. 设置条件

（1）血液中心的设置。在省级人民政府所在地的城市和直辖市，应规划设置一所相应规模的血液中心。

（2）中心血站的设置。在设区的市级人民政府所在地的城市，可规划设置一所相应规模的中心血站。中心血站供血半径应大于100公里。距血液中心150公里范围内（或在3小时车程内）的设区的市，原则上不单独设立中心血站；与已经设立中心血站距离不足100公里的相近（邻）设区的市原则上不单独设立中心血站。

（3）中心血库的设置。在血液中心或中心血站3小时车程内不能提供血液的县（市），可根据实际需要在县级医疗机构内设置一所中心血库，其任务是完成本区域的采供血任务，供血半径应在60公里左右。

（二）血站的审批

血站的设置必须经过严格的审批，经省级卫生行政部门审批，取得血站执业许可证，方可开展采供血活动。血站执业许可证有效期为3年，有效期满前3个月，血站应当办理再次执业登记。

血站因采供血需要，在规定的服务区域内设置分支机构，应当报所在省级卫生行政部门批准；设置固定采血点（室）或者流动采血车的，应当报省级卫生行政部门备案。

三、采供血管理

（一）执业规定

血站执业应遵守有关法律、行政法规、规章和技术规范；按照注册登记的项目、内容、范围，开展采供血业务；采集的血液专供临床使用，不得采集血液制品生产用原料血浆；血站及其执行职务的人员发现法定传染病疫情时，应当按照规定向有关部门报告。

（二）采血管理

1. 制订计划 血站应当根据医疗机构临床用血需求，制定血液采集、制备、供应计划，保障临床用血安全、及时、有效。

2. 健康检查 血站在每次采血前必须免费对献血者进行必要的健康征询及身体健康检查，身体状况不符合献血条件的，血站应向其说明情况，不得采集血液。献血者的身体健康条件由国务院卫生行政部门制定。

3. 身份核对 采血前应当对献血者身份进行核对并进行登记；严禁采集冒名顶替者的血液。

4. 献血量和献血间隔 血站对献血者每次采集血液量一般为200毫升，最高不得超过400毫升，两次采集间隔期间不少于6个月。严格禁止血站违反规定对献血者超量、频繁采集血液。《献血者健康检查要求》对献血量和献血间隔做了细化要求。

（1）献血量。全血献血者每次可献全血400毫升或者300毫升或者200毫升；单采血小板献血者每次可献1个至2个治疗单位，或者1个治疗单位及不超过200毫升血浆，全年血小板和血浆采集总量不超过10升。上述献血量均不包括血液检测留样的血量和保养液或抗凝剂的量。

（2）献血间隔。全血献血间隔不少于6个月；单采血小板献血间隔不少于2周，不大于24次/年，因特殊配型需要，由医生批准，最短间隔时间不少于1周；单采血小板后与全血献血间隔不少于4周；全血献血后与单采血小板献血间隔不少于3个月。

5. 知情同意 血站采集血液应当遵循自愿和知情同意的原则，在献血前对献血者履行书面告知义务，并取得献血者签字的知情同意书。告知的内容应包括以下几个方面。

（1）献血动机。无偿献血是出于利他主义的动机，目的是帮助需要输血的患者，请不要为化验而献血。

（2）安全献血者的重要性。不安全的血液会危害患者的生命与健康。具有高危行为的献血者不应献血，如静脉药瘾史、男男性行为或具有经血传播疾病（艾滋病、丙型肝炎、乙型肝炎、梅毒等）风险的。

（3）具有高危行为者故意献血的责任。献血者捐献具有传染性的血液会给受血者带来危险，应承担对受血者的道德和法律责任。

（4）实名制献血。献血者在献血前应出示真实有效的身份证件，血站应进行核对并登记。冒用他人身份献血的，应按照相关法律规定承担责任。

（5）献血者献血后回告。献血者如果认为已捐献的血液可能存在安全隐患，应当尽快告知血站。

（6）献血反应。绝大多数情况下，献血是安全的，但个别人偶尔可能出现如头晕、出冷汗、穿刺部位青紫、血肿、疼痛等不适，极个别可能出现较为严重的献血反应，如晕厥。

（7）健康征询与检查。应该如实填写健康状况征询表。不真实填写者，因所献血液引发受血者发生不良后果，应按照相关法律规定承担责任。

(8) 血液检测。血站将遵照国家规定对献血者血液进行经血传播疾病的检测，检测合格的血液将用于临床，不合格血液将按照国家规定处置。

(9) 疫情报告。血站将向当地疾病预防控制中心报告艾滋病病毒感染等检测阳性的结果及其个人资料。

6. 保密义务 血站应当建立献血者信息保密制度，为献血者保密。

7. 献血档案 血站采集血液后，对献血者发给无偿献血证并建立献血档案。

8. 质量管理 ①血站开展采供血业务，应当严格遵守有关操作规程、技术规范和标准。②必须使用有生产单位名称和批准文号的一次性采血器材，不得重复使用，使用后必须销毁。③采血必须由具有采血资格的医务人员进行。④血站对采集的血液必须进行相关检测。⑤血液、采供血和检测的原始记录保存 10 年，血液检测的全血标本的保存期应当与全血有效期相同；血清(浆)标本的保存期应当在全血有效期满后半年。

(三) 供血管理

1. 发血管理 血站应当保证发出的血液质量符合国家有关标准，其品种、规格、数量、活性、血型无差错；未经检测或者检测不合格的血液，不得向医疗机构提供。

2. 血液包装、储存、运输管理 血液的包装、储存、运输应当符合《血站质量管理规范》的要求。血液包装袋上应当标明：①血站名称及其许可证号；②献血编号或者条形码；③血型；④血液品种；⑤采血日期及时间或者制备日期及时间；⑥有效日期及时间；⑦储存条件。

3. 采集血液的使用 无偿献血的血液必须用于临床，不得买卖。血站剩余成分血浆由省级卫生行政部门协调血液制品生产单位解决。血站剩余成分血浆以及因科研或者特殊需要用血而进行的调配所得的收入，全部用于无偿献血者用血返还费用，血站不得挪作他用。

第四节 医疗机构临床用血管理

一、医疗机构临床用血

(一) 临床用血的概念

医疗机构临床用血，是指医疗机构将血站依法采集的供血者的血液或血液成分输注给患者进行抢救、治疗的医疗行为。临床用血包括使用全血和成分血。

(二) 医疗机构临床用血管理职责

国务院卫生行政部门负责全国医疗机构临床用血的监督管理；县级以上卫生行政部门负责本行政区域医疗机构临床用血的监督管理。医疗机构法定代表人为临床用血管理第一责任人。

(1) 临床用血管理委员会。二级以上医疗机构应当设立由主要领导、业务主管部门及相关科室负责人组成的临床用血管理委员会，负责本机构临床合理用血管理工作。

(2) 输血科室。医疗机构应当根据有关规定和临床用血需求，设置输血科或者血库，配备与输血工作相适应的专业技术人员、设施、设备，负责本单位临床用血的计划申报，储存血液，承担相关临床用血的任务。

(3) 血液储存、运送。医疗机构作为用血单位，其临床用血，应当使用卫生行政部门指定血站提供的血液，并对血液预订、接收、入库、储存、出库及库存动态预警等进行管理，保证血液储存、运送符合国家有关标准和要求。

二、医疗机构临床用血要求

(一) 临床用血计划

医疗机构临床用血应遵照合理、科学的原则，制定用血计划，不得浪费和滥用血液；应当推行按血液成分针对医疗实际需要输血；不得使用原料血浆，除批准的科研项目外，不得直接使用脐带血。

(二) 血液核查

临床用血的包装、储存、运输，必须符合国家规定的卫生标准和要求。医疗机构对临床用血必须进行核查，不得将不符合国家规定标准的血液用于临床。

医疗机构接收血站发送的血液后，应当对血袋标签进行核对。符合国家有关标准和要求的血液入库，做好登记；并按不同品种、血型和采血日期(或有效期)，分别有序存放于专用储藏设施内。

血袋标签核对的主要内容是：①血站的名称；②献血编号或者条形码、血型；③血液品种；④采血日期及时间或者制备日期及时间；⑤有效期及时间；⑥储存条件。禁止将血袋标签不合格的血液入库。

输血科(血库)要认真做好血液出入库、核对、领发的登记，有关资料需保存 10 年。

(三) 临床用血申请

除了紧急用血，医疗机构应当建立如下临床用血申请管理制度：①同一患者一天申请备血量少于 800 毫升的，由具有中级以上专业技术职务任职资格的医师提出申请，上级医师核准签发后，方可备血；②同一患者一天申请备血量在 800 毫升至 1600 毫升的，由具有中级以上专业技术职务任职资格的医师提出申请，经上级医师审核，科室主任核准签发后，方可备血；③同一患者一天申请备血量达到或超过 1600 毫升的，由具有中级以上专业技术职务任职资格的医师提出申请，科室主任核准签发后，报医务部门批准，方可备血。但上述规定不适用于急救用血。

(四) 血样采集与交叉配血

确定输血后，医护人员持输血申请单和贴好标签的试管，当面核对患者姓名、性别、年龄、病案号、病室/门诊、床号、血型和诊断，并采集血样。由医护人员或专门人员将受血者输血前3天之内血样与输血申请单送交输血科（血库），双方进行逐项核对，并常规检查患者Rh(D)血型，正确无误时可进行交叉配血。交叉配血试验是输血前必须进行的试验项目。

（五）签署知情同意书

在输血治疗前，医师应当向患者或者其近亲属说明输血目的、方式和风险，并签署临床输血治疗知情同意书。

因抢救生命垂危的患者需要紧急输血，且不能取得患者或者其近亲属意见的，经医疗机构负责人或者授权的负责人批准后，可以立即实施输血治疗。

（六）临时采集血液

在一般情况下，除医疗机构开展的患者自身储血、自体输血外，医疗机构临床用血，由县级以上人民政府卫生行政部门指定的血站供给。但为保证应急用血，医疗机构在符合法定条件，确保采血、用血安全的前提下可以临时采集血液。

《医疗机构临床用血管理办法》规定，为保证应急用血，医疗机构可以临时采集血液，但必须同时符合以下条件：①危及患者生命，急需输血；②所在地血站无法及时提供血液，且无法及时从其他医疗机构调剂血液，而其他医疗措施不能替代输血治疗；③具备开展交叉配血及乙型肝炎病毒表面抗原、丙型肝炎病毒抗体、艾滋病病毒抗体和梅毒螺旋体抗体的检测能力；④遵守采供血相关操作规程和技术标准。

医疗机构应当在临时采集血液后十日内将情况报告县级以上卫生行政部门。

（七）患者自身储血

为保障公民临床紧急用血的需要，国家提倡并指导择期手术的患者自身储血，动员家庭、亲友、所在单位以及社会互助献血。医疗机构应当积极推行节约用血的新型医疗技术，三级医院、有条件的二级医院和妇幼保健院应当开展自体输血技术。

（八）临床输血

输血前由两名医护人员核对交叉配血报告单及血袋标签各项内容，检查血袋有无破损、渗漏，血液颜色是否正常，准确无误方可输血。

输血时，由两名医护人员带病历共同到患者床旁核对患者姓名、性别、年龄、病案号、门急诊/病室、床号、血型等，确认与配血报告相符，再次核对血液后，用符合标准的输血器进行输血。

（九）临床用血不良反应监测

医疗机构应当根据国家有关法律法规和规范建立临床用血不良事件监测报告制度。输血过程中应严密观察受血者有无输血不良反应；输血完毕，医护人员对有输血反应的应逐项填写患者输血反应回报单，并返还输血科（血库）保存。

临床发现输血不良反应后，应当积极救治患者，及时向有关部门报告，并做好观察和记录。

（十）临床用血医学文书管理

医疗机构应当建立临床用血医学文书管理制度，确保临床用血信息客观真实、完整、可追溯。医生应当将患者输血适应证的评估、输血过程和输血后疗效评价情况记入病历；临床输血治疗知情同意书、输血记录单等随病历保存。

（十一）临床用血的费用

血液的捐献和受用实行无偿原则，但公民临床用血时需要缴纳血液的采集、储存、分离、检验等费用。无偿献血者临床需要用血时，免交前款规定的费用；无偿献血者的配偶和直系亲属临床需要用血时，可以按照省级人民政府的规定免交或者减交前款规定的费用。

（十二）医务人员职责

医务人员应当认真执行临床输血技术规范，严格掌握临床输血适应证，根据患者病情和实验室检测指标，对输血指征进行综合评估，制订输血治疗方案。

第五节　血液制品管理

一、概述

血液制品，是指各种人血浆蛋白制品，是一种宝贵的人源性生物药品。《血液制品管理条例》为血液制品生产的整个过程提供了法律依据和技术标准。

二、原料血浆的管理

（一）原料血浆的概念

原料血浆，是指由单采血浆站采集的专用于血液制品生产原料的血浆。对原料血浆的采集，国家实行单采血浆站统一规划、设置的制度，并对单采血浆站实行执业许可制度。

（二）单采血浆站的设置和审批

单采血浆站，是指根据地区血源资源，按照有关标准和要求并经严格审批设立，采集供应血液制品生产用原料血浆的单位。单采血浆站由血液制品生产单位设置，专门从事单采血浆活动，具有独立法人资格。

1. 单采血浆站的设置规划　单采血浆站设置规划由国务院卫生行政部门（现更名为国家卫生计生行政部门）综合考虑区域人口分布、经济发展状况、疾病流行情况以及血液制品的生产所需原料血浆的实际情况，对机构规模、采供浆量、人员和设备等进行统筹规划；省级卫生行政部门可根据当地实际情况决定是否设置单采血浆站。

2. 单采血浆站设置与审批 设置单采血浆站必须具备下列条件：①符合单采血浆站布局、数量、规模的规划；②具有与所采集原料血浆适应的卫生专业技术人员；③具有与所采集原料血浆适应的场所及卫生环境；④具有识别供血浆者的身份识别系统；⑤具有与所采集原料浆相适应的单采血浆机械及其他设置；⑥具有对所采集原料血浆进行质量检验的技术人员以及必要的仪器设备。

申请设置单采血浆站的，由县级人民政府卫生行政部门初审，经设区的市、自治州人民政府卫生行政部门或者省、自治区人民政府设立的派出机关的卫生行政机构审查同意，报省级卫生行政部门审批；经审查符合条件的，核发《单采血浆许可证》，并报国家卫生行政部门备案。

（三）原料血浆的采集与供应

1. 血浆的采集 供血浆者，是指提供血液制品生产用原料血浆的人员。单采血浆站只能对省级卫生行政部门划定区域内的供血浆者进行筛查和采集血浆。严禁单采血浆站采集非划定区域内的供血浆者和其他人员的血浆。

单采血浆站必须对供血浆者进行健康检查，检查合格的，由县级人民政府卫生行政部门核发供血浆证。单采血浆站在采集血浆前，必须对供血浆者进行身份识别并核实其供血浆证，确认无误的，方可按照规定程序进行健康检查和血液化验；对检查、化验合格的，按照有关技术操作标准及程序采集血浆，并建立供血浆者健康检查及供血浆记录档案；对检查、化验不合格的，由单采血浆站收缴供血浆证，并由所在地县级人民政府卫生行政部门监督销毁。严禁采集无供血浆证者的血浆。

2. 血浆的供应 单采血浆站只能向一个与其签订质量责任书的血液制品生产单位供应原料血浆，原料血浆的包装、储存、运输，必须符合国家规定的卫生标准和要求。法律严禁单采血浆站采集全血或者将采血浆站所采集的原料血浆用于临床。国家禁止出口原料血浆。

三、血液制品生产经营管理

血液制品生产单位必须获得单采血浆许可证，并依法向工商行政管理部门申领营业执照后，方可从事血液制品的生产活动。

血液制品生产单位在原料血浆投料生产前，必须使用有产品批准文号并经国家药品生物制品检定机构逐批检定合格的体外诊断试剂，对每一人份血浆进行全面复检，并做检测记录。原料血浆经复检不合格的，不得投料生产。血液制品出厂前，必须经过质量检验；经检验不符合国家标准的，严禁出厂。生产、包装、储存、运输、经营血液制品，应当符合国家规定的卫生标准和要求。

第六节 法律责任

一、血站的法律责任

（一）违规采集血液的法律责任

《献血法》规定，血站违反有关操作规程和制度采集血液，由县级以上地方人民政府卫生行政部门责令改正；给献血者健康造成损害的，应当依法赔偿，对直接负责的主管人员和其他直接责任人员，依法给予行政处分；构成犯罪的，依法追究刑事责任。

（二）临床用血的包装等不符合国家规定的法律责任

《献血法》规定，临床用血的包装、储存、运输，不符合国家规定的卫生标准和要求的，由县级以上地方人民政府卫生行政部门责令改正，给予警告，可以并处一万元以下的罚款。

（三）提供不符合国家规定标准的血液的法律责任

《献血法》规定，血站违反本法的规定，向医疗机构提供不符合国家规定标准的血液的，由县级以上人民政府卫生行政部门责令改正；情节严重，造成经血液途径传播的疾病传播或者有传播严重危险的，限期整顿，对直接负责的主管人员和其他直接责任人员，依法给予行政处分；构成犯罪的，依法追究刑事责任。

（四）出售无偿献血血液的法律责任

《献血法》规定，血站出售无偿献血的血液的，由县级以上地方人民政府卫生行政部门予以取缔，没收违法所得，可以并处十万元以下的罚款；构成犯罪的，依法追究刑事责任。

二、医疗机构的法律责任

（一）将不符合标准的血液用于患者的法律责任

《献血法》规定，医疗机构的医务人员违反本法规定，将不符合国家规定标准的血液用于患者的，由县级以上地方人民政府卫生行政部门责令改正；给患者健康造成损害的，应当依法赔偿，对直接负责的主管人员和其他直接责任人员，依法给予行政处分；构成犯罪的，依法追究刑事责任。

（二）出售无偿献血血液的法律责任

《献血法》规定，医疗机构出售无偿献血的血液的，由县级以上地方人民政府卫生行政部门予以取缔，没收违法所得，可以并处十万元以下的罚款；构成犯罪的，依法追究刑事责任。

（三）未尽临床用血管理职责的法律责任

《医疗机构临床用血管理办法》规定，医疗机构有下列情形之一的，由县级以上人民政府卫生行政部门责令限期改正；逾期不改的，进行通报批评，并予以警告；情节严重或者造成严重后果的，可处3万元以下的罚款，对负有责任的主管人员和其他直接责任人员依法给予处分；构成犯罪的，依法追究刑事责任：

（1）未设立临床用血管理委员会或者工作组的；

（2）未拟定临床用血计划或者一年内未对计划实施情况进行评估和考核的；

（3）未建立血液发放和输血核对制度的；

（4）未建立临床用血申请管理制度的；

（5）未建立医务人员临床用血和无偿献血知识培训制度的；

（6）未建立科室和医师临床用血评价及公示制度的；

（7）将经济收入作为对输血科或者血库工作的考核指标的；

（8）违反《医疗机构临床用血管理办法》的其他行为。

（四）使用非卫生行政部门指定血站的血液的法律责任

《医疗机构临床用血管理办法》规定，医疗机构使用未经卫生行政部门指定的血站供应的血液的，由县级以上地方人民政府卫生行政部门给予警告，并处3万元以下罚款；情节严重或者造成严重后果的，对负有责任的主管人员和其他直接责任人员依法给予处分；构成犯罪的，依法追究刑事责任。

（五）违反应急用血采血规定的法律责任

《医疗机构临床用血管理办法》规定，医疗机构违反本办法关于应急用血采血规定的，由县级以上人民政府卫生行政部门责令限期改正，给予警告；情节严重或者造成严重后果的，处3万元以下罚款，对负有责任的主管人员和其他直接责任人员依法给予处分；构成犯罪的，依法追究刑事责任。

三、《刑法》中规定的相关法律责任

1. 非法组织卖血罪 《刑法》第三百三十三条规定，非法组织他人出卖血液的，处五年以下有期徒刑，并处罚金；以暴力、威胁方法强迫他人出卖血液的，处五年以上十年以下有期徒刑，并处罚金。有上述行为对他人造成伤害的，依照《刑法》第二百三十四条"故意伤害罪"定罪处罚。

2. 非法采集、供应血液或者制作、供应血液制品 《刑法》第三百三十四条规定，非法采集、供应血液或者制作、供应血液制品，不符合国家规定的标准，足以危害人体健康的，处五年以下有期徒刑或者拘役，并处罚金；对人体健康造成严重危害的，处五年以上十年以下有期徒刑，并处罚金；造成特别严重后果的，处十年以上有期徒刑或者无期徒刑，并处罚金或者没收财产。

经国家主管部门批准采集、供应血液或者制作、供应血液制品的部门，不依照规定进行检测或者违背其他操作规定,造成危害他人身体健康后果的,对单位判处罚金,并对其直接负责的主管人员和其他直接责任人员,处五年以下有期徒刑或者拘役。

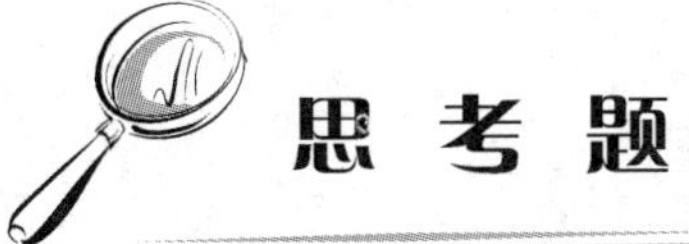

思考题

1. 名词解释:血液　无偿献血　血站　血液制品
2. 血站在采供血方面有哪些职责?
3. 医疗机构在临床用血方面有哪些职责?
4. 医疗机构临床紧急采血的法律规定有哪些内容?
5. 医疗机构违反《献血法》需承担哪些法律责任?

案例思考

2008 年 10 月 9 日上午,董某在济阳市某医院引产后大出血,由于董某是 RH 阴性 O 型血,当地医院没有备血,难以救治,11:30 左右转院到了山东省某医院。院方请求省血液中心供血,该血液中心在下午 1:15 左右接到请求,即从冷冻库中取了 4 个单位(800 毫升)的血液进行解冻,需 4 个多小时;同时立即组织稀有血型志愿者采集血液,下午 2:50 左右,共采集了 7 个单位(1400 毫升)的 RH 阴性 O 型血,检验该血液需要 3 个小时左右。

期间,董某亲属一再要求用没有经过检验的献血者血液进行抢救,但该医院坚持按《献血法》的规定,不同意将不符合国家规定标准的血液用于临床,献血者的血液只有检验合格之后才能使用。下午 5:20,解冻血液被送到医院,但捐献的血液仍没有送到,董某已于下午 5:50 去世。

2012 年 11 月 1 日,济南历下区人民法院做出一审判决,济阳某医院对董某的医疗过错行为与其死亡后果之间存在直接因果关系,且是主要过错,承担 80%的责任;省城某医院存在医疗过错,与董某死亡后果之间存在一定的因果关系,属次要过错,承担 10%的责任;某血液中心存在过错,与董某死亡后果之间存在一定的因果关系,承担 10%的责任。两家医院和血液中心按照各责任比例赔偿医疗费、死亡赔偿金、丧葬费、抚养费、精神损害抚慰金等总计约 35 万元。

问题:

1. 用《献血法》及医疗机构临时采集血液的相关法律规定分析此案例。

2. 临床紧急用血时,如何处理患者生命权与健康权、生命权与医疗秩序冲突的问题。

第十章

职业病防治法律制度

本章知识点：

- 职业病的含义
- 职业病的前期预防制度
- 劳动者的职业卫生权利
- 职业病的诊断
- 职业病患者的保障
- 医疗机构违反《职业病防治法》所应承担的法律责任

本章导读：患者张某因长期从事耐磨材料加工工作，后肺部患病，其申请进行尘肺病的职业病鉴定，但因工作单位否认存在劳动关系且拒不提供相关材料，导致无法诊断。张某无奈于郑州某医院开胸验肺，对肺进行活检，最终确诊为“尘肺病三期”。现在职业病诊断还需要动手术吗？本章内容中的职业病诊断制度将对此问题做出回答。

第一节　概　　述

一、职业病概念

职业病，是指企业、事业单位和个体经济组织等用人单位的劳动者在职业活动中，因接触粉尘、放射性物质和其他有毒、有害因素而引起的疾病。

职业病不同于其他疾病，具有以下特点。

（1）职业病的患病主体是劳动者，即受雇于用人单位，为用人单位提供职业劳动的自然人。职业病的认定以劳动者与用人单位存在劳动关系为前提。

（2）致病原因特殊，即职业病是劳动者职业活动中因接触职业性危害因素所导致的疾病。在工作场所中，可能产生的职业性危害因素众多，如粉尘、放射性物质和有毒、有害物质等。

（3）职业病发生的特殊性决定用人单位应当对劳动者的健康损害承担相应的法律责任，包括对劳动者进行职业病诊断、治疗，并承担相应的医疗费用和损害赔偿责任。

（4）职业病的种类是法定的。根据造成职业病的职业危害因素，即职业活动中存在的各种有害的化学、物理、生物因素以及在作业过程中产生的其他职业有害因素，2013

年 12 月 23 日，国家卫生和计划生育委员会、人力资源社会保障部、国家安全生产监督管理总局和全国总工会联合印发《职业病分类和目录》，将法定职业病调整为 10 大类 132 种：①职业性尘肺病及其他呼吸系统疾病 19 种；②职业性皮肤病 9 种；③职业性眼病 3 种；④职业性耳鼻喉口腔疾病 4 种；⑤职业性化学中毒 60 种；⑥物理因素所致职业病 7 种；⑦职业性放射性疾病 11 种；⑧职业性传染病 5 种；⑨职业性肿瘤 11 种；⑩其他职业病 3 种。

二、职业病防治法

职业病防治法是调整、预防、控制和消除职业病危害，防治职业病，保护劳动者健康及其相关权益等活动中所发生的各种社会关系的法律规范的总称。

狭义的职业病防治法仅指全国人民代表大会常务委员会制定的《中华人民共和国职业病防治法》(简称《职业病防治法》)这一专门法律，该法于 2001 年 10 月 27 日由第九届全国人民代表大会常务委员会第二十四次会议通过，自 2002 年 5 月 1 日起施行；2011 年 12 月 31 日，第十一届全国人民代表大会常务委员会第二十四次会议通过了修订的《职业病防治法》，自公布之日起施行。2016 年 7 月 2 日经过第十二届全国人民代表大会常务委员会第二十一次会议再次修改通过。

广义的职业病防治法则包括所有预防、控制和消除职业病危害的法律、法规和规章，既包括有关防治职业病的专门法律法规，也包括相关法律法规中有关职业病防治的规定。如 2002 年国务院颁布的《使用有毒物品作业场所劳动保护条例》等等。

三、职业病防治的方针、原则和职业病防治法的适用范围

(一) 职业病防治的方针和原则

我国职业病防治工作要坚持预防为主、防治结合的方针，建立用人单位负责、行政机关监管、行业自律、职工参与和社会监督的机制，实行分类管理、综合治理原则。

1. 预防为主、防治结合的方针 预防为主，就是在整个职业病防治过程中，要把预防措施作为根本措施和首要环节放在先导地位，并在一切职业活动中尽可能控制和消除职业病危害因素的产生，使工作场所职业卫生防护符合国家职业卫生标准和卫生要求，从而在源头上防止职业病危害的发生。防治结合是指防中有治，治中有防，以治促防，通过“防”解决“治”的问题。为此，本法规定，国家鼓励和支持研制、开发、推广、应用有利于职业病防治和保护劳动者健康的新技术、新工艺、新设备、新材料，加强对职业病的机理和发生规律的基础研究，提高职业病防治科学技术水平；积极采用有效的职业病防治技术、工艺、设备、材料；限制使用或者淘汰职业病危害严重的技术、工艺、设备、材料。国家鼓励和支持职业病医疗康复机构的建设。

2. 分类管理、综合治理的原则 由于职业病危害因素的种类繁多，危害的性质、途径和程度千差万别，需要采取的职业病危害防治措施也相应不同。要按照职业病危害

因素的种类、性质、毒性、危害程度及对人体健康造成的损害后果确定类别，采取不同的管理方法。同时，还需要其他管理部门、用人单位、劳动者的积极配合，做到全方位的综合治理。

（二）职业病防治法的适用范围

《职业病防治法》适用于我国领域内的职业病防治活动；用人单位以外的单位，产生职业病危害的，其职业病防治活动可以参照《职业病防治法》执行。

第二节　职业病的预防和保护

一、职业病的前期预防

（一）职业病危害项目申报制度

用人单位工作场所存在职业病目录所列职业病的危害因素的，应当及时、如实向所在地安全生产监督管理部门申报危害项目，并接受安全生产监督管理部门的监督管理。即用人单位应当根据国家公布的职业病分类和目录，将项目名称、规模、职业病危害因素种类、危害程度、防护措施、接触职业病危害劳动者情况等在规定的时间内主动向所在地安全生产监督管理部门申报。

（二）职业病危害预评价制度

职业病危害预评价是对可能产生职业病危害的建设项目，在可行性论证阶段，对建设项目可能产生的职业病危害因素、危害程度、健康影响、防护措施等进行预测性卫生学评价，以了解建设项目在职业病防治方面是否可行，也为职业病防治管理提供科学依据。

新建、扩建、改建建设项目和技术改造、技术引进项目（以下统称建设项目）可能产生职业病危害的，建设单位在可行性论证阶段应当进行职业病危害预评价。医疗机构建设项目可能产生放射性职业病危害的，建设单位应当向卫生行政部门提交放射性职业病危害预评价报告。卫生行政部门应当自收到预评价报告之日起三十日内，作出审核决定并书面通知建设单位。未提交预评价报告或者预评价报告未经卫生行政部门审核同意的，不得开工建设。

（三）建设项目职业卫生“三同时”制度

建设项目职业卫生“三同时”是指建设项目的职业病防护设施与主体工程同时设计、同时施工、同时投入生产和使用。具体包括：①建设项目的职业病防护设施与主体工程同时设计。建设项目的职业病防护设施设计应当符合国家职业卫生标准和卫生要求；其中，医疗机构放射性职业病危害严重的建设项目的防护设施设计，应当经卫生行政部门审查同意后，方可施工。②建设项目的职业病防护设施与主体工程同时施工。③建设项目的职业病防护设施与主体工程同时投入生产和使用。建设项目在竣工验收前，建设单位应当进行职业病危害控制效果评价。医疗机构可能产生放射性职业病危害的建设项目竣工验收时，其放射性职业病防护设施经卫生行政部门验收合格后，方可投入使用；其他建设项目的职业病防护设施应当由建设单位负责依法组织验收，验收合格后，方可投入生产和使用。安全生产监督管理部门应当加强对建设单位组织的验收活动和验收结果的监督核查。

（四）工作场所的职业卫生要求

产生职业病危害的用人单位的设立除应当符合法律、行政法规规定的设立条件外，其工作场所还应当符合下列职业卫生要求：①职业病危害因素的强度或者浓度符合国家职业卫生标准；②有与职业病危害防护相适应的设施；③生产布局合理，符合有害与无害作业分开的原则；④有配套的更衣间、洗浴间、孕妇休息间等卫生设施；⑤设备、工具、用具等设施符合保护劳动者生理、心理健康的要求；⑥法律、行政法规和国务院卫生行政部门、安全生产监督管理部门关于保护劳动者健康的其他要求。如我国《劳动法》、《妇女权益保护法》等有关劳动者健康权益的特别规定。

二、劳动过程中的防护与管理

（一）用人单位的职业病防治管理措施

用人单位应当采取下列职业病防治管理措施：①设置或者指定职业卫生管理机构或者组织，配备专职或者兼职的职业卫生管理人员，负责本单位的职业病防治工作；②制定职业病防治计划和实施方案；③建立、健全职业卫生管理制度和操作规程；④建立、健全职业卫生档案和劳动者健康监护档案；⑤建立、健全工作场所职业病危害因素监测及评价制度；⑥建立、健全职业病危害事故应急救援预案。

（二）工作场所职业病危害的监测

用人单位应当实施由专人负责的职业病危害因素日常监测，确保监测系统处于正常运行状态；定期对工作场所进行职业病危害因素检测、评价，并将结果存入用人单位职业卫生档案，定期向所在地安全生产监督管理部门报告，并向劳动者公布。

（三）公开职业病危害的信息

为保障劳动者职业健康，用人单位应设置安全警示、公开职业病危害信息，履行告知义务。

1. 设置公告栏 产生职业病危害的用人单位，应当在醒目位置设置公告栏，公布有关职业病防治的规章制度、操作规程、职业病危害事故应急救援措施和工作场所职业病危害因素检测结果。

2. 设置警示标识和说明 对产生严重职业病危害的作业岗位，应当在其醒目位置，设置警示标识和中文警示说明。警示说明应当载明产生职业病危害的种类、后果、预防以及应急救治措施等内容。

3. 提供设备的中文说明书 向用人单位提供可能产生职业病危害的设备、化学品、放射性同位素和含有放射性物质的材料，应当提供中文说明书，并在设备的醒目位置设置警示标识和中文警示说明。

（四）提供职业病防护设施和用品

用人单位必须采用有效的职业病防护设施，为劳动者提供符合职业病防治要求的个人使用的职业病防护用品。

对可能发生急性职业损伤的有毒、有害工作场所，用人单位应当设置报警装置，配置现场急救用品、冲洗设备、应急撤离通道和必要的泄险区。对放射工作场所和放射性同位素的运输、贮存，用人单位必须配置防护设备和报警装置，保证接触放射线的工作人员佩戴个人剂量计。

对职业病防护设备、应急救援设施和个人使用的职业病防护用品，用人单位应当进行经常性的维护、检修，定期检测其性能和效果，确保其处于正常状态，不得擅自拆除或者停止使用。

三、劳动者的职业卫生权利

（一）知情权

劳动者只有了解工作场所产生或者可能产生的职业病危害因素、危害后果和应当采取的职业病防护措施，才能自主决定是否从事该工作。因此，用人单位与劳动者订立劳动合同时，应当将工作过程中可能产生的职业病危害及其后果、职业病防护措施和待遇等如实告知劳动者，并在劳动合同中写明，不得隐瞒或者欺骗。劳动者在已订立劳动合同期间因工作岗位或者工作内容变更，从事与所订立劳动合同中未告知的存在职业病危害的作业时，用人单位应当依照前款规定，向劳动者履行如实告知的义务，并协商变更原劳动合同相关条款。

（二）培训权

劳动者在上岗前或在岗期间有权要求用人单位对其进行职业卫生教育、培训。用人单位也应当对劳动者进行定期职业卫生培训，普及职业卫生知识，督促劳动者遵守职业病防治法律、法规、规章和操作规程，指导劳动者正确使用职业病防护设备和个人使用的职业病防护用品。

（三）职业健康监护权

（1）从事接触职业病危害因素作业的劳动者有权按国家的有关规定进行职业健康检查，获知真实健康检查结果。用人单位应组织上岗前、在岗期间和离岗时的职业健康检查，并将检查结果书面告知劳动者；职业健康检查费用由用人单位承担。

医疗卫生机构开展职业健康检查，应当经省级卫生计生行政部门批准；其在检查工作中发现疑似职业病患者时，应当告知劳动者本人并及时通知用人单位，同时向所在地卫生计生行政部门和安全生产监督管理部门报告。

职业健康检查机构应当指定主检医师。主检医师应当具备以下条件：①具有执业医师证书；②具有中级以上专业技术职务任职资格；③具有职业病诊断资格；④从事职业健康检查相关工作 3 年以上，熟悉职业卫生和职业病诊断相关标准。主检医师负责确定职业健康检查项目和周期，对职业健康检查过程进行质量控制，审核职业健康检查报告。职业健康检查机构及其工作人员应当关心、爱护劳动者，尊重和保护劳动者的知情权及个人隐私。

(2) 用人单位应当为劳动者建立职业健康监护档案，并按照规定的期限妥善保存。职业健康监护档案应当包括劳动者的职业史、职业病危害接触史、职业健康检查结果和职业病诊疗等有关个人健康资料。

(3) 用人单位不得安排未经上岗前职业健康检查的劳动者从事接触职业病危害的作业；不得安排有职业禁忌的劳动者从事其所禁忌的作业；对在职业健康检查中发现有与所从事的职业相关的健康损害的劳动者，应当调离原工作岗位，并妥善安置。

(4) 对未进行离岗前职业健康检查的劳动者不得解除或者终止与其订立的劳动合同。

(5) 劳动者离职时，有权索取本人职业健康监护档案复印件，用人单位应当如实、无偿提供，并在所提供的复印件上签章。

（四）职业防护请求权

劳动者有权要求用人单位提供符合防治职业病要求的职业病防护设施和个人使用的职业病防护用品，改善工作条件。

（五）职业病救治权

劳动者享有职业病诊疗、康复等职业病防治服务的权利。对遭受或者可能遭受急性职业病危害的劳动者，用人单位应当及时组织救治、进行健康检查和医学观察，所需费用由用人单位承担。

（六）民主管理权

参与用人单位的民主管理是劳动法赋予劳动者的重要权利，具体到职业卫生领域包括：①参与用人单位职业卫生工作的民主管理，对职业病防治工作提出意见和建议；②对用人单位违反职业病防治法律、法规以及危及生命健康的行为提出批评、检举、揭发和控告。

（七）拒绝冒险权

拒绝冒险权是指劳动者有权拒绝在没有职业病防护措施下从事职业危害作业，拒绝违章指挥和强令的冒险作业。行使拒绝冒险权的三种情形：①用人单位及其管理人员的违章指挥；②用人单位及其管理人员强令进行没有职业病防护措施的作业；③劳动合同订立和履行过程中，用人单位未告知工作过程中可能存在职业病危害时，劳动者有权拒绝从事存在职业病危害的作业。上述情形，劳动者拒绝作业的，用人单位不得降低其工资、福利等待遇或者解除、终止与其订立的劳动合同。

（八）特殊保障权

特殊保障权是针对未成年人、女职工和有职业禁忌的劳动者等特殊群体给予的特殊的职业卫生保护，具体包括：①对未成年人的特殊保护。即用人单位不得安排未成年工从事接触职业病危害的作业。②对女职工的特殊保护。用人单位不得安排孕期、哺乳期的女职工从事对本人和胎儿、婴儿有危害的作业。③不得安排有职业禁忌的劳动者从事其所禁忌的作业。

（九）损害赔偿权

在工伤保险难以完全补偿劳动者因罹患职业病所受到的损害，以及用人单位未参加工伤社会保险的情形，劳动者有权直接向用人单位主张损害赔偿。对此，《职业病防治法》规定，职业病患者除依法享受工伤保险外，依照我国有关民事法律的规定，职业病患者享有赔偿请求权，职业病患者有权向用人单位提出赔偿要求。

第三节　职业病的诊断与职业病患者的保障

一、职业病的诊断

职业病诊断是认定劳动者是否患有职业病的法定程序，也是劳动者申请工伤认定和工伤保险待遇或工伤赔偿的前置程序。职业病诊断具有较强的专业性、技术性和政策性，其性质、效力和诊断方法均不同于一般疾病的诊断。因此，职业病诊断应由具有资质的诊断机构依照法定程序做出。

（一）职业病诊断机构

《职业病防治法》规定，医疗卫生机构承担职业病诊断，应当经省、自治区、直辖市人民政府卫生行政部门批准，并具备下列条件：①持有医疗机构执业许可证；②具有与开展职业病诊断相适应的医疗卫生技术人员；③具有与开展职业病诊断相适应的仪器、设备；④具有健全的职业病诊断质量管理制度。

（二）诊断申请

职业病诊断一般由劳动者向具有资质的医疗卫生机构提出。在疑似患有职业病后，劳动者可以在用人单位所在地、本人户籍所在地或者经常居住地有依法承担职业病诊断资格的医疗卫生机构进行职业病诊断。

（三）举证责任

职业病诊断主要由用人单位承担举证责任。用人单位应当如实提供职业病诊断、鉴定所需的劳动者职业史和职业病危害接触史、工作场所职业病危害因素检测结果等资料。劳动者对用人单位提供的工作场所职业病危害因素检测结果等资料有异议，或者因劳动者的用人单位解散、破产，无用人单位提供上述资料的，诊断机构应当提请安全生产监督管理部门进行调查，安全生产监督管理部门应当自接到申请之日起三十日内对存在异议的资料或者工作场所职业病危害因素情况作出判定。此外，劳动者和有关机构如持有职业病诊断、鉴定有关的资料的，应当提供给职业病诊断机构。

同时，在职业病诊断过程中，职业病诊断机构也有权调查和收集相关资料。例如，职业病诊断机构需要了解工作场所职业病危害因素情况时，可以对工作场所进行现场调查，也可以向安全生产监督管理部门提出，安全生产监督管理部门应当在十日内组织现场调查，用人单位不得拒绝、阻挠。

（四）诊断依据

职业病诊断，应当综合分析下列因素：①患者的职业史；②职业病危害接触史和工作场所职业病危害因素情况；③临床表现以及辅助检查结果等。没有证据否定职业病危害因素与患者临床表现之间的必然联系的，应当诊断为职业病。

职业病诊断中，用人单位不提供工作场所职业病危害因素检测结果等资料的，诊断机构应当结合劳动者的临床表现、辅助检查结果和劳动者的职业史、职业病危害接触史，并参考劳动者的自述、安全生产监督管理部门提供的日常监督检查信息等，作出职业病诊断结论。

（五）诊断结论

诊断结论由承担职业病诊断的医疗卫生机构作出并出具职业病诊断证明书。进行职业病诊断时，职业病诊断机构应当组织 3 名以上取得职业病诊断资格的执业医师集体诊断，并以一致或多数意见形成诊断结论。职业病诊断证明书由参与诊断的医师共同签署，并经承担职业病诊断的医疗卫生机构审核盖章。

二、职业病诊断中对劳动关系争议的处理

职业病诊断、鉴定过程中，在确认劳动者职业史、职业病危害接触史时，当事人对劳动关系、工种、工作岗位或者在岗时间有争议的，可以向当地的劳动人事争议仲裁委员会申请仲裁；接到申请的劳动人事争议仲裁委员会应当受理，并在三十日内作出裁决。

当事人在仲裁过程中对自己提出的主张，有责任提供证据。劳动者无法提供由用人单位掌握管理的与仲裁主张有关的证据的，仲裁庭应当要求用人单位在指定期限内提供；用人单位在指定期限内不提供的，应当承担不利后果。

劳动者对仲裁裁决不服的，可以依法向人民法院提起诉讼。

用人单位对仲裁裁决不服的，可以在职业病诊断、鉴定程序结束之日起十五日内依法向人民法院提起诉讼；诉讼期间，劳动者的治疗费用按照职业病待遇规定的途径支付。

三、职业病诊断争议的鉴定

1. 职业病诊断争议鉴定制度 当事人对职业病诊断有异议的，可以向作出诊断的医疗卫生机构所在地地方人民政府卫生行政部门申请鉴定。鉴定工作由职业病诊断鉴定委员会承担。

2. 职业病诊断鉴定委员 职业病诊断鉴定委员会分为省、市两级，分别由省级卫生行政部门和设区的市级卫生行政部门组织成立。设区的市级卫生行政部门组织的职业病诊断鉴定委员会负责职业病诊断争议的首次鉴定。当事人对设区的市级职业病诊断鉴定委员会的鉴定结论不服的，在接到职业病诊断鉴定书之日起十五日内，可以向原鉴定机构所在地省级卫生行政部门申请再鉴定。省级职业病诊断鉴定委员会的鉴定为最终鉴定。

3. 职业病诊断鉴定专家 职业病诊断鉴定委员会由相关专业的专家组成。省级卫生行政部门应当设立相关的专家库，需要对职业病争议作出诊断鉴定时，由当事人或者当事人委托有关卫生行政部门从专家库中以随机抽取的方式确定参加诊断鉴定委员会的专家。

4. 职业病诊断鉴定标准 职业病诊断鉴定委员会应当按照国务院卫生行政部门颁布的职业病诊断标准和职业病诊断、鉴定办法，运用科学原理和专业知识，独立进行鉴定，作出鉴定结论，向当事人出具职业病诊断鉴定书。鉴定结论需经鉴定委员会成员的过半数通过，并制作鉴定书。职业病诊断鉴定书要有参加鉴定专家的签字，并加盖职业病诊断鉴定委员会印章。

四、职业病患者的保障

（一）职业病患者的待遇

根据我国《职业病防治法》和《劳动法》的相关规定，劳动者经诊断、鉴定，劳动者患有职业病的，依法享受以下待遇：

(1) 工伤保险待遇，包括诊疗、康复费用，伤残以及丧失劳动能力的职业病患者的社会保障；

(2) 职业病的治疗、康复和定期检查相关费用由用人单位或工伤保险支付；

(3) 劳动者不适宜继续从事原工作的，用人单位应妥善安置；

(4) 除依法享有工伤保险外，依照有关民事法律，尚有获得赔偿的权利的，有权向用人单位提出赔偿要求；

(5) 职业病患者变动工作单位，其依法享有的待遇不变；

(6) 用人单位已经不存在或者无法确认劳动关系的职业病患者，可以向地方人民政府民政部门申请医疗救助和生活等方面的救助。

（二）用人单位的责任

用人单位是劳动者罹患职业病的直接责任人，对职业病患者的职业病待遇负有直接保障责任，具体要求如下：

(1) 用人单位应按规定为劳动者办理工伤保险，并按时足额缴纳工伤保险费；

(2) 劳动者被诊断患有职业病，但用人单位没有依法参加工伤保险的，其医疗和生活保障由该用人单位承担；

(3) 按照国家有关规定，安排职业病患者进行治疗、康复和定期检查；

(4) 对不适宜继续从事原工作的职业病患者，应当调离原岗位，并妥善安置，不得解除劳动合同。

第四节 职业病防治的监督

一、职业卫生监督管理机构

各级政府安全生产监督管理部门、卫生行政部门和劳动保障行政部门共同负责职业卫生监督。

（一）安全生产监督管理部门的职责

安全生产监督管理部门是职业卫生监督主要承担者，其职责包括：①依据法律授权，制定并公布《职业病防治法》的配套规章及规范性文件，包括《职业病危害项目申报的具体办法》、《建设项目职业病危害分类管理办法》等；②负责建设项目职业病危害的预评价审核；③负责建设项目防护设施的设计审查；④负责建设项目职业病防护设施的竣工验收；⑤负责职业卫生技术服务机构的资质认证；⑥组织职业病危害事故的调查处理，必要时可采取临时控制措施；⑦负责工作场所的职业卫生监督工作；⑧对违反《职业病防治法》的行为依法实施行政处罚等。

（二）卫生行政部门的职责

卫生行政部门在职业病防治中的职责主要包括：①制定并公布有关防治职业病的国家职业卫生标准；②组织开展重点职业病监测和专项调查，对职业健康风险进行评估；③定期对本行政区域的职业病防治情况进行统计和调查分析；④会同国务院安全生产监督管理部门、劳动保障行政部门制定、调整并公布职业病的分类和目录；⑤批准和公布承担职业病诊断的医疗卫生机构；⑥制定职业病诊断标准和职业病诊断、鉴定办法；⑦参与制定职业病伤残等级的鉴定办法；⑧组织职业病诊断争议的鉴定工作；⑨加强职业病防治工作宣传教育和职业卫生知识培训；⑩对于医疗机构的职业病防护工作进行监督管理。

二、职业卫生监督执法措施

（一）日常监督执法措施

卫生行政部门及安全生产监督管理部门可以进入被检查单位和职业病危害现场，了解情况，调查取证；查阅或者复制与违反职业病防治法律、法规的行为有关的资料和采集样品；责令违反职业病防治法律、法规的单位和个人停止违法行为。

（二）采取临时控制措施

发生职业病危害事故或者有证据证明危害状态可能导致职业病危害事故发生时，安全生产监督管理部门可以采取下列临时控制措施：①责令暂停导致职业病危害事故的作业；②封存造成职业病危害事故或者可能导致职业病危害事故发生的材料和设备；③组织控制职业病危害事故现场。

（三）实施行政处罚

职业卫生监督管理部门在执法过程中，有证据证明用人单位及其他从事职业卫生活动的主体存在违法行为的，可依照法定程序对其给予行政处罚。

第五节　法 律 责 任

一、医疗卫生服务机构的法律责任

（一）医疗卫生机构未按照规定报告职业病、疑似职业病的法律责任

医疗卫生机构未按照规定报告职业病、疑似职业病的，由有关主管部门依据职责分工责令限期改正，给予警告，可以并处一万元以下的罚款；弄虚作假的，并处二万元以上五万元以下的罚款；对直接负责的主管人员和其他直接责任人员，可以依法给予降级或者撤职的处分。

（二）未取得职业卫生技术服务资质认可擅自从事职业卫生技术服务的法律责任

未取得职业卫生技术服务资质认可擅自从事职业卫生技术服务的，或者医疗卫生机构未经批准擅自从事职业健康检查、职业病诊断的，由安全生产监督管理部门和卫生行政部门依据职责分工责令立即停止违法行为，没收违法所得；违法所得五千元以上的，并处违法所得二倍以上十倍以下的罚款；没有违法所得或者违法所得不足五千元的，并处五千元以上五万元以下的罚款；情节严重的，对直接负责的主管人员和其他直

接责任人员，依法给予降级、撤职或者开除的处分。

(三) 从事职业卫生技术服务机构违反规定的法律责任

从事职业卫生技术服务的机构和承担职业健康检查、职业病诊断的医疗卫生机构违反本法规定，有下列行为之一的，由安全生产监督管理部门和卫生行政部门依据职责分工责令立即停止违法行为，给予警告，没收违法所得；违法所得五千元以上的，并处违法所得二倍以上五倍以下的罚款；没有违法所得或者违法所得不足五千元的，并处五千元以上二万元以下的罚款；情节严重的，由原认可或者批准机关取消其相应的资格；对直接负责的主管人员和其他直接责任人员，依法给予降级、撤职或者开除的处分；构成犯罪的，依法追究刑事责任：①超出资质认可或者批准范围从事职业卫生技术服务或者职业健康检查、职业病诊断的；②不按照本法规定履行法定职责的；③出具虚假证明文件的。

二、职业病诊断鉴定委员会组成人员的法律责任

职业病诊断鉴定委员会组成人员收受职业病诊断争议当事人的财物或者其他好处的，给予警告，没收收受的财物，可以并处三千元以上五万元以下的罚款，取消其担任职业病诊断鉴定委员会组成人员的资格，并从省、自治区、直辖市人民政府卫生行政部门设立的专家库中予以除名。

三、卫生行政部门、安全生产监督管理部门未按规定上报职业病危害的法律责任

卫生行政部门、安全生产监督管理部门不按照规定报告职业病和职业病危害事故的，由上一级行政部门责令改正，通报批评，给予警告；虚报、瞒报的，对单位负责人、直接负责的主管人员和其他直接责任人员依法给予降级、撤职或者开除的处分。

四、用人单位的法律责任

用人单位违反本法规定，有下列行为之一的，由安全生产监督管理部门给予警告、责令限期改正、罚款等处罚；情节严重的，责令停止产生职业病危害的作业，或者提请有关人民政府按照国务院规定的权限责令关闭；造成重大职业病危害事故或者其他严重后果，构成犯罪的，对直接负责的主管人员和其他直接责任人员，依法追究刑事责任：①未按照规定及时、如实向安全生产监督管理部门申报产生职业病危害的项目的；②未实施由专人负责的职业病危害因素日常监测，或者监测系统不能正常监测的；③订立或者变更劳动合同时，未告知劳动者职业病危害真实情况的；④未按照规定组织职业健康检查、建立职业健康监护档案或者未将检查结果书面告知劳动者的；⑤未依照本法规定

在劳动者离开用人单位时提供职业健康监护档案复印件的；⑥工作场所职业病危害因素的强度或者浓度超过国家职业卫生标准的；⑦未提供职业病防护设施和个人使用的职业病防护用品，或者提供的职业病防护设施和个人使用的职业病防护用品不符合国家职业卫生标准和卫生要求的；⑧未按照规定安排职业病患者、疑似职业病患者进行诊治的；⑨发生或者可能发生急性职业病危害事故时，未立即采取应急救援和控制措施或者未按照规定及时报告的；⑩未按照规定在产生严重职业病危害的作业岗位醒目位置设置警示标识和中文警示说明的；⑪隐瞒、伪造、篡改、毁损职业健康监护档案、工作场所职业病危害因素检测评价结果等相关资料，或者拒不提供职业病诊断、鉴定所需资料的；⑫未按照规定承担职业病诊断、鉴定费用和职业病患者的医疗、生活保障费用的。

思考题

1. 名词解释：职业病
2. 职业病前期预防制度包括哪些内容？
3. 劳动者在劳动过程中享有哪些职业卫生权利？
4. 用人单位和劳动者在职业病诊断中各自应承担哪些举证责任？
5. 安全生产监督管理部门面对职业病危害事故可以采取哪些临时控制措施？

案例思考

张某，2004 年 6 月到郑州某耐磨材料有限公司上班，先后从事过杂工、破碎、开压力机等有害工作。工作 3 年多后，他被多家医院诊断为尘肺，但由于这些医院不是法定职业病诊断机构，所以诊断“无用”。而由于原单位拒绝为其提供相关资料，在向上级主管部门多次投诉后他得以被鉴定，郑州某职业病防治所却为其做出了“肺结核”的诊断。最终张某只能在郑州某医院以“开胸验肺”的方式进行验肺，证明自己患有尘肺。2009 年 9 月 16 日，张某获得用人单位的各种赔偿共计 615000 元。

问题：

1. 职业病诊断中用人单位有哪些举证责任？
2. 《职业病防治法》破解职业病诊断难有哪些法律对策？

第十一章 精神卫生法律制度

本章知识点：

- 精神卫生的定义
- 精神卫生法立法概况
- 心理健康促进
- 精神障碍患者权利
- 精神障碍诊断
- 精神疾病的司法鉴定

本章导读：2013 年 8 月 18 日，李某被其社区以患有精神病为由强制送至被告某医院住院治疗。在强制治疗期间，当日中午因被告护理疏忽，导致李某在其病房内意外烧伤，经司法鉴定原告伤残程度为七级。强制治疗应符合什么条件？李某作为精神障碍患者有哪些合法权益？应如何保护？本章内容给出了回答。

第一节 概　　述

一、精神卫生概述

精神卫生(mental health)，又称心理卫生或心理健康、精神健康，是和躯体卫生相对又相平行的概念。精神卫生有广义和狭义之分。广义的精神卫生，是指使人们在一定的环境中健康成长，保持并不断提高精神健康水平，从而更好地生活，更有效地服务于社会。狭义的精神卫生，是指对精神疾病患者进行广泛的防治，维持心理健康、减少行为问题和精神疾病的原则和措施。

依据不同的标准，可以将精神卫生进行不同的分类。根据年龄来区分，可分为儿童期、青少年期、中年期、更年期和老年期精神卫生。根据群体来区分，可分为家庭精神卫生、学校精神卫生和工矿企业精神卫生等。

二、精神卫生立法

精神卫生法是指为加强精神卫生工作、保障精神病患者的合法权益，提高公民的心理健康水平中产生的各种社会关系的法律规范的总和。

我国1980年《刑法》中即有精神障碍患者在不能辨认或不能控制自己行为时所造成危害结果免除刑事责任的规定，1987年实行的《民法通则》和1991年施行的《民事诉讼法》等法律规范中，都有保护精神障碍患者权益的条款。

1987年4月，国务院审核同意卫生部、民政部、公安部《关于加强精神卫生工作的意见》。1989年7月，最高人民法院、最高人民检察院、公安部、司法部、卫生部联合发布了《精神疾病司法鉴定暂行办法》。2001年12月28日，上海市通过并颁布了我国大陆第一部精神卫生地方性法规《上海市精神卫生条例》。2002年，卫生部颁布《中国精神卫生工作规划(2002—2010年)》，明确提出要加快制定精神卫生相关法律、法规和政策。自2006年4月到2011年8月，又先后有宁波、北京、杭州、无锡、武汉、深圳等地颁布实施了地方精神卫生条例。2011年6月，《中华人民共和国精神卫生法(草案)》(简称《精神卫生法》)公布；2012年10月26日，全国人民代表大会常务委员会审议通过，并于2013年5月1日正式实施。《精神卫生法》的颁布实施填补了我国精神卫生领域的法律空白，是精神卫生领域具有里程碑意义的大事，将对我国精神卫生工作产生广泛而深远的影响。

三、精神卫生工作的方针、原则和管理机制

1. 方针及原则 ①精神卫生工作实行“预防为主”的方针。②坚持“预防、治疗和康复相结合”的原则。③全社会应当尊重、理解、关爱精神障碍患者。任何组织或者个人不得歧视、侮辱、虐待精神障碍患者，不得非法限制精神障碍患者的人身自由。新闻报道和文学艺术作品等不得含有歧视、侮辱精神障碍患者的内容。④精神障碍患者的监护人应当履行监护职责，维护精神障碍患者的合法权益；禁止对精神障碍患者实施家庭暴力，禁止遗弃精神障碍患者。

2. 管理机制 精神卫生工作实行政府组织领导、部门各负其责、家庭和单位尽力尽责、全社会共同参与的综合管理机制。国务院卫生行政部门主管全国的精神卫生工作。县级以上人民政府领导精神卫生工作，将其纳入国民经济和社会发展规划，对有关部门承担的精神卫生工作进行考核、监督。县级以上地方人民政府卫生行政部门主管本行政区域的精神卫生工作。县级以上人民政府、司法、行政、民政、公安、教育、人力资源、社会保障等部门在各自职责范围内负责有关的精神卫生工作。乡镇人民政府和街道办事处根据本地区的实际情况，组织开展预防精神障碍发生、促进精神障碍患者康复等工作。村民委员会、居民委员会依照法律的规定开展精神卫生工作，并对所在地人民政府开展的精神卫生工作予以协助。

中国残疾人联合会及其地方组织依照法律、法规或者接受政府委托，动员社会力量，开展精神卫生工作。国家鼓励和支持工会、共产主义青年团、妇女联合会、红十字会、科学技术协会等团体依法开展精神卫生工作。

第二节　心理健康促进和精神障碍预防

一、心理健康促进

（一）定义

健康促进是指一切能促使行为和生活条件向有益于健康改变的教育与生态学支持的综合体。它由“制定健康的公共政策、创造支持性环境、强化社区性行动、发展个人技能、调整卫生服务方向”等五项基本策略综合而成。心理健康促进就是促使人们提高、维护和改善他们自身心理健康的过程。

（二）具体措施

1. 政府主导心理健康促进工作　各级人民政府和县级以上人民政府有关部门应当采取措施，加强心理健康促进和精神障碍预防工作，提高公众心理健康水平。

2. 用人单位应当创造有益于职工身心健康的工作环境　用人单位应关注职工的心理健康；对处于职业发展特定时期或者在特殊岗位工作的职工，应当有针对性地开展心理健康教育。

3. 对学生进行精神卫生知识教育　各级各类学校应配备或者聘请心理健康教育教师、辅导人员，并可以设立心理健康辅导室，对学生进行心理健康教育。学前教育机构应当对幼儿开展符合其特点的心理健康教育。

发生自然灾害、意外伤害、公共安全事件等可能影响学生心理健康的事件，学校应当及时组织专业人员对学生进行心理援助。

教师应当学习和了解相关的精神卫生知识，关注学生心理健康状况，正确引导、激励学生。地方各级人民政府教育行政部门和学校应当重视教师心理健康。学校和教师应当与学生父母或者其他监护人、近亲属沟通学生心理健康情况。

4. 社区的精神卫生知识宣传　村民委员会、居民委员会应当协助所在地人民政府及其有关部门开展社区心理健康指导、精神卫生知识宣传教育活动，创建有益于居民身心健康的社区环境。

5. 社会的公益性精神卫生宣传　国家鼓励和支持新闻媒体、社会组织开展精神卫生的公益性宣传，普及精神卫生知识，引导公众关注心理健康，预防精神障碍的发生。

二、精神障碍的概念及预防

（一）概念

精神障碍，是指由各种原因引起的感知、情感和思维等精神活动的紊乱或者异常，导致患者明显的心理痛苦或者社会适应等功能损害，包括传统概念中的精神病、神经症、人格障碍与精神发育迟滞等。

严重精神障碍，是指疾病症状严重，导致患者社会适应等功能严重损害、对自身健康状况或者客观现实不能完整认识，或者不能处理自身事务的精神障碍。

（二）我国的精神障碍分类系统

《中国精神障碍分类与诊断标准》（第 3 版）规定精神障碍主要分类类别共十项：①器质性精神障碍；②精神活性物质或非成瘾物质所致精神障碍；③精神分裂症和其他精神病性障碍；④心境障碍（情感性精神障碍）；⑤癔症、严重应激障碍和适应障碍、神经症；⑥心理因素相关的生理障碍；⑦人格障碍、习惯与冲动控制障碍、性心理障碍；⑧精神发育迟滞与童年和少年期心理发育障碍；⑨童年和少年期多动障碍、品行障碍、情绪障碍；⑩其他精神障碍及心理卫生情况。

（三）精神障碍的预防

1. 政府制定突发事件应急预案应当包括心理援助的内容 发生突发事件，政府应当根据具体情况，按照应急预案的规定，组织开展心理援助工作。

2. 对患者进行心理健康指导 医务人员开展疾病诊疗服务，应当按照诊断标准和治疗规范的要求，对就诊者进行心理健康指导；发现就诊者可能患有精神障碍的，应当建议其到符合本法规定的医疗机构就诊。

3. 关注特殊人群心理健康 监狱、看守所、拘留所、强制隔离戒毒所等场所，应当对服刑人员，被依法拘留、逮捕、强制隔离戒毒的人员等，开展精神卫生知识宣传，关注其心理健康状况，必要时提供心理咨询和心理辅导。

4. 家庭成员之间应当相互关爱 创造良好、和睦的家庭环境，提高精神障碍预防意识；发现家庭成员可能患有精神障碍的，应当帮助其及时就诊，照顾其生活，做好看护管理。

5. 规范心理咨询人员的执业行为 心理咨询人员不得从事心理治疗或者精神障碍的诊断、治疗；发现接受咨询的人员可能患有精神障碍的，应当建议其到符合本法规定的医疗机构就诊。

6. 建立精神卫生监测网络 国务院卫生行政部门建立精神卫生监测网络，实行严重精神障碍发病报告制度，组织开展精神障碍发生状况、发展趋势等的监测和专题调查工作。

第三节　精神障碍的诊断和治疗

一、精神障碍诊断

（一）精神障碍诊断机构的资质条件

任何单位和个人开展精神障碍诊断、治疗活动，应当具备下列条件，并依照医疗机构的管理规定办理有关手续：①有与从事的精神障碍诊断、治疗相适应的精神科执业医师、护士；②有满足开展精神障碍诊断、治疗需要的设施和设备；③有完善的精神障碍诊断、治疗管理制度和质量监控制度。

从事精神障碍诊断、治疗的专科医疗机构还应当配备从事心理治疗的人员。

（二）诊断和治疗的原则

精神障碍的诊断、治疗，应当遵循维护患者合法权益、尊重患者人格尊严的原则，保障患者在现有条件下获得良好的精神卫生服务。

（三）诊断的依据

精神障碍的诊断应当以精神健康状况为依据，除法律另有规定外，不得违背本人意志进行确定其是否患有精神障碍的医学检查。

（四）诊断的对象及启动方式

除个人自行到医疗机构进行精神障碍诊断外，疑似精神障碍患者的近亲属可以将其送往医疗机构进行精神障碍诊断。对查找不到近亲属的流浪乞讨疑似精神障碍患者，由当地民政等有关部门按照职责分工，帮助送往医疗机构进行精神障碍诊断。

疑似精神障碍患者发生伤害自身、危害他人安全的行为，或者有伤害自身、危害他人安全的危险的，其近亲属、所在单位、当地公安机关应当立即采取措施予以制止，并将其送往医疗机构进行精神障碍诊断。

（五）诊断医师

精神障碍的诊断应当由精神科执业医师作出。医疗机构接到疑似精神障碍患者，应当将其留院，立即指派精神科执业医师进行诊断，并及时出具诊断结论。

二、精神障碍的治疗

（一）住院自愿原则

精神障碍的住院治疗实行自愿医疗为主兼顾非自愿医疗的原则。

诊断结论、病情评估表明，就诊者为严重精神障碍患者并有下列情形之一的，应当对其实施住院治疗：①已经发生伤害自身的行为，或者有伤害自身的危险的；②已经发生危害他人安全的行为，或者有危害他人安全的危险的。

（二）监护人决定原则

已经发生伤害自身的行为，或者有伤害自身的危险的，经其监护人同意，医疗机构应当对患者实施住院治疗；监护人不同意的，医疗机构不得对患者实施住院治疗。监护人应当对在家居住的患者做好看护管理。

三、再次诊断和医学鉴定

（一）适用情形

已经发生危害他人安全的行为，或者有危害他人安全的危险的，患者或者其监护人对需要住院治疗的诊断结论有异议，不同意对患者实施住院治疗的，可以要求再次诊断和鉴定。

（二）程序

要求再次诊断的，应当自收到诊断结论之日起三日内向原医疗机构或者其他具有合法资质的医疗机构提出。承担再次诊断的医疗机构应当在接到再次诊断要求后指派二名初次诊断医师以外的精神科执业医师进行再次诊断，并及时出具再次诊断结论。承担再次诊断的执业医师应当到收治患者的医疗机构面见、询问患者，该医疗机构应当予以配合。

（三）异议鉴定程序

对再次诊断结论有异议的，可以自主委托依法取得执业资质的鉴定机构进行精神障碍医学鉴定；医疗机构应当公示经公告的鉴定机构名单和联系方式。接受委托的鉴定机构应当指定本机构具有该鉴定事项执业资格的二名以上鉴定人共同进行鉴定，并及时出具鉴定报告。

（四）影响

再次诊断结论或者鉴定报告表明，不能确定就诊者为严重精神障碍患者，或者患者不需要住院治疗的，医疗机构不得对其实施住院治疗。

再次诊断结论或者鉴定报告表明，精神障碍患者有依法应当住院治疗情形的，其监护人应当同意对患者实施住院治疗。监护人阻碍实施住院治疗或者患者擅自脱离住院治疗的，可以由公安机关协助医疗机构采取措施对患者实施住院治疗。

在相关机构出具再次诊断结论、鉴定报告前，收治精神障碍患者的医疗机构应当按照诊疗规范的要求对患者实施住院治疗。

四、医疗机构及其医务人员的告知义务

1. 告知享有的权利　医疗机构及其医务人员应当将精神障碍患者在诊断、治疗过程中享有的权利，告知患者或者其监护人。医疗机构及其医务人员应当遵循精神障碍诊断标准和治疗规范，制定治疗方案，并向精神障碍患者或者其监护人告知治疗方案和治疗方法、目的以及可能产生的后果。

2. 特殊治疗的告知义务　医疗机构对精神障碍患者实施下列治疗措施，应当向患者或者其监护人告知医疗风险、替代医疗方案等情况，并取得患者的书面同意。无法取得患者意见的，应当取得其监护人的书面同意，并经本医疗机构伦理委员会批准：①导

致人体器官丧失功能的外科手术；②与精神障碍治疗有关的实验性临床医疗。实施第一项治疗措施，因情况紧急查找不到监护人的，应当取得本医疗机构负责人和伦理委员会批准。

3. 告知应当住院治疗的决定 对于应当住院治疗的精神障碍患者，医疗机构应当根据精神障碍患者病情，及时组织精神科执业医师对其进行检查评估。医疗机构认为患者可以出院的，应当立即告知患者及其监护人。

4. 告知不宜出院的决定 医疗机构精神障碍患者不宜出院的，应当告知不宜出院的理由；患者或者其监护人仍要求出院的，执业医师应当在病历资料中详细记录告知的过程，同时提出出院后的医学建议，患者或者其监护人应当签字确认。

五、出院的相关规定

"自伤型"住院精神障碍患者，监护人可以随时要求患者出院，医疗机构应当同意。

对于"伤他型"住院精神障碍患者，由医疗机构判断是否可以住院，对不宜出院但患者或其监护人坚持要求出院的，须进行告知，患者或者其监护人应当签字确认；医疗机构认为患者可以出院的，应当立即告知患者及其监护人。

医疗机构应当根据精神障碍患者病情，及时组织精神科执业医师对依照《精神卫生法》第三十条第二款规定实施住院治疗的患者进行检查评估。评估结果表明患者不需要继续住院治疗的，医疗机构应当立即通知患者及其监护人。

精神障碍患者出院，本人没有能力办理出院手续的，监护人应当为其办理出院手续。

第四节　精神障碍患者的康复

一、概述

（一）康复

康复主要指躯体功能、心理功能和社会功能以及职业功能的恢复。WHO 于 1969 年提出康复的定义："康复是指综合性地与协调性地应用医学的、教育的、社会的、职业的和其他一切可能的措施，对残疾者进行反复训练，减轻致残因素造成的后果，使伤者、病者和残疾人尽快和最大限度地恢复与改善其已丧失或削弱的各方面功能，尽量提高其活动能力，改善生活自理能力，促使其重新参加社会活动并提高生活质量。"

（二）精神障碍康复

精神障碍康复是指对精神障碍患者本人采取各种措施，使其精神障碍解除，从而能够正常参与社会工作与生活。

精神障碍患者康复的基本要求，是运用可能采取的手段，尽量纠正病态的精神障碍，最大限度地使患者恢复适应社会生活的功能。患者的家庭成员、朋友以及社会各界人士与医护人员的密切配合，是保证康复工作顺利进行并达到目的的关键。

二、社区康复

（一）基本概念

社区康复是指启用和开发社区的资源，将精神障碍患者及其家庭和社区视为一个整体，对精神障碍患者的康复和预防所采取的一切措施。

（二）具体措施

精神障碍患者的康复工作应该贯彻以精神卫生机构为主导、社区为基础、患者家庭为依托的原则，增强精神障碍患者参与社会活动的能力。

1. 社区康复机构的基础作用 社区不应歧视精神障碍患者，要创造条件帮助患者康复。社区康复机构应当为需要康复的精神障碍患者提供场所和条件，对患者进行生活自理能力和社会适应能力等方面的康复训练。

2. 社区卫生机构的建档、随访与培训 社区卫生服务机构、乡镇卫生院、村卫生室应当建立严重精神障碍患者的健康档案，对在家居住的严重精神障碍患者进行定期随访，指导患者服药和开展康复训练，并对患者的监护人进行精神卫生知识和看护知识的培训。县级人民政府卫生行政部门应当为社区卫生服务机构、乡镇卫生院、村卫生室开展上述工作给予指导和培训。

3. 医疗机构的技术指导 医疗机构应当为在家居住的严重精神障碍患者提供精神科基本药物维持治疗，并为社区康复机构提供有关精神障碍康复的技术指导和支持。

4. 基层组织的社会帮助 村民委员会、居民委员会应当为生活困难的精神障碍患者家庭提供帮助，并向所在地乡镇人民政府或者街道办事处以及县级人民政府有关部门反映患者及其家庭的情况和要求，帮助其解决实际困难，为患者融入社会创造条件。

5. 其他组织和单位的协助 残疾人组织或者残疾人康复机构应当根据精神障碍患者康复的需要，组织患者参加康复活动。

用人单位应当根据精神障碍患者的实际情况，安排患者从事力所能及的工作，保障患者享有同等待遇，安排患者参加必要的职业技能培训，提高患者的就业能力，为患者创造适宜的工作环境，对患者在工作中取得的成绩予以鼓励。

6. 患者家庭的支持 精神障碍患者的监护人应当协助患者进行生活自理能力和社会适应能力等方面的康复训练。精神障碍患者的监护人在看护患者过程中需要技术指导的，社区卫生服务机构或者乡镇卫生院、村卫生室、社区康复机构应当提供。

第五节 精神障碍患者的权利及保障措施

一、精神障碍患者的权利

精神障碍患者作为弱势群体，意思表达及自知力都出现一定程度的障碍，与其他疾病患者同等享有国家法律赋予的患者权利，并同其他公民一样，享有人身权、财产权，以及教育、劳动、医疗、从国家和社会获得物质帮助等方面的合法权益。

（一）人格尊严权

人格尊严是一个公民基本的权利，是公民其他基本权利的来源，人格尊严是指一个公民应受到他人的认可和尊重。我国《精神卫生法》规定，保护患者不受歧视、侮辱、虐待等条款。医疗机构及其医务人员应当尊重住院精神障碍患者的通讯和会见探访者等权利。除在急性发病期或者为了避免妨碍治疗可以暂时性限制外，不得限制患者的通讯和会见探访者等权利。

（二）人身自由权

我国《宪法》规定，中华人民共和国公民的人身自由权不受侵犯……禁止非法拘禁和以其他方法非法剥夺或者限制公民的人身自由。《精神卫生法》规定，不得非法限制精神障碍患者的人身自由。需要注意的是，强制医疗是对自身或他人安全具有危险性的精神障碍患者采取的一种防护措施，而不是对精神障碍患者人身自由的一种侵犯。

（三）疾病治疗权

精神障碍患者有权获得精神卫生服务的权利。《精神卫生法》规定，医疗机构不得因就诊者是精神障碍患者，推诿或者拒绝为其治疗属于本医疗机构诊疗范围的其他疾病。

精神障碍患者有住院、出院的自由选择权；在家居住的严重精神障碍患者有获得精神科基本药物维持治疗的权利。

（四）知情同意权

除强制住院治疗外，精神障碍患者或者其医疗监护人有权决定是否接受治疗；在接受治疗过程中，有权了解病情、诊断结论、治疗方法及其可能产生的后果。

（五）隐私权

政府部门、医疗机构、与精神卫生工作相关的其他单位及其工作人员应当依法保护精神障碍患者的隐私权。

（六）接受教育和劳动就业权

我国《宪法》规定公民享有接受教育和劳动就业的权利，虽然处于发病期的精神障碍患者无法从事正常学习和社会劳动，但他们仍然享有这些权利，只是行为能力受到限制暂时不适合工作。精神障碍患者病情好转出院后，有权利重新接受教育，从事一定的社会劳动，接触社会人群更有利于患者病情的好转和尽快回归社会。任何事业单位、企业和教育机构等不得以曾经患有精神障碍为借口而给予其开除、解聘、拒绝其入学等其他不公平待遇。

综上所述，精神障碍患者同其他公民一样，享有人身权、财产权以及教育、劳动、医疗、从国家和社会获得物质帮助等方面的合法权益。在住院治疗期间患者的知情同意权、隐私权、通讯和会见探访者的权利等受法律保护。侵害精神障碍患者合法权益的，将依法承担法律责任。

二、精神障碍患者的保障

（一）政府保障

政府将精神卫生工作纳入国民经济和社会发展规划，制定精神卫生工作规划并组织实施。省级人民政府根据本行政区域的实际情况，统筹规划，整合资源，建设和完善精神卫生服务体系，加强精神障碍预防、治疗和康复服务能力建设。

（二）经费保障

各级人民政府应当根据精神卫生工作需要，加大财政投入力度，保障精神卫生工作所需经费，将精神卫生工作经费列入本级财政预算。国家加强基层精神卫生服务体系建设，扶持贫困地区、边远地区的精神卫生工作，保障城市社区、农村基层精神卫生工作所需经费。

（三）医疗保障

县级人民政府根据本行政区域的实际情况，统筹规划，建立精神障碍患者社区康复机构。县级以上地方人民政府应当采取措施，鼓励和支持社会力量举办从事精神障碍诊断、治疗的医疗机构和精神障碍患者康复机构。综合性医疗机构应当按照国务院卫生行政部门的规定开设精神科门诊或者心理治疗门诊，提高精神障碍预防、诊断、治疗能力。精神障碍患者的医疗费用按照国家有关社会保险的规定由基本医疗保险基金支付。

（四）知识与人才保障

师范院校应当为学生开设精神卫生课程；医学院校应当为非精神医学专业的学生开设精神卫生课程。医学院校应当加强精神医学的教学和研究，按照精神卫生工作的实际需要培养精神医学专门人才，为精神卫生工作提供人才保障。

从事精神障碍诊断、治疗、康复的机构应当定期组织医务人员、工作人员进行在岗培训，更新精神卫生知识。县级以上人民政府卫生行政部门应当组织医务人员进行精神卫生知识培训，提高其识别精神障碍的能力。

（五）严重精神障碍患者的社会救助

县级以上人民政府卫生行政部门应当组织医疗机构为严重精神障碍患者免费提供基本公共卫生服务。县级人民政府应当按照国家有关规定对家庭经济困难的严重精神障碍患者参加基本医疗保险给予资助。精神障碍患者通过基本医疗保险支付医疗费用后仍有困难，或者不能通过基本医疗保险支付医疗费用的，民政部门应当优先给予医疗救助。对符合城乡最低生活保障条件的严重精神障碍患者，民政部门应当会同有关部门及时将其纳入最低生活保障。

对属于农村五保供养对象的严重精神障碍患者，以及城市中无劳动能力、无生活来源且无法定赡养、抚养、扶养义务人，或者其法定赡养、抚养、扶养义务人无赡养、抚养、扶养能力的严重精神障碍患者，民政部门应当按照国家有关规定予以供养、救助。

（六）教育与劳动保障

县级以上地方人民政府及其有关部门应当采取有效措施，保证患有精神障碍的适龄儿童、少年接受义务教育，扶持有劳动能力的精神障碍患者从事力所能及的劳动，并为已经康复的人员提供就业服务。国家对安排精神障碍患者就业的用人单位依法给予税收优惠，并在生产、经营、技术、资金、物资、场地等方面给予扶持。

（七）精神卫生工作人员的职业安全保障

精神卫生工作人员的人格尊严、人身安全不受侵犯，精神卫生工作人员依法履行职责受法律保护。全社会应当尊重精神卫生工作人员。

县级以上人民政府及其有关部门、医疗机构、康复机构应当采取措施，加强对精神卫生工作人员的职业保护，提高精神卫生工作人员的待遇水平，并按照规定给予适当的津贴。精神卫生工作人员因工致伤、致残、死亡的，其工伤待遇以及抚恤按照国家有关规定执行。

第六节　法律责任

一、政府部门的法律责任

县级以上人民政府卫生行政部门和其他有关部门未依照法律规定履行精神卫生工作职责，或者滥用职权、玩忽职守、徇私舞弊的，由本级人民政府或者上一级人民政府有关部门责令改正，通报批评，对直接负责的主管人员和其他直接责任人员依法给予警告、记过或者记大过的处分；造成严重后果的，给予降级、撤职或者开除的处分。

二、医疗机构及其工作人员的法律责任

1. 擅自从事精神障碍诊断的法律责任　不符合规定条件的医疗机构擅自从事精

神障碍诊断、治疗的，由县级以上人民政府卫生行政部门责令停止相关诊疗活动，给予警告，并处五千元以上一万元以下罚款，有违法所得的，没收违法所得；对直接负责的主管人员和其他直接责任人员依法给予或者责令给予降低岗位等级或者撤职、开除的处分；对有关医务人员，吊销其执业证书。

2. 拒绝对疑似精神障碍患者诊断的法律责任 有拒绝对送诊的疑似精神障碍患者作出诊断或对实施住院治疗的患者未及时进行检查评估或者未根据评估结果作出处理情形之一的，由县级以上人民政府卫生行政部门责令改正，给予警告；情节严重的，对直接负责的主管人员和其他直接责任人员依法给予或者责令给予降低岗位等级或者撤职、开除的处分，并可以责令有关医务人员暂停一个月以上六个月以下相关执业活动。

3. 其他法律责任 有下列行为之一的，由县级以上人民政府卫生行政部门责令改正，对直接负责的主管人员和其他直接责任人员依法给予或者责令给予降低岗位等级或者撤职的处分；对有关医务人员，暂停六个月以上一年以下执业活动；情节严重的，给予或者责令给予开除的处分，并吊销有关医务人员的执业证书：①违反规定实施约束、隔离等保护性医疗措施的；②违反规定，强迫精神障碍患者劳动的；③违反规定对精神障碍患者实施外科手术或者实验性临床医疗的；④违反规定，侵害精神障碍患者的通讯和会见探访者等权利的；⑤违反精神障碍诊断标准，将非精神障碍患者诊断为精神障碍患者的。

三、心理咨询人员的法律责任

有下列情形之一的，由县级以上人民政府卫生行政部门、工商行政管理部门依据各自职责责令改正，给予警告，并处五千元以上一万元以下罚款，有违法所得的，没收违法所得；造成严重后果的，责令暂停六个月以上一年以下执业活动，直至吊销执业证书或者营业执照：①心理咨询人员从事心理治疗或者精神障碍的诊断、治疗的；②从事心理治疗的人员在医疗机构以外开展心理治疗活动的；③专门从事心理治疗的人员从事精神障碍的诊断的；④专门从事心理治疗的人员为精神障碍患者开具处方或者提供外科治疗的；⑤心理咨询人员、专门从事心理治疗的人员在心理咨询、心理治疗活动中造成他人人身、财产或者其他损害的，依法承担民事责任。

四、有关单位和个人的法律责任

1. 侵犯患者隐私权的法律责任 有关单位和个人违反规定侵犯精神障碍患者隐私权的，依法承担赔偿责任；对单位直接负责的主管人员和其他直接责任人员，还应当依法给予处分。

2. 损害精神障碍患者人身、财产利益的法律责任 违反法律规定，有下列情形之一，给精神障碍患者或者其他公民造成人身、财产或者其他损害的，依法承担赔偿责任：①将非精神障碍患者故意作为精神障碍患者送入医疗机构治疗的；②精神障碍患者的监护人遗弃患者，或者有不履行监护职责的其他情形的；③歧视、侮辱、虐待精神障碍患者，侵害患者的人格尊严、人身安全的；④非法限制精神障碍患者人身自由的；⑤其他侵害精神障碍患者合法权益的情形。

3. 监护人的法律责任 医疗机构出具的诊断结论表明精神障碍患者应当住院治疗而其监护人拒绝，致使患者造成他人人身、财产损害的，或者患者有其他造成他人人身、财产损害情形的，其监护人依法承担民事责任。

五、其他人员的法律责任

在精神障碍的诊断、治疗、鉴定过程中，寻衅滋事，阻挠有关工作人员依照法律的规定履行职责，扰乱医疗机构、鉴定机构工作秩序的，依法给予治安管理处罚；构成犯罪的，依法承担刑事责任。

思考题

1. 名词解释：精神卫生　精神障碍　精神障碍诊断
2. 简述《精神卫生法》的意义。
3. 开展精神障碍诊断治疗活动应具备哪些条件？
4. 精神障碍患者有哪些权利？

案例思考

2013 年 8 月 18 日，原告张某被其社区以患有精神障碍强制送至被告武汉市某医院处治疗，在强制治疗期间，因被告护理疏忽，致原告在其病房内意外烧伤。后经被告多次手术治疗仍不见好转，在此期间原告亲属多次要求转到烧伤专科医院治疗，但被告不予理睬，最终造成原告烧伤右手、五指分期截指的严重后果，经司法鉴定原告伤残程度为七级。为此，原告诉至法院。

被告辩称，第一，原告所述其在强制治疗期间因被告护理疏忽导致原告烧伤与事实不符。因当时原告情绪比较激动，有伤害他人的可能，原告到了被告处后，被告就约束其在医院的观察室内，其后社区领导和相关人员要求办理入院手续，期间被告明确告知社区领导，精神障碍患者在治疗期间有可能会自伤自残，社区干部也签字表示愿意承担上述风险。但因为没有办理入院，只是暂时约束在病房里，故并不存在护理疏忽。第二，对于原告的烧伤，不是被告造成的，是其自己用打火机点燃被子，烧伤了自己的手。

第三，被告医护人员发现之后及时扑灭火苗，对原告进行救治。第四，在烧伤治疗期间，被告聘请了烧伤专家进行会诊，根据专家意见对其进行治疗，措施得当。第五，对于精神障碍患者自伤自残，医院没有监护的责任，有监护责任的是监护人，在住院前也告知了风险。第六，原告受伤之后，被告垫付了全部的治疗费用及护理费用，金额高达 21 万余元，此费用也应由原告监护人承担。综上，被告认为，原告是在其监护人（当时系社区领导干部）的带领下送往被告处办理入院手续，在还没有正式入院的时候发生的事故，责任应由原告监护人承担，不应由被告承担，被告及时救治原告并为原告垫付了医疗费用，根据法律规定，请法院驳回原告的诉讼请求。

问题：

1. 该案中被告是否应对原告的自伤行为承担责任？
2. 如需承担责任，被告的赔偿责任应如何承担？
3. 如何有效保护精神障碍患者被强制治疗期间的合法权益？

第十二章 母婴保健与计划生育法律制度

本章知识点：

- 母婴保健和计划生育的含义
- 母婴保健技术服务、婚前保健与孕产期保健的内容
- 医师应当对孕妇进行产前诊断的情形
- 生育权的内涵
- 计划生育奖励措施
- 计划生育技术服务的范围

本章导读：2012 年 6 月，陕西省镇坪县怀孕 7 个月的冯某，因未能按时缴纳 4 万元社会抚养费"押金"而被强制引产。2012 年 6 月 4 日凌晨三点，在被强制注射引产剂 36 小时后，冯某腹内的死胎排出体外。2012 年 6 月 11 日，冯某与死胎的合影被上传到网络，引发轩然大波。2012 年 6 月 26 日，陕西省安康市通报，认定这是一起强行实施大月份引产的违规事件。如何保障孕产妇的合法权益，本章内容给出了回答。

第一节 母婴保健法律制度

一、概述

（一）母婴保健立法

母婴保健，是为母亲和婴儿提供医疗保健服务，以保障母亲和婴儿健康、提高出生人口素质的一种活动。

在我国，党和政府一直重视保障妇女和儿童的健康权益。1949 年中国人民政治协商会议第一届全体会议通过的《中国人民政治协商会议共同纲领》第四十八条明确规定，推广卫生医药事业，并注意保护母亲、婴儿和儿童的健康。我国现行《宪法》也明确规定保护母亲和儿童的合法权益。为了落实和贯彻《宪法》的规定，保障母亲和婴儿健康，提高出生人口素质，《中华人民共和国母婴保健法》（简称《母婴保健法》）由第八届全国人民代表大会常务委员会第十次会议于 1994 年 10 月 27 日通过，自 1995 年 6 月 1 日起施行，2009 年 8 月 27 日根据《全国人民代表大会常务委员会关于修改部分法律的决定》修订。该法是我国第一部保护母亲和婴儿的法律，共七章三十九条，内容涉及婚

前保健、孕产期保健、技术鉴定、行政管理、法律责任等。之后，国务院于2001年6月20日颁布《中华人民共和国母婴保健法实施办法》（简称《母婴保健法实施办法》）。原卫生部也制定了配套规范性文件，如《产前诊断技术管理办法》、《新生儿疾病筛查管理办法》、《婚前保健工作规范》、《孕前保健服务工作规范（试行）》、《孕产期保健工作管理办法》、《孕产期保健工作规范》、《母婴保健医学技术鉴定管理办法》、《关于禁止非医学需要的胎儿性别鉴定和选择性别的人工终止妊娠的规定》等。

（二）母婴保健工作方针

国家发展母婴保健事业，提供必要条件和物质帮助，使母亲和婴儿获得医疗保健服务。国家对边远贫困地区的母婴保健事业给予扶持。

（三）母婴保健技术服务事项

《母婴保健法实施办法》规定，母婴保健技术服务主要包括下列事项：①有关母婴保健的科普宣传、教育和咨询；②婚前医学检查；③产前诊断和遗传病诊断；④助产技术；⑤实施医学上需要的节育手术；⑥新生儿疾病筛查；⑦有关生育、节育、不育的其他生殖保健服务。

二、婚前保健

（一）婚前保健的内容

婚前保健是指对准备结婚的男女双方在结婚登记前所进行的婚前卫生指导、婚前卫生咨询和婚前医学检查服务。医疗保健机构应当为公民提供婚前保健服务。婚前保健服务包括下列内容：①婚前卫生指导；②婚前卫生咨询；③婚前医学检查。

1. 婚前卫生指导 是指关于性卫生知识、生育知识和遗传病知识的教育，包括：①有关性卫生的保健和教育；②新婚避孕知识及计划生育指导；③受孕前的准备、环境和疾病对后代影响等孕前保健知识；④遗传病的基本知识；⑤影响婚育的有关疾病的基本知识；⑥其他生殖健康知识。

2. 婚前卫生咨询 是指对有关婚配、生育保健等问题提供医学意见。医师进行婚前卫生咨询时，应当为服务对象提供科学的信息，对可能产生的后果进行指导，并提出适当的建议。

3. 婚前医学检查 是指对准备结婚的男女双方可能患影响结婚和生育的疾病进行医学检查，包括询问病史、体格及相关检查。婚前医学检查对下列疾病进行检查：①严重遗传性疾病，是指由于遗传因素先天形成，患者全部或者部分丧失自主生活能力，后代再现风险高，医学上认为不宜生育的遗传性疾病；②指定传染病，是指我国《传染病防治法》中规定的艾滋病、淋病、梅毒、麻风病以及医学上认为影响结婚和生育的其他传染病；③有关精神病，是指精神分裂症、躁狂抑郁型精神病以及其他重型精神病。

经婚前医学检查，医疗保健机构应当向接受婚前医学检查的当事人出具婚前医学检查证明，并应当列明是否发现下列疾病：①在传染期内的指定传染病；②在发病期内的有关精神病；③不宜生育的严重遗传性疾病；④医学上认为不宜结婚的其他疾病。

（二）婚前医学检查意见

经婚前医学检查，对患指定传染病在传染期内或者有关精神病在发病期内的，医师应当提出医学意见；准备结婚的男女双方应当暂缓结婚。经婚前医学检查，对诊断患医学上认为不宜生育的严重遗传性疾病的，医师应当向男女双方说明情况，提出医学意见；经男女双方同意，采取长效避孕措施或者施行结扎手术后不生育的，可以结婚。但我国《婚姻法》规定禁止结婚的除外。接受婚前医学检查的人员对检查结果持有异议的，可以申请医学技术鉴定，取得医学鉴定证明。

三、孕产期保健

（一）孕产期保健服务的内容

孕产期保健是指各级各类医疗保健机构为准备妊娠至产后 42 天的妇女及胎婴儿提供全程系列的医疗保健服务。《母婴保健法》规定，医疗保健机构应当为育龄妇女和孕产妇提供孕产期保健服务。孕产期保健服务包括下列内容：①母婴保健指导。对孕育健康后代以及严重遗传性疾病和碘缺乏病等地方病的发病原因、治疗和预防方法提供医学意见。②孕妇、产妇保健。为孕妇、产妇提供卫生、营养、心理等方面的咨询和指导以及产前定期检查等医疗保健服务。③胎儿保健。为胎儿生长发育进行监护，提供咨询和医学指导。④新生儿保健。为新生儿生长发育、哺乳和护理提供医疗保健服务。

（二）孕产期医学指导

医疗保健机构发现孕妇患有下列严重疾病或者接触物理、化学、生物等有毒、有害因素，可能危及孕妇生命安全或者可能严重影响孕妇健康和胎儿正常发育的，应当对孕妇进行医学指导：①严重的妊娠合并症或者并发症。②严重的精神性疾病。③国务院卫生行政部门规定的严重影响生育的其他疾病。医师发现或者怀疑育龄夫妻患有严重遗传性疾病的，应当提出医学意见。限于现有医疗技术水平，难以确诊的，应当向当事人说明情况。育龄夫妻可以选择避孕、节育、不孕等相应的医学措施。

生育过严重遗传性疾病或者严重缺陷患儿的，再次妊娠前，夫妻双方应当按照国家有关规定到医疗、保健机构进行医学检查。医疗、保健机构应当向当事人介绍有关遗传性疾病的知识，给予咨询、指导。对诊断患有医学上认为不宜生育的严重遗传性疾病的，医师应当向当事人说明情况，并提出医学意见。

（三）终止妊娠

孕妇有下列情形之一的，医师应当对其进行产前诊断：①羊水过多或过少的；②胎儿发育异常或者胎儿有可疑畸形的；③孕早期接触过可能导致胎儿先天缺陷的物质的；④有遗传病家族史或者曾经分娩过先天性严重缺陷婴儿的；⑤初产妇年龄超过 35 周岁的。

经产前诊断，有下列情形之一的，医师应当向夫妻双方说明情况，并提出终止妊娠的医学意见：①胎儿患严重遗传性疾病的；②胎儿有严重缺陷的；③因患严重疾病，继续妊娠可能危及孕妇生命安全或者严重危害孕妇健康的。依照《母婴保健法》的规定施行终止妊娠或者结扎手术的，接受免费服务，但应当经本人同意，并签署意见。本人无行为能力的，应当经其监护人同意，并签署意见。

（四）新生儿出生医学证明

新生儿出生医学证明，是依据《母婴保健法》出具的、证明婴儿出生状态、血亲关系以及申报国籍、户籍取得公民身份的法定医学证明。医疗保健机构和从事家庭接生的人员按照国务院卫生行政部门的规定，出具统一制发的新生儿出生医学证明。有产妇和婴儿死亡以及新生儿出生缺陷情况的，应当向卫生行政部门报告。严禁任何单位和个人伪造、倒卖、转让、出借、私自涂改或使用非法印制的出生医学证明。

四、技术鉴定

母婴保健医学技术鉴定，是指接受母婴保健服务的公民或提供母婴保健服务的医疗保健机构，对婚前医学检查、遗传病诊断和产前诊断结果或医学技术鉴定结论持有异议所进行的医学技术鉴定。

（一）鉴定机构

县级以上地方人民政府可以设立母婴保健医学技术鉴定组织，负责对婚前医学检查、遗传病诊断和产前诊断结果有异议的进行医学技术鉴定。母婴保健医学技术鉴定委员会分为省、市、县三级。

（二）鉴定人员

从事医学技术鉴定的人员应当符合下列条件：①具有临床经验和医学遗传学知识，县级母婴保健医学技术鉴定委员会成员应当具有主治医师以上专业技术职务；②设区的市级和省级母婴保健医学技术鉴定委员会成员应当具有副主任医师以上专业技术职务。成员由卫生行政部门提名，同级人民政府聘任。

（三）鉴定程序

当事人对婚前医学检查、遗传病诊断、产前诊断结果有异议，需要进一步确诊的，可以自接到检查或者诊断结果之日起 15 日内向所在地县级或者设区的市级母婴保健医学技术鉴定委员会提出书面鉴定申请。母婴保健医学技术鉴定委员会应当自接到鉴定申请之日起 30 日内作出医学技术鉴定意见，并及时通知当事人。当事人对鉴定意见有异议的，可以自接到鉴定意见通知书之日起 15 日内向上一级母婴保健医学技术鉴定委员会申请再鉴定。

母婴保健医学技术鉴定委员会进行医学鉴定时须有 5 名以上相关专业医学技术鉴定委员会成员参加。参加鉴定人员中与当事人有利害关系的，应当回避。鉴定委员会成员应当在鉴定结论上署名;不同意见应当如实记录。鉴定委员会根据鉴定结论向当事人出具鉴定意见书。

五、行政管理

(一) 母婴保健机构执业管理

母婴保健机构依法开展婚前医学检查、遗传病诊断、产前诊断以及施行结扎手术和终止妊娠手术的,必须符合国务院卫生行政部门规定的条件和技术标准,并经县级以上卫生行政部门许可。从事婚前医学检查的医疗、保健机构,须经设区的市级人民政府卫生行政部门许可,符合以下条件:①分别设置专用的男、女婚前医学检查室,配备常规检查和专科检查设备;②设置婚前生殖健康宣传教育室;③具有符合条件的进行男、女婚前医学检查的执业医师。并经设区的市级以上人民政府卫生行政部门审批,取得母婴保健技术服务执业许可证。

从事遗传病诊断、产前诊断的医疗保健机构,须经省级卫生行政部门许可;从事婚前医学检查的医疗、保健机构,须经设区的市级人民政府卫生行政部门许可;从事助产技术服务、结扎手术和终止妊娠手术的医疗、保健机构,须经县级人民政府卫生行政部门许可。

(二) 母婴保健技术人员执业管理

从事遗传病诊断、产前诊断的人员,必须经过省级卫生行政部门的考核,并取得相应的合格证书;从事婚前医学检查的人员,须经设区的市级人民政府卫生行政部门许可;从事婚前医学检查、施行结扎手术和终止妊娠手术的人员以及从事家庭接生的人员,必须经过县级以上人民政府卫生行政部门的考核,并取得相应的合格证书。

(三) 严禁采取技术手段对胎儿进行性别鉴定

《母婴保健法》规定严禁采用技术手段对胎儿进行性别鉴定,但医学上确有需要的除外;《母婴保健法实施办法》规定,对怀疑胎儿可能为伴性遗传病,需要进行性别鉴定的,由省级卫生行政部门指定的医疗、保健机构按照国务院卫生行政部门的规定进行鉴定。

六、法律责任

(一) 擅自从事母婴保健服务的法律责任

医疗、保健机构或者人员未取得母婴保健技术许可,擅自从事婚前医学检查、遗传病诊断、产前诊断、终止妊娠手术和医学技术鉴定或者出具有关医学证明的,由卫生行政部门给予警告,责令停止违法行为,没收违法所得;违法所得 5000 元以上的,并处违法所得 3 倍以上 5 倍以下的罚款;没有违法所得或者违法所得不足 5000 元的,并处 5000 元以上 2 万元以下的罚款。

（二）出具虚假医学证明文件的法律责任

从事母婴保健技术服务的人员出具虚假医学证明文件的，依法给予行政处分。有下列情形之一的，由原发证部门撤销相应的母婴保健技术执业资格或者医师执业证书：①因延误诊治，造成严重后果的；②给当事人身心健康造成严重后果的；③造成其他严重后果的。

（三）违反规定进行胎儿性别鉴定的法律责任

违反规定进行胎儿性别鉴定的，由卫生行政部门给予警告，责令停止违法行为；对医疗、保健机构直接负责的主管人员和其他直接责任人员，依法给予行政处分。进行胎儿性别鉴定两次以上的或者以营利为目的进行胎儿性别鉴定的，由原发证机关撤销相应的母婴保健技术执业资格或者医师执业证书。

第二节　人口与计划生育法律制度

一、概述

人口是构成社会生活主体并具有一定数量和质量的人所组成的社会群体。计划生育是指依据人口与社会经济发展的客观要求，在全社会范围内，实行人类自身生产的计划。1978 年，我国《宪法》第一次明确提出，国家提倡和推行计划生育。2001 年 12 月 29 日，第九届全国人民代表大会常务委员会第二十五次会议通过了《中华人民共和国人口与计划生育法》（简称《人口与计划生育法》），自 2002 年 9 月 1 日起施行。2015 年 10 月 29 日中国共产党第十八届中央委员会第五次全体会议通过的公报指出，坚持计划生育的基本国策，完善人口发展战略，全面实施一对夫妇可生育两个孩子政策，积极开展应对人口老龄化行动。为更好地贯彻党的政策，2015 年 12 月 27 日第十二届全国人民代表大会常务委员会第十八次会议对其予以修正，规定国家提倡一对夫妻生育两个子女。该法是我国第一部以人口与计划生育工作为主要内容的基本法律，共七章四十七条，包括人口发展规划的制定与实施、生育调节、奖励与社会保障以及计划生育技术服务等内容。

《人口与计划生育法》颁布实施后，国家以该法为核心建立起较完善的人口计生法律体系。2002 年 8 月，国务院发布《社会抚养费征收管理办法》；2004 年 12 月，国务院发布修正后的《计划生育技术服务管理条例》；2009 年，国务院发布《流动人口计划生育工作条例》。为更好地实施上述法律、法规，国家卫生和计生部门也制定了一系列规章，如《女性节育手术并发症诊断标准》、《男性节育手术并发症诊断标准》、《计划生育技术服务管理条例实施细则》、《计划生育技术服务机构执业管理办法》、《流动人口计划生育管理和服务工作若干规定》等。

二、人口与计划生育工作职责分工

《人口与计划生育法》规定，国务院领导全国的人口与计划生育工作。地方各级人民政府领导本行政区域内的人口与计划生育工作。国务院计划生育行政部门负责全国计划生育工作和与计划生育有关的人口工作。县级以上地方各级人民政府计划生育行政部门负责本行政区域内的计划生育工作和与计划生育有关的人口工作。县级以上各级人民政府其他有关部门在各自的职责范围内，负责有关的人口与计划生育工作。工会、共产主义青年团、妇女联合会及计划生育协会等社会团体、企业事业组织和公民应当协助人民政府开展人口与计划生育工作。

三、人口发展规划的制定与实施

（一）人口发展规划的制定

国务院编制人口发展规划，并将其纳入国民经济和社会发展计划。县级以上地方各级人民政府根据全国人口发展规划以及上一级人民政府人口发展规划，结合当地实际情况编制本行政区域的人口发展规划，并将其纳入国民经济和社会发展计划。

（二）人口发展规划的实施

1. 各部门在人口发展规划实施中的职责 人口与计划生育实施方案应当规定控制人口数量，加强母婴保健，提高人口素质的措施。县级以上各级人民政府根据人口发展规划，制定人口与计划生育实施方案并组织实施。县级以上各级人民政府计划生育行政部门负责实施人口与计划生育实施方案的日常工作。乡、民族乡、镇的人民政府和城市街道办事处负责本管辖区域内的人口与计划生育工作，贯彻落实人口与计划生育实施方案。村民委员会、居民委员会应当依法做好计划生育工作。机关、部队、社会团体、企业事业组织应当做好本单位的计划生育工作。

2. 人口与计划生育宣传教育 计划生育、教育、科技、文化、卫生、民政、新闻出版、广播电视等部门应当组织开展人口与计划生育宣传教育。大众传媒负有开展人口与计划生育的社会公益性宣传的义务。学校应当在学生中，以符合受教育者特征的适当方式，有计划地开展生理卫生教育、青春期教育或者性健康教育。

3. 人口与计划生育工作的保障 国家根据国民经济和社会发展状况逐步提高人口与计划生育经费投入的总体水平。各级人民政府应当保障人口与计划生育工作必要的经费。各级人民政府应当对贫困地区、少数民族地区开展人口与计划生育工作给予重点扶持。国家鼓励社会团体、企业事业组织和个人为人口与计划生育工作提供捐助。任何单位和个人不得截留、克扣、挪用人口与计划生育工作费用。

四、生育调节

（一）生育政策

生育调节，是指以经济、行政、法律、医学手段调整人类的生育行为。《人口与计划生育法》规定，国家提倡一对夫妻生育两个子女。符合法律、法规规定条件的，可以要求安排再生育子女。少数民族也要实行计划生育，具体办法由省、自治区、直辖市人民代表大会或者其常务委员会规定。夫妻双方户籍所在地的省、自治区、直辖市之间关于再生育子女的规定不一致的，按照有利于当事人的原则适用。

（二）公民的生育权

生育权，是指公民享有生育子女及获得与此相关的信息和服务的权利。生育权是公民的一项基本人权，与生俱来，是先于国家和法律发生的权利，是任何时候都不能剥夺的，其包括：①自由而负责任地决定生育子女的权力；②生育和不生育的权利；③夫妻双方在生育权上享有平等权利；④生殖健康权。《人口与计划生育法》规定，公民有生育的权利，也有依法实行计划生育的义务，夫妻双方在实行计划生育中负有共同的责任。禁止歧视、虐待生育女婴的妇女和不育的妇女。禁止歧视、虐待、遗弃女婴。

（三）节育避孕措施

实行计划生育，以避孕为主。国家创造条件，保障公民知情选择安全、有效、适宜的避孕节育措施。实施避孕节育手术，应当保证受术者的安全。育龄夫妻自主选择计划生育避孕节育措施，预防和减少非意愿妊娠。实行计划生育的育龄夫妻免费享受国家规定的基本项目的计划生育技术服务。

五、奖励与社会保障

（一）计划生育奖励

《人口与计划生育法》规定，国家对实行计划生育的夫妻，按照规定给予奖励。①符合法律、法规规定生育子女的夫妻，可以获得延长生育假的奖励或者其他福利待遇。妇女怀孕、生育和哺乳期间，按照国家有关规定享受特殊劳动保护并可以获得帮助和补偿。②公民实行计划生育手术，享受国家规定的休假；地方人民政府可以给予奖励。③在国家提倡一对夫妻生育一个子女期间，自愿终身只生育一个子女的夫妻，国家发给独生子女父母光荣证。获得独生子女父母光荣证的夫妻，按照国家和省、自治区、直辖市有关规定享受独生子女父母奖励。获得独生子女父母光荣证的夫妻，独生子女发生意外伤残、死亡的，按照规定获得扶助。在国家提倡一对夫妻生育一个子女期间，按照规定应当享受计划生育家庭老年人奖励扶助的，继续享受相关奖励扶助。④地方各级人民政府对农村实行计划生育的家庭发展经济，给予资金、技术、培训等方面的支持、优惠;对实行计划生育的贫困家庭,在扶贫贷款、以工代赈、扶贫项目和社会救济等方面给予优先照顾。

(二) 计划生育的社会保障

《人口与计划生育法》规定,国家建立、健全基本养老保险、基本医疗保险、生育保险和社会福利等社会保障制度,促进计划生育。国家鼓励保险公司举办有利于计划生育的保险项目。有条件的地方可以根据政府引导、农民自愿的原则,在农村实行多种形式的养老保障办法。

六、计划生育技术服务

(一) 计划生育技术服务的范围

计划生育技术服务包括计划生育技术指导、咨询以及与计划生育有关的临床医疗服务。计划生育技术服务机构和从事计划生育技术服务的医疗、保健机构应当在各自的职责范围内,针对育龄人群开展人口与计划生育基础知识宣传教育,对已婚育龄妇女开展孕情检查、随访服务工作,承担计划生育、生殖保健的咨询、指导和技术服务。

1. 计划生育技术指导、咨询 计划生育技术指导、咨询包括下列内容:①生殖健康科普宣传、教育、咨询;②提供避孕药具及相关的指导、咨询、随访;③对已经施行避孕、节育手术和输卵(精)管复通手术的,提供相关的咨询、随访。

2. 与计划生育有关的临床医疗服务 县级以上城市从事计划生育技术服务的机构可以在批准的范围内开展下列与计划生育有关的临床医疗服务:①避孕和节育的医学检查;②计划生育手术并发症和计划生育药具不良反应的诊断、治疗;③施行避孕、节育手术和输卵(精)管复通手术;④开展围绕生育、节育、不育的其他生殖保健项目。具体项目由国务院计划生育行政部门、卫生行政部门共同规定。乡级计划生育技术服务机构可以在批准的范围内开展下列计划生育技术服务项目:①放置宫内节育器;②取出宫内节育器;③输卵(精)管结扎术;④早期人工终止妊娠术。

3. 计划生育技术服务质量控制 ①向公民提供的计划生育技术服务和药具应当安全、有效,符合国家规定的质量技术标准。对已生育子女的夫妻,提倡选择长效避孕措施。②从事计划生育技术服务的机构施行避孕、节育手术、特殊检查或者特殊治疗时,应当征得受术者本人同意,并保证受术者的安全。③严禁利用超声技术和其他技术手段进行非医学需要的胎儿性别鉴定;严禁非医学需要的选择性别的人工终止妊娠。

(二) 计划生育技术服务机构与人员

1. 计划生育技术服务机构管理 设立计划生育技术服务机构必须获得审批,获得相关执业许可证。

(1) 计划生育技术服务机构的审批。设立计划生育技术服务机构,由设区的市级以上地方人民政府计划生育行政部门批准,发给计划生育技术服务机构执业许可证,并注明获准开展服务的项目。从事计划生育技术服务的医疗、保健机构，由县级以上地方人民政府卫生行政部门审查批准，在其医疗机构执业许可证上注明获准开展的计划生育技术服务项目，并向同级计划生育行政部门通报。个体医疗机构不得从事计划生育手术。

（2）从事产前诊断的计划生育技术服务机构的审批。计划生育技术服务机构从事产前诊断的，应当经省、自治区、直辖市人民政府计划生育行政部门同意后，由同级卫生行政部门审查批准，并报国务院计划生育行政部门和国务院卫生行政部门备案。

（3）使用辅助生育技术的计划生育技术服务机构的审批。从事计划生育技术服务的机构使用辅助生育技术治疗不育症的，由省级以上人民政府卫生行政部门审查批准，并向同级计划生育行政部门通报。

（4）计划生育技术服务机构执业管理。从事计划生育技术服务的机构应当按照批准的业务范围和服务项目执业，并遵守有关法律、行政法规和国务院卫生行政部门制定的医疗技术常规和抢救与转诊制度。其执业许可证明文件每 3 年由原批准机关校验一次。

2. 计划生育技术服务人员管理　从事与计划生育有关的临床服务人员，应分别取得执业医师、执业助理医师、乡村医生或者护士的资格，并在依照规定设立的机构中执业，并按照规定申请注册。计划生育技术服务人员必须按照批准的服务范围、服务项目、手术术种从事计划生育技术服务，遵守与执业有关的法律、法规、规章、技术常规、职业道德规范和管理制度。

七、法律责任

（一）违法实施与计划生育相关手术的法律责任

违反《人口与计划生育法》规定，有下列行为之一的，由计划生育行政部门或者卫生行政部门依据职权责令改正，给予警告，没收违法所得；违法所得一万元以上的，处违法所得二倍以上六倍以下的罚款；没有违法所得或者违法所得不足一万元的，处一万元以上三万元以下的罚款；情节严重的，由原发证机关吊销执业证书；构成犯罪的，依法追究刑事责任：①非法为他人施行计划生育手术的；②利用超声技术和其他技术手段为他人进行非医学需要的胎儿性别鉴定或者选择性别的人工终止妊娠的；③进行假医学鉴定、出具假计划生育证明的。

（二）伪造、变造、买卖以及以不正当手段取得计划生育证明的法律责任

伪造、变造、买卖计划生育证明，由计划生育行政部门没收违法所得，违法所得五千元以上的，处违法所得二倍以上十倍以下的罚款；没有违法所得或者违法所得不足五千元的，处五千元以上二万元以下的罚款；构成犯罪的，依法追究刑事责任。以不正当手

段取得计划生育证明的，由计划生育行政部门取消其计划生育证明；出具证明的单位有过错的，对直接负责的主管人员和其他直接责任人员依法给予行政处分。

（三）出具虚假证明文件的法律责任

从事计划生育技术服务的机构出具虚假证明文件，构成犯罪的，依法追究刑事责任；尚不构成犯罪的，由原发证部门责令改正，给予警告，没收违法所得；违法所得五千元以上的，并处违法所得二倍以上五倍以下的罚款；没有违法所得或者违法所得不足五千元的，并处五千元以上二万元以下的罚款；情节严重的，并由原发证部门吊销计划生育技术服务的执业资格。

（四）不履行协助计划生育管理义务的法律责任

违反《人口与计划生育法》规定，不履行协助计划生育管理义务的，由有关地方人民政府责令改正，并给予通报批评；对直接负责的主管人员和其他直接责任人员依法给予行政处分。

（五）不符合规定生育子女的法律责任

不符合《人口与计划生育法》规定生育子女的公民，应当依法缴纳社会抚养费。未在规定的期限内足额缴纳应当缴纳的社会抚养费的，自欠缴之日起，按照国家有关规定加收滞纳金；仍不缴纳的，由作出征收决定的计划生育行政部门依法向人民法院申请强制执行。按照《人口与计划生育法》规定缴纳社会抚养费的人员，是国家工作人员的，还应当依法给予行政处分；其他人员还应当由其所在单位或者组织给予纪律处分。

（六）擅自扩大计划生育技术服务项目的法律责任

从事计划生育技术服务的机构违反规定，未经批准擅自扩大计划生育技术服务项目的，由原发证部门责令改正，给予警告，没收违法所得；违法所得五千元以上的，并处违法所得二倍以上五倍以下的罚款；没有违法所得或者违法所得不足五千元的，并处五千元以上二万元以下的罚款；情节严重的，并由原发证部门吊销计划生育技术服务的执业资格；给患者造成损害的，依法承担赔偿责任；构成犯罪的，依法追究刑事责任。

（七）计划生育技术服务机构使用无资格人员的法律责任

从事计划生育技术服务的机构违反规定，使用没有依法取得相应的医师资格的人员从事与计划生育技术服务有关的临床医疗服务的，由县级以上人民政府卫生行政部门依据职权，责令改正，没收违法所得；违法所得三千元以上的，并处违法所得一倍以上三倍以下的罚款；没有违法所得或者违法所得不足三千元的，并处三千元以上五千元以下的罚款；情节严重的，并由原发证部门吊销计划生育技术服务的执业资格；给患者造成损害的，依法承担赔偿责任；构成犯罪的，依法追究刑事责任。

（八）《刑法》中规定的相关法律责任

我国《刑法》规定了非法进行节育手术罪，需要依法执法。

思考题

1. 名词解释:婚前保健　孕产期保健　生育调节　生育权
2. 母婴保健技术服务主要包括哪些事项?
3. 婚前保健服务内容有哪些?
4. 医师应当对孕妇进行产前诊断的情形有哪些?
5. 计划生育技术服务的范围包括哪些?
6. 县级以上城市从事计划生育技术服务的机构可以开展的与计划生育有关的临床医疗服务有哪些?

典型案例

2013 年 11 月 17 日,许某与某社区卫生服务站负责人史某商定承包经营该社区卫生服务站事宜。第二天,许某安排肖某与史某签订服务站承包经营合同、责任书。史某将社区卫生服务站转包出去的租金为一年 24 万元。为了多赚钱,许某提议聘请只有护理证书的护士赵某在该服务站内行医,在该服务站内超范围执业,非法为他人引产。据区卫生局出具的证明,赵某未取得医师执业资格,该服务站也没有引产手术资格。2013 年 11 月 20 日上午,孕妇朱某和她丈夫在某妇科门诊部咨询引产事宜后被转到该社区卫生服务站。2013 年 11 月 20 日至 22 日,朱某连续三日服用该服务站开出的打胎药。2013 年 11 月 23 日上午,赵某在社区卫生服务站内非法为朱某进行终止妊娠手术,导致朱某子宫破裂,多脏器功能衰竭,心跳、呼吸停止。当天,朱某被送往市区一家医院抢救。2013 年 11 月 27 日,朱某死亡。经鉴定,该社区卫生服务站的医疗过失行为与朱某的死亡有因果关系,医方负完全责任。2013 年 11 月 28 日,社区卫生服务站与被害人朱某家属达成民事调解协议,赔偿损失 130 万元并取得谅解。法院一审判决许某有期徒刑 10 年,并处罚金 2 万元;肖某有期徒刑 8 年,并处罚金 2 万元。

问题:

1. 医师在什么情况下可以向孕妇提出终止妊娠的医学建议?
2. 请用《人口与计划生育法》相关规定分析此案件。

第十三章 食品安全法律制度

本章知识点：

- 食品安全管理体制
- 食品安全风险监测制度、食品安全风险评估制度、食品安全标准制度
- 食品生产经营法律制度
- 食品事故安全处置法律制度
- 监督管理法律制度
- 违反《食品安全法》的法律责任

本章导读：2008年6月至9月间，全国多地发生婴幼儿肾结石病例，甚至还有的孩子医治无效死亡。调查发现，这些婴幼儿多有食用石家庄三鹿集团生产的三鹿婴幼儿配方奶粉的经历。后经检测认定，三鹿奶粉含有大量的三聚氰胺，严重损害了婴幼儿的身体健康，卫生部宣布这是一起重大的食品安全事故。三鹿集团由此破产，相关领导和责任人员都依法被追究责任。企业的食品安全义务何在？应当怎样防范食品安全风险？如何有效监管食品安全问题？本章内容给出了回答。

第一节　概　　述

一、食品安全及食品安全法的概念

食品，指各种供人食用或者饮用的成品和原料以及按照传统既是食品又是中药材的物品，但是不包括以治疗为目的的物品。

食品安全是指人们食用的食品必须具备无毒、无害性和应有的营养要求，对人体不构成急性、慢性中毒危害。

广义的食品安全法是调整人们在生产、加工、存储、销售食品过程中产生的食品安全相关关系的法律规范的总称，包括专门制定的《食品安全法》及其他法律法规中关于食品安全的法律规定，以及相关的行政法规和司法解释。狭义的食品安全法就是指《食品安全法》这部专门法律。

二、从《食品卫生法》到《食品安全法》的发展

1995年10月30日，第八届全国人民代表大会常务委员会第十六次会议通过《中

华人民共和国食品卫生法》(简称《食品卫生法》),自颁布之日起开始实施。这部法律的出台,有力地推动了我国食品卫生事业的发展。但随着时间的推移和社会的发展进步,加上后来若干起重大食品安全事故的负面影响,这部法律日益显现出其局限性。2009年2月28日第十一届全国人民代表大会常务委员会第七次会议通过《中华人民共和国食品安全法》(简称《食品安全法》),取代了《食品卫生法》。与《食品卫生法》相比,《食品安全法》在许多方面进行了调整和补充、完善,能够更好地适应现实需要,对食品安全的要求更加细致、严格。具体来说,大致有以下几个方面的改变。

第一,调整范围扩大。食品卫生是食品安全的一个方面的要求,安全的食品是卫生的,但卫生的食品不一定安全。《食品卫生法》所称的食品是狭义的食品,即生产、销售阶段的食品,而《食品安全法》所称的食品不仅指上述过程的食品,还指种植、养殖、加工、包装、存储、运输等过程中的食品,以及与食品相关的食品添加剂、饲料及饲料添加剂等,《食品安全法》扩大了调整范围,覆盖了从农田到餐桌的全过程。

第二,安全监管措施增加。主要体现为:安全评价从事后提前到事前,《食品安全法》规定了食品安全风险监测与评估制度;对现行的食用农产品质量安全标准、食品卫生标准、食品质量标准进行整合,统一公布食品安全国家标准;建立问题食品召回制度等。

第三,加大监管处罚力度。如:取消食品免检制度,规定食品出厂必须检验;代言虚假广告者与生产销售者承担连带责任;大幅提高违法生产经营的行政处罚力度;生产或销售不符合食品安全标准的食品,消费者可以要求生产者或销售者支付10倍价款的赔偿金,严重的甚至要被追究刑事责任。

第四,明确食品安全责任的承担。法律首次明确了食品销售者是食品安全的第一责任人;国务院设立了食品安全委员会。

2015年4月24日,第十二届全国人民代表大会常务委员会第十四次会议表决通过了关于修改《食品安全法》的决定,于同年10月1日起施行。新《食品安全法》增加条文50余条,突出了标准最严谨、监管最严格、处罚最严厉等特点,加强了以下几个方面的制度构建:一是完善统一权威的食品安全监管机构,由分段监管变成食药监部门统一监管;二是明确建立最严格的全过程的监管制度,进一步强调了食品生产经营者的主体责任和监管部门的监管责任;三是更加突出预防为主、风险防范,增设了责任约谈、风险分级管理等重点制度;四是实行食品安全社会共治,充分发挥媒体、广大消费者等在食品安全治理中的作用;五是突出对保健食品、特殊医学用途配方食品、婴幼儿配方食品等特殊食品的严格监管;六是加强了对农药的管理;七是加强对食用农产品的管理;八是建立最严格的法律责任制度。

三、《食品安全法》的立法宗旨、适用范围及基本原则

(一) 立法宗旨

《食品安全法》的立法宗旨是保证食品安全,保障公众身体健康和生命安全。由此

可见，其立法的最终目的是保障社会公众的身体健康和生命安全，通过保证食品安全来实现这一目的。

（二）适用范围

《食品安全法》第二条明确规定，在我国境内从事下列活动，应当遵守本法：①食品生产和加工，食品销售和餐饮服务；②食品添加剂的生产经营；③用于食品的包装材料、容器、洗涤剂、消毒剂和用于食品生产经营的工具、设备的生产经营；④食品生产经营者使用食品添加剂、食品相关产品；⑤食品的贮存和运输；⑥对食品、食品添加剂、食品相关产品的安全管理。供食用的初级农产品的质量安全管理，不适用《食品安全法》，而适用《中华人民共和国农产品质量安全法》，但食用农产品的市场销售、有关质量安全标准的制定、有关安全信息的公布，仍然适用《食品安全法》。

（三）基本原则

1. 预防为主原则 即食品安全必须预防在先，注重事前主动防范，而不是事后被动处理，从而降低食品安全事故发生率，也降低事故的处置成本。

2. 风险管理原则 即通过建立食品安全风险监测和风险评估制度，对食品的安全实施风险管理，把风险降到最低限度。

3. 全程控制原则 即对食品的种植、养殖、生产、贮存、包装、运输、销售、消费等各个环节实施质量安全控制，从而保证食品的安全性。

4. 社会共治原则 即发动全社会的力量，包括社会公众和媒体舆论的力量，运用各种手段和方式，共同推进食品安全监管，保证食品安全。

四、食品安全管理体制

《食品安全法》规定的食品安全监管机构有：国务院食品安全委员会、国务院食品药品监督管理部门、国务院卫生行政部门及国务院其他有关部门、县级以上地方人民政府。形成了食品安全委员会负责统筹，食品药品监督管理部门主要负责食品安全监管，卫生行政部门和其他部门进行配合的食品安全管理体制。

（一）国务院食品安全委员会的职责

国务院设立食品安全委员会，主管分析食品安全形势，研究部署、统筹指导食品安全工作；提出食品安全监管的重大政策和措施；督促落实食品安全监管责任。

（二）食品安全监管部门职责

国务院食品药品监督管理部门对食品生产经营活动实施监督管理，把原来属于质检部门、工商部门、卫生部门的食品安全监管职能统一划归食品药品监督管理部门管理。

（三）卫生行政部门职责

国务院卫生行政部门依照《食品安全法》和国务院规定的职责，组织开展食品风险监测和风险评估,会同国务院食品药品监督管理部门制定并公布食品安全国家标准。

(四)县级以上地方人民政府的职责

县级以上地方人民政府对本行政区域的食品安全监督管理工作负责,统一领导、组织、协调本行政区域的食品安全监督管理工作以及食品安全突发事件应对工作,建立健全食品安全全程监督管理工作机制和信息共享机制。

上级人民政府负责对下一级人民政府的食品安全监督管理工作进行评议、考核,并负责对本级食品药品监督管理部门和其他有关部门的食品安全监督管理工作进行评议、考核。

(五)食品安全的社会监督

《食品安全法》确立了食品安全社会监督体制,明确规定食品行业协会应当加强行业自律,引导和督促食品生产经营者依法生产经营,推动行业诚信建设,宣传、普及食品安全知识。消费者协会和其他消费者组织对损害消费者合法权益的行为,依法进行社会监督。新闻媒体开展食品安全法律、法规以及食品安全标准和知识的公益宣传,并对食品安全违法行为进行舆论监督。任何组织或者个人有权举报食品安全违法行为,依法向有关部门了解食品安全信息,对食品安全监督管理工作提出意见和建议。

第二节　食品安全制度

一、食品安全风险监测制度

(一)食品安全风险监测的概念

食品安全风险监测,是指系统和持续地收集食源性疾病、食品污染以及食品中有害因素的监测数据及相关信息,并进行综合分析和及时通报的活动。检测结果将作为制定食品安全标准、确定检查对象和检查频率的科学依据。

(二)食品安全风险监测的内容

1. 食源性疾病　食品中致病因素进入人体引起的感染性、中毒性等疾病。

2. 食品污染　根据国际食品安全管理的一般规则,在食品生产、加工或流通等过程中因非故意原因使外来污染物进入食品。

3. 食品中有害因素　在食品生产、流通、餐饮服务等环节,通过除了食品污染以外的其他可能途径进入食品的有害因素。

(三)食品安全风险监测的实施

1. 食品安全风险监测工作　国务院卫生行政部门会同国务院食品药品监督管理、质量监督等部门,制定、实施国家食品安全风险监测计划。省、自治区、直辖市人民政府卫生行政部门会同同级食品药品监督管理、质量监督等部门，根据国家食品安全风险监测计划，结合本行政区域的具体情况，制定、调整本行政区域的食品安全风险监测方案，报国务院卫生行政部门备案并实施。食品安全风险监测工作人员有权进入相关食用农产品种植养殖、食品生产经营场所采集样品、收集相关数据。采集样品应当按照市场价格支付费用。

2. 食品安全风险监测结果通报 食品安全风险监测结果表明可能存在食品安全隐患的，县级以上卫生行政部门应当及时将相关信息通报同级食品药品监督管理等部门，并报告本级人民政府和上级人民政府卫生行政部门。食品药品监督管理等部门应当组织开展进一步调查。

医疗机构发现其接收的患者属于食源性疾病患者、食物中毒患者，或者疑似食源性疾病患者、疑似食物中毒患者的，应当及时向所在地县级人民政府卫生行政部门报告有关疾病信息。

二、食品安全风险评估制度

（一）食品安全风险评估的概念

食品安全风险评估是指运用科学方法，根据食品安全风险监测信息、科学数据以及有关信息，对食品、食品添加剂、食品相关产品中生物性、化学性和物理性危害对人体健康可能造成的不良影响所进行的科学评估。

食品安全风险评估结果是制定、修订食品安全标准和实施食品安全监督管理的科学依据。

（二）食品安全风险评估的内容

食品安全风险评估的内容就是食品、食品添加剂中生物性、化学性和物理性危害，其评估过程如下。

1. 危害识别 根据流行病学、动物试验、体外试验、结构-活性关系等科学数据和文献信息，确定人体暴露于某种危害后果后是否会对健康造成不良影响，造成不良影响的可能性多大，以及可能处于风险之中的人群和范围。

2. 危害描述 对与危害相关的不良健康作用进行定性或定量描述。对危害因素进行剂量-反应评估，如果可能，对于毒性作用有阈值的危害应建立人体安全摄入量标准。

3. 暴露评估 对于通过食品的可能摄入和其他有关途径暴露的生物、化学和物理等危害因素的定性或定量评价，估算不同人群摄入危害的水平。

4. 风险描述 根据危害识别、危害描述和暴露评估，综合分析危害对人群健康产生不良作用的风险及其程度，并描述和解释风险评估过程中的不确定性。

（三）食品安全风险评估的实施

国务院卫生行政部门负责组织食品安全风险评估工作，成立由医学、农业、食品、营养、生物、环境等方面的专家组成的食品安全风险评估专家委员会进行食品安全风险评估。对农药、肥料、兽药、饲料和饲料添加剂等的安全性评估，应当有食品安全风险评估专家委员会的专家参加。食品安全风险评估不得向生产经营者收取费用，采集样品应当按照市场价格支付费用。

（四）应当进行食品安全评估的情形

（1）通过食品安全风险监测或者接到举报发现食品、食品添加剂、食品相关产品可能存在安全隐患的。

（2）为制定或者修订食品安全国家标准提供科学依据需要进行风险评估的。

（3）为确定监督管理的重点领域、重点品种需要进行风险评估的。

（4）发现新的可能危害食品安全因素的。

（5）需要判断某一因素是否构成食品安全隐患的。

（6）国务院卫生行政部门认为需要进行风险评估的其他情形。

（五）食品安全风险评估结果

经食品安全风险评估，得出食品、食品添加剂、食品相关产品不安全结论的，国务院食品药品监督管理、质量监督等部门应当依据各自职责立即向社会公告，发出风险警示，告知消费者停止食用或者使用，并采取相应措施，确保该食品、食品添加剂、食品相关产品停止生产经营；需要制定、修订相关食品安全国家标准的，国务院卫生行政部门应当会同国务院食品药品监督管理部门立即制定、修订。

国务院卫生行政、农业行政部门应当及时相互通报食品、食用农产品安全风险评估结果等信息。

三、食品安全标准制度

（一）食品安全标准的概念

食品安全标准是指为了保证食品安全，对食品、食品添加剂、食品相关产品的生产经营过程中，影响食品安全的各种要素以及各关键环节规定的统一技术要求，是保障公众身体健康和生命安全的强制性标准，并供公众免费查阅。

（二）食品安全标准的内容

（1）食品、食品添加剂、食品相关产品中的污染物质以及其他危害人体健康物质的限量规定。

（2）食品添加剂的品种、使用范围、用量。

（3）专供婴幼儿和其他特定人群的主辅食品的营养成分要求。

（4）对与卫生、营养等食品安全要求有关的标签、标志、说明书的要求。

（5）食品生产经营过程的卫生要求。

（6）与食品安全有关的质量要求和食品检验方法与规程等。

（三）食品安全标准的类型

1. 国家标准 食品安全国家标准是由国务院卫生行政部门会同国务院食品药品监督管理部门制定、公布，适用于全国范围内的食品安全标准，具有国家标准编号，具有全国统一适用性。食品中农药残留、兽药残留的限量规定及其检验方法与规程由国务院卫生行政部门、国务院农业行政部门会同国务院食品药品监督管理部门制定。屠宰畜、禽的检验规程由国务院农业行政部门会同国务院卫生行政部门制定。

2. 地方标准 没有食品安全国家标准，又需要在省、自治区、直辖市范围内统一实施的，由省级卫生行政部门制定的适用于本行政区域范围内的食品安全标准为地方标准，但食品添加剂、保健食品、食品相关产品等不得制定食品安全地方标准。食品安全国家标准制定后，地方标准废止。

3. 企业标准 没有食品安全国家标准或地方标准的，由企业制定企业标准，作为组织生产的依据。国家鼓励食品生产企业制定严于国家和地方标准的企业标准。该标准应当报省级卫生行政部门备案，在本企业内部适用。

四、食品检验制度

国家实行食品检验制度，是指按照国家认证认可的有关规定取得资质的食品检验机构，依法按照食品安全标准和检验规范对食品质量进行检验的制度。包括食品监管部门的监管检验及食品生产者的自觉检验。县级以上人民政府食品药品监督管理部门应当对食品进行定期或者不定期的抽样检验，并依据有关规定公布检验结果，不得免检；不得向食品生产经营者收取检验费和其他费用。

五、食品进出口管理制度

国家实行进出口检验制度，由国家出入境检验检疫部门对进出口食品安全实施监督管理。

1. 进口食品检验许可制度 进口的食品、食品添加剂应当经出入境检验检疫机构依照进出口商品检验相关法律、行政法规的规定检验合格，方可进口。进口尚无食品安全国家标准的食品，由境外出口商、境外生产企业或者其委托的进口商向国务院卫生行政部门提交所执行的相关国家（地区）标准或者国际标准，并提交相关安全性评估材料，获得许可方可进口。

2. 进口食品的标签要求 进口的预包装食品、食品添加剂应当有中文标签；依法应当有说明书的，还应当有中文说明书。标签、说明书应当符合本法以及我国其他有关法律、行政法规的规定和食品安全国家标准的要求，并载明食品的原产地以及境内代理商的名称、地址、联系方式。预包装食品没有中文标签、中文说明书或者标签、说明书不符合本条规定的，不得进口。

3. 进出口企业信用管理制度 国家出入境检验检疫部门应当对进出口食品的进

口商、出口商和出口食品生产企业实施信用管理，建立信用记录，并依法向社会公布。

六、食品广告监管制度

食品广告的内容应当真实合法，不得含有虚假内容，不得涉及疾病预防、治疗功能，不得欺骗和误导消费者，不得使用医疗用语或者易与药品混淆的用语，必须符合卫生许可的事项。

食品生产经营者对食品广告内容的真实性、合法性负责。县级以上人民政府食品药品监督管理部门和其他有关部门以及食品检验机构、食品行业协会不得以广告或者其他形式向消费者推荐食品。消费者组织不得以收取费用或者其他牟取利益的方式向消费者推荐食品。社会团体或者其他组织、个人在虚假广告中向消费者推荐食品，使消费者的合法权益受到损害的，应当与食品生产经营者承担连带责任。

第三节　食品的生产经营制度

一、食品生产经营中的安全要求

（一）核心要求

食品的生产经营应当符合食品安全标准，是《食品安全法》对食品生产经营最基本、最核心的要求。

（二）其他要求

食品生产经营除了应当符合食品安全标准外，还应当符合下列要求：①具有与生产经营的食品品种、数量相适应的食品原料处理和食品加工、包装、贮存等场所，保持该场所环境整洁，并与有毒、有害场所以及其他污染源保持规定的距离；②具有与生产经营的食品品种、数量相适应的生产经营设备或者设施，有相应的消毒、清洁、采光、处理废水、存放垃圾和废弃物等的设施和设备；③有专职或者兼职的食品安全专业技术人员、食品安全管理人员和保证食品安全的规章制度；④具有合理的设备布局和工艺流程，防止待加工食品与直接入口食品、原料与成品交叉污染，避免食品接触有毒物、不洁物；⑤贮存、运输和装卸食品的容器、工具和设备应当安全、无害，餐具、饮具和盛放直接入口食品的容器，在使用前后应当洗净，保持清洁；⑥直接入口的食品，包装材料、餐具、饮具和容器应当无毒、清洁；⑦食品生产经营人员应当保持个人卫生；⑧用水应当符合国家规定的生活饮用水卫生标准，使用的洗涤剂、消毒剂应当对人体安全、无害。

（三）禁止生产经营的食品

(1) 用非食品原料生产的食品或者添加食品添加剂以外的化学物质和其他可能危

害人体健康物质的食品，或者用回收食品作为原料生产的食品。

（2）致病性微生物，农药残留、兽药残留、生物毒素、重金属等污染物质以及其他危害人体健康的物质含量超过食品安全标准限量的食品、食品添加剂、食品相关产品。

（3）用超过保质期的食品原料、食品添加剂生产的食品、食品添加剂。

（4）超范围、超限量使用食品添加剂的食品。

（5）营养成分不符合食品安全标准的专供婴幼儿和其他特定人群的主辅食品。

（6）腐败变质、油脂酸败、霉变生虫、污秽不洁、混有异物、掺假掺杂或者感官性状异常的食品、食品添加剂。

（7）病死、毒死或者死因不明的禽、畜、兽、水产动物肉类及其制品。

（8）未按规定进行检疫或者检疫不合格的肉类，或者未经检验或者检验不合格的肉类制品。

（9）被包装材料、容器、运输工具等污染的食品、食品添加剂。

（10）标注虚假生产日期、保质期或者超过保质期的食品、食品添加剂。

（11）无标签的预包装食品、食品添加剂。

（12）国家为防病等特殊需要明令禁止生产经营的食品。

（13）其他不符合法律、法规或者食品安全标准的食品、食品添加剂、食品相关产品。

二、食品生产经营许可制度

（一）食品生产经营许可制度

《行政许可法》规定，直接涉及国家安全、公共安全、经济宏观调控、生态环境保护以及直接关系人身健康、生命财产安全等特定活动，需要按照法定条件予以批准的事项，可以设定行政许可，食品属于上述范围，因此，国家对食品生产经营实行许可制度。从事食品生产、食品销售、餐饮服务，应当依法取得生产许可、流通许可及餐饮服务许可。销售食用农产品除外。

取得食品生产许可的食品生产者在其生产场所销售其生产的食品，不需要流通许可；取得餐饮服务许可的餐饮服务提供者在其餐饮服务场所出售其制作加工的食品，不需要取得生产和流通许可；农民个人销售其自产的食用农产品，不需要取得流通许可。

（二）食品添加剂生产许可制度

国家对食品添加剂生产实行许可制度。从事食品添加剂生产，应当具有与所生产食品添加剂品种相适应的场所、生产设备或者设施、专业技术人员和管理制度，取得食品添加剂生产许可。

三、食品和食品添加剂的标签、说明书的规定

食品和食品添加剂的标签、说明书，不得含有虚假内容，不得涉及疾病预防、治疗功

能。生产经营者对其提供的标签、说明书的内容负责。

食品和食品添加剂的标签、说明书应当清楚、明显，生产日期、保质期等事项应当显著标注，容易辨识。

食品和食品添加剂与其标签、说明书的内容不符的，不得上市销售。

四、对食品生产加工小作坊和摊贩的管理

食品生产加工小作坊和食品摊贩因为规模小，经营活动分散且时间、地点不固定，管理较为困难，是食品安全事故的主体之一。《食品安全法》规定这类经营者从事食品生产经营活动，应当符合法律规定的与其生产经营规模、条件相适应的食品安全要求，保证所生产经营的食品卫生、无毒、无害，有关部门应当依法对其加强监督管理。县级以上地方人民政府鼓励食品生产加工小作坊改进生产条件；鼓励食品摊贩进入集中交易市场、店铺等固定场所经营。

五、食品添加剂的使用管理

食品添加剂应当在技术上确有必要且经过风险评估证明安全可靠，方可列入允许使用的范围；国务院卫生行政部门应根据技术必要性和食品安全风险评估结果，及时对食品添加剂的品种、使用范围、用量标准进行修订。

食品生产者应当按照食品安全国家标准使用食品添加剂；不得在食品生产中使用食品添加剂以外的化学物质和其他可能危害人体健康的物质。

六、预包装食品的生产经营管理

预包装食品，是指预先定量包装或者制作在包装材料、容器中的食品。预包装食品的包装上应当有标签。标签应当标明下列事项：①名称、规格、净含量、生产日期；②成分或者配料表；③生产者的名称、地址、联系方式；④保质期；⑤产品标准代号；⑥贮存条件；⑦所使用的食品添加剂在国家标准中的通用名称；⑧生产许可证编号。专供婴幼儿和其他特定人群的主辅食品，其标签还应当标明主要营养成分及其含量。

七、特殊食品的生产经营管理

特殊食品是指保健食品、特殊医学用途配方食品和婴幼儿配方食品。其中特殊医学用途配方食品是指为了满足进食受限、消化吸收障碍、代谢紊乱或特定疾病状态人群对营养素或膳食的特殊需要，专门加工配制而成的配方食品。

1. 保健食品 保健食品所声称的保健功能，应当具有科学依据，不得对人体产生急性、亚急性或者慢性危害。保健食品原料目录应当包括原料名称、用量及其对应的功效；列入保健食品原料目录的原料只能用于保健食品生产，不得用于其他食品生产。

2. 特殊医学用途配方食品 应当经国务院食品药品监督管理部门注册。注册时，应当提交产品配方、生产工艺、标签、说明书以及表明产品安全性、营养充足性和特殊医学用途临床效果的材料。特殊医学用途配方食品广告适用《广告法》和其他法律、行政法规关于药品广告管理的规定。

3. 婴幼儿配方食品 生产企业应当实施从原料进厂到成品出厂的全过程质量控制，对出厂的婴幼儿配方食品实施逐批检验，保证食品安全。生产婴幼儿配方食品使用的生鲜乳、辅料等食品原料、食品添加剂等，应当符合法律、行政法规的规定和食品安全国家标准，保证婴幼儿生长发育所需的营养成分。

八、食品安全管理

（一）从业人员健康管理

食品生产经营者应当建立并执行从业人员健康管理制度。患有国务院卫生行政部门规定的有碍食品安全疾病的人员，不得从事接触直接入口食品的工作。从事接触直接入口食品工作的食品生产经营人员应当每年进行健康检查，取得健康证明后方可上岗工作。

（二）记录制度

1. 农业投入品记录制度 食用农产品生产者应当按照食品安全标准和国家有关规定使用农药、肥料、兽药、饲料和饲料添加剂等农业投入品，严格执行农业投入品使用安全间隔期或者休药期的规定，不得使用国家明令禁止的农业投入品。禁止将剧毒、高毒农药用于蔬菜、瓜果、茶叶和中草药材等国家规定的农作物。食用农产品的生产企业和农民专业合作经济组织应当建立农业投入品使用记录制度。

2. 进货查验记录制度 食品生产企业应当建立进货查验记录制度。如实查验并记录购进的食品原料、食品添加剂、食品相关产品的相关信息，并保存相关凭证。

3. 食品出厂检验记录制度 食品生产企业应当建立食品出厂检验记录制度，查验出厂食品的检验合格证和安全状况，如实记录食品的相关信息，并保存相关凭证。

（三）食品安全全程追溯制度

国家建立食品安全全程追溯制度。食品生产经营者应当建立食品安全追溯体系，保证食品可追溯。国家鼓励食品生产经营者采用信息化手段采集、留存生产经营信息，建立食品安全追溯体系。国务院食品药品监督管理部门会同国务院农业行政等有关部门建立食品安全全程追溯协作机制。

（四）食品召回制度

食品召回制度是指食品生产者发现其生产的食品不符合食品安全标准或者有证据证明可能危害人体健康的，应当立即停止生产，召回已经上市销售的食品，通知相关生产经营者和消费者的制度。国家建立食品召回制度。

（五）网络食品交易实名登记制度

随着互联网经济的发展，网络交易已经成为一种常见的购物方式。《食品安全法》顺应这一趋势，对网络食品交易安全作了进一步规定。《食品安全法》规定，网络食品交易第三方平台提供者应当对入网食品经营者进行实名登记，明确其食品安全管理责任；依法应当取得许可证的，还应当审查其许可证。网络食品交易第三方平台提供者发现入网食品经营者有违反规定行为的，应当及时制止并立即报告所在地县级人民政府食品药品监督管理部门；发现严重违法行为的，应当立即停止提供网络交易平台服务。

（六）食品安全自查制度

食品生产经营者应当建立食品安全自查制度，定期对食品安全状况进行检查评价。生产经营条件发生变化，不再符合食品安全要求的，食品生产经营者应当立即采取整改措施；有发生食品安全事故潜在风险的，应当立即停止食品生产经营活动，并向所在地县级人民政府食品药品监督管理部门报告。

（七）食品生产经营企业认证

国家鼓励食品生产经营企业实施危害分析与关键控制点体系认证制度，对通过良好生产规范、危害分析与关键控制点体系认证的食品生产经营企业，认证机构应当依法实施跟踪调查；对不再符合认证要求的企业，应当依法撤销认证，及时向有关质量监督、工商行政管理、食品药品监督管理部门通报，并向社会公布。认证机构实施跟踪调查不收取任何费用。

（八）食品中不得添加药品

生产经营的食品中不得添加药品，但是可以添加按照传统既是食品又是中药材的物质。按照传统既是食品又是中药材的物质目录由国务院卫生行政部门会同国务院食品药品监督管理部门制定、公布。

（九）提供食品交易机会的主体对经营者审查义务

集中交易市场的开办者、柜台出租者和展销会举办者，应当依法审查入场食品经营者的许可证，明确其食品安全管理责任，定期对其经营环境和条件进行检查，发现其有违反本法规定行为的，应当及时制止并立即报告所在地县级人民政府食品药品监督管理部门。

第四节　食品安全事故处置

一、食品安全事故概念及分级

食品安全事故，是指食物中毒、食源性疾病、食品污染等源于食品，对人体健康有危害或者可能有危害的事故。

食品安全事故划分为四级，即特别重大食品安全事故、重大食品安全事故、较大食品安全事故和一般食品安全事故。特别重大食品安全事故，由国务院卫生行政部门会同食品安全办向国务院提出启动Ⅰ级响应的建议，经国务院批准后，成立国家特别重大食品安全事故应急处置指挥部，统一领导和指挥事故应急处置工作。重大、较大、一般食品安全事故，分别由事故所在地省、市、县级人民政府组织成立相应应急处置指挥机构，统一组织开展本行政区域事故应急处置工作。

二、应急预案的制定

应急预案，是指针对可能发生的事故，为迅速、有序、有效地开展应急救援行动而预先制定的行动方案。

国务院组织制定国家食品安全事故应急预案。2011 年 10 月，国务院颁布了修订的《国家食品安全事故应急预案》。

县级以上地方人民政府应当根据有关法律、法规的规定和上级人民政府的食品安全事故应急预案以及本地区的实际情况，制定本行政区域的食品安全事故应急预案，并报上一级人民政府备案。

食品生产经营企业制定食品安全事故处置方案，定期检查本企业各项食品安全防范措施的落实情况，及时消除食品安全事故隐患。

三、食品安全事故的处置

发生食品安全事故的单位应当立即采取措施，防止事故扩大。事故单位和接收患者进行治疗的单位应当及时向事故发生地县级人民政府食品药品监督管理、卫生行政部门报告。

四、食品安全事故的通报和上报

县级以上人民政府质量监督、农业行政等部门在日常监督管理中发现食品安全事故或者接到事故举报，应当立即向同级食品药品监督管理部门通报。

发生食品安全事故，接到报告的县级人民政府食品药品监督管理部门应当按照应急预案的规定，向本级人民政府和上级人民政府食品药品监督管理部门报告。县级人民政府和上级人民政府食品药品监督管理部门应当按照应急预案的规定上报。

任何单位和个人不得对食品安全事故隐瞒、谎报、缓报，不得隐匿、伪造、毁灭有关证据。

五、食品安全事故的应急措施

发生食品安全事故，县级以上疾病预防控制机构应当对事故现场进行卫生处理，并对与事故有关的因素开展流行病学调查。县级以上食品药品监督管理部门接到食品安全事故的报告后，应当立即会同同级卫生行政、质量监督、农业行政等部门进行调查处理，并采取下列措施，防止或者减轻社会危害。

1. 应急救援 开展应急救援工作，组织救治因食品安全事故导致人身伤害的人员。

2. 封存 封存可能导致食品安全事故的食品及其原料，并立即进行检验；对确认属于被污染的食品及其原料，责令食品生产经营者依法召回或者停止经营；封存被污染的食品相关产品，并责令进行清洗消毒。

3. 信息发布 做好信息发布工作，依法对食品安全事故及其处理情况进行发布，并对可能产生的危害加以解释、说明。

发生食品安全事故需要启动应急预案的，县级以上人民政府应当立即成立事故处置指挥机构，启动应急预案，依照前款和应急预案的规定进行处置。

六、食品安全事故的调查

（一）调查主体

发生食品安全事故，设区的市级以上食品药品监督管理部门应当立即会同有关部门进行事故责任调查，督促有关部门履行职责，向本级人民政府和上一级人民政府食品药品监督管理部门提出事故责任调查处理报告。

涉及两个以上省、自治区、直辖市的重大食品安全事故由国务院食品药品监督管理部门依照规定组织事故责任调查。

（二）调查内容

调查食品安全事故，除了查明事故单位的责任，还应当查明有关监督管理部门、食品检验机构、认证机构及其工作人员的责任。食品安全事故调查部门有权向有关单位和个人了解与事故有关的情况，并要求提供相关资料和样品。任何单位和个人不得阻挠、干涉食品安全事故的调查处理。

第五节　食品安全监督管理

一、食品安全监督管理措施

食品药品监督管理部门履行食品安全监督管理职责，有权采取下列措施：①进入生产经营场所实施现场检查；②对生产经营的食品、食品添加剂、食品相关产品进行抽样检验；③查阅、复制有关合同、票据、账簿以及其他有关资料；④查封、扣押有证据证明不符合食品安全标准或者有证据证明存在安全隐患以及用于违法生产经营的食品、食品添加剂、食品相关产品；⑤查封违法从事生产经营活动的场所。

二、食品安全信用档案制度

县级以上人民政府食品药品监督管理部门应当建立食品生产经营者食品安全信用档案，记录许可颁发、日常监督检查结果、违法行为查处等情况，依法向社会公布并实时更新；对有不良信用记录的食品生产经营者增加监督检查频次，对违法行为情节严重的食品生产经营者，可以通报投资主管部门、证券监督管理机构和有关的金融机构。

三、食品安全责任约谈制度

约谈是指拥有具体行政职权的机关，通过约谈沟通、学习政策法规、分析讲评等方式，对下级组织运行中存在的问题予以纠正并规范的准行政行为。

1. 食品药品监管部门对企业的约谈 食品生产经营过程中存在食品安全隐患，未及时采取措施消除的，县级以上人民政府食品药品监督管理部门可以对食品生产经营者的法定代表人或者主要负责人进行责任约谈。食品生产经营者应当立即采取措施，进行整改，消除隐患。责任约谈情况和整改情况应当纳入食品生产经营者食品安全信用档案。

2. 政府对食品药品监督管理部门的约谈 县级以上人民政府食品药品监督管理等部门未及时发现食品安全系统性风险，未及时消除监督管理区域内的食品安全隐患的，本级人民政府可以对其主要负责人进行责任约谈。

3. 上级政府对下级政府的约谈 地方人民政府未履行食品安全职责，未及时消除区域性重大食品安全隐患的，上级人民政府可以对其主要负责人进行责任约谈。被约谈的食品药品监督管理等部门、地方人民政府应当立即采取措施，对食品安全监督管理工作进行整改。

四、食品安全信息公开制度

食品安全信息是指食品安全总体情况、食品安全风险警示信息、重大食品安全事故及其调查处理信息和国务院确定需要统一公布的其他信息。食品安全信息公开制度既实现了公众的知情权，又能更有效地督促食品生产经营者依法经营，有利于监督职能的实施。

1. 国务院食品药品监督管理部门统一公布的食品安全信息 国家建立统一的食品安全信息平台，食品安全信息由国务院食品药品监督管理部门统一公布。食品安全风险警示信息和重大食品安全事故及其调查处理信息的影响限于特定区域的，也可以由有关省级食品药品监督管理部门公布。未经授权不得发布上述信息。

2. 食品安全日常监督管理信息 县级以上人民政府食品药品监督管理、质量监督、农业行政部门依据各自职责公布食品安全日常监督管理信息。公布食品安全信息，应当做到准确、及时，并进行必要的解释说明，避免误导消费者和社会舆论。县级以上地方人民政府食品药品监督管理、卫生行政、质量监督、农业行政部门如果获知需要统一公布的信息，应当向上级主管部门报告，由上级主管部门立即报告国务院食品药品监督管理部门；必要时，可以直接向国务院食品药品监督管理部门报告。

五、食品行政执法与刑事司法衔接制度

县级以上人民政府食品药品监督管理、质量监督等部门发现涉嫌食品安全犯罪的，应当按照有关规定及时将案件移送公安机关。对移送的案件，公安机关应当及时审查；认为有犯罪事实需要追究刑事责任的，应当立案侦查。

公安机关在食品安全犯罪案件侦查过程中认为没有犯罪事实，或者犯罪事实显著轻微，不需要追究刑事责任，但依法应当追究行政责任的，应当及时将案件移送食品药品监督管理、质量监督等部门和监察机关，有关部门应当依法处理。公安机关商请食品药品监督管理、质量监督、环境保护等部门提供检验结论、认定意见以及对涉案物品进行无害化处理等协助的，有关部门应当及时提供，予以协助。

第六节 法律责任

一、食品安全法规定的法律责任的特点

新《食品安全法》规定了非常严格的法律责任，主要体现在以下几个方面。

第一，大幅提高行政处罚的额度，最高罚款数额达到违法生产经营货值金额的三十倍；新增更为严厉的限制人身自由的行政拘留处罚。

第二，打击连续反复违法行为的力度加大，一年中累计三次因违法受到警告、罚款处罚的食品生产经营者，由食品药品监督管理部门责令停产停业，直至吊销许可证。

第三，实行限业和终身禁业处罚，被吊销许可证的食品生产经营者及其法定代表人、直接负责的主管人员和其他直接责任人员自处罚决定做出之日起五年内不得申请食品生产经营许可，或者从事食品生产经营管理工作、担任食品生产经营企业食品安全管理人员。因食品安全犯罪被判处有期徒刑以上刑罚的，终身不得从事食品生产经营管理工作，也不得担任食品生产经营企业食品安全管理人员。

第四，民事赔偿数额体现惩罚性，生产不符合食品安全标准的食品或者经营明知是不符合食品安全标准的食品，消费者除要求赔偿损失外，还可以向生产者或者经营者要求支付价款十倍或者损失三倍的赔偿金。

第五，处罚对象扩大到与违法生产经营密切相关的人员，如明知无许可证仍为之提供场所和条件的，也要受到严惩，并与之对消费者的损害承担连带责任。

二、法律责任

（一）市场主体违法进行生产经营食品行为的行政与民事法律责任

1. 未取得食品生产经营许可而从事食品经营的法律责任 由县级以上人民政府食品药品监督管理部门没收违法所得和违法生产经营的食品、食品添加剂以及用于违法生产经营的工具、设备、原料等物品。明知从事上述违法行为，仍为其提供生产经营场所或者其他条件的，由县级以上人民政府食品药品监督管理部门责令停止违法行为，没收违法所得，并处罚款；使消费者的合法权益受到损害的，应当与食品、食品添加剂生产经营者承担连带责任。

2. 违反规定生产食品的法律责任 用非食品原料生产食品、在食品中添加食品添加剂以外的化学物质和其他可能危害人体健康的物质，或经营病死、毒死或者死因不明的禽、畜、兽、水产动物肉类，尚不构成犯罪的，由县级以上人民政府食品药品监督管理部门没收违法所得和违法生产经营的食品以及用于违法生产经营的工具、设备、原料等物品，并处罚款；情节严重的，吊销许可证，并可以由公安机关对其直接负责的主管人员和其他直接责任人员处以拘留。

3. 生产不符合食品安全要求的食品的法律责任 生产经营致病性微生物，农药残留及重金属等污染物质以及其他危害人体健康的物质含量超过食品安全标准限量的食品、食品添加剂；或生产经营腐败变质、油脂酸败、掺假掺杂的食品、食品添加剂，尚不构成犯罪的，由县级以上人民政府食品药品监督管理部门没收违法所得和违法生产经营的食品、食品添加剂，并可以没收用于违法生产经营的工具、设备、原料等物品；可以并处罚款；情节严重的，吊销许可证。

（二）食品安全监测和评估、检验、认证的技术机构和技术人员的法律责任

1. 提供虚假信息的法律责任 承担食品安全风险监测、风险评估工作的技术机构、技术人员提供虚假监测、评估信息的，依法对技术机构直接负责的主管人员和技术人员给予撤职、开除处分；有执业资格的，由授予其资格的主管部门吊销执业证书。

2. 出具虚假报告的法律责任 食品检验机构、食品检验人员出具虚假检验报告的，由授予其资质的主管部门或者机构撤销该食品检验机构的检验资质，没收所收取的检验费用，并处罚款。

3. 出具虚假认证结论的法律责任 认证机构出具虚假认证结论，由认证认可监督管理部门没收所收取的认证费用，并处罚款。情节严重的，责令停业，对直接负责的主管人员和负有直接责任的认证人员，撤销其执业资格。

（三）广告经营者及政府部门等对食品进行虚假宣传的法律责任

1. 虚假食品广告的法律责任 在广告中对食品作虚假宣传，欺骗消费者，或者发布未取得批准文件、广告内容与批准文件不一致的保健食品广告的，依照《广告法》的规定给予处罚。广告经营者、发布者设计、制作、发布虚假食品广告，使消费者的合法权益受到损害的，应当与食品生产经营者承担连带赔偿责任。

2. 违规推荐食品的法律责任 食品药品监督管理等部门、食品检验机构、食品行业协会以广告或者其他形式向消费者推荐食品，消费者组织以收取费用或者其他牟取利益的方式向消费者推荐食品的，由有关主管部门没收违法所得，依法对直接负责的主管人员和其他直接责任人员给予记大过、降级或者撤职处分；情节严重的，给予开除处分。

3. 编造、散布虚假食品安全信息的法律责任 编造、散布虚假食品安全信息构成违反治安管理行为的，由公安机关依法给予治安管理处罚。

（四）食品安全监管机关及公务人员的法律责任

1. 隐瞒、谎报、缓报食品安全事故的法律责任 县级以上地方人民政府有隐瞒、谎报、缓报食品安全事故的，对直接负责的主管人员和其他直接责任人员给予记大过处分；情节较重的，给予降级或者撤职处分；情节严重的，给予开除处分；造成严重后果的，其主要负责人还应当引咎辞职。

2. 未按规定公布食品安全信息的法律责任 县级以上人民政府食品药品监督管理、卫生行政、质量监督、农业行政等部门未按规定公布食品安全信息，造成不良后果的，对直接负责的主管人员和其他直接责任人员给予警告、记过或者记大过处分；情节较重的，给予降级或者撤职处分；情节严重的，给予开除处分。

3. 违规执法的法律责任 食品药品监督管理、质量监督等部门在履行食品安全监督管理职责过程中，违法实施检查、强制等执法措施，给生产经营者造成损失的，应当依法予以赔偿，对直接负责的主管人员和其他直接责任人员依法给予处分。

（五）刑法中规定的相关法律责任

1. 生产、销售不符合安全标准的食品罪 《刑法》第一百四十三条规定，生产、销售不符合食品安全标准的食品，足以造成严重食物中毒事故或者其他严重食源性疾病的，处三年以下有期徒刑或者拘役，并处罚金；对人体健康造成严重危害或者有其他严重情节的，处三年以上七年以下有期徒刑，并处罚金；后果特别严重的，处七年以上有期徒刑或者无期徒刑，并处罚金或者没收财产。

2. 生产、销售有毒、有害食品罪 《刑法》第一百四十四条规定，在生产、销售的食品中掺入有毒、有害的非食品原料的，或者销售明知掺有有毒、有害的非食品原料的食品的，处五年以下有期徒刑，并处罚金；对人体健康造成严重危害或者有其他严重情节的，处五年以上十年以下有期徒刑，并处罚金；致人死亡或者有其他特别严重情节的，依照《刑法》第一百四十一条的规定处罚，即处十年以上有期徒刑、无期徒刑或者死刑，并处罚金或者没收财产。

3. 食品监管失职罪 2011 年《刑法》修正案八增加了监管主体的刑事责任，第四百零八条之一规定，负有食品安全监督管理职责的国家机关工作人员，滥用职权或者玩忽职守，导致发生重大食品安全事故或者造成其他严重后果的，处五年以下有期徒刑或者拘役；造成特别严重后果的，处五年以上十年以下有期徒刑。徇私舞弊犯前款罪的，从重处罚。

思考题

1. 名词解释：食品安全　食品风险监测　食源性疾病　食品添加剂
2. 应当进行食品风险评估的情形有哪些？
3. 食品安全国家标准审评委员会的组成情况是怎样的？
4. 食品生产经营的总体要求是怎样的？
5. 未取得食品生产经营许可从事食品生产经营活动的法律责任有哪些？

案例思考

2013 年 6 月 17 日，李先生在武汉 A 超市购买某品牌阿胶糕一盒，食品外包装载明的生产日期为 2012 年 8 月 7 日，保质期为 10 个月。购买后，李先生发现食品已过保质期，即向该超市要求退货无果，遂向湖北省武汉市 H 区人民法院起诉，请求该超市退还货款 251 元，10 倍赔偿货款 2510 元，支付交通费 3000 元、精神抚慰金 3000 元。

一审法院认为，李先生提供的购物发票可以证实其与 A 超市建立了买卖合同关系。A 超市虽辩称李先生要求退货的过期阿胶糕不是该超市卖场提供的，但未向法院提交同期进货的证据证实不是该超市卖场销售的，应承担举证不能的责任。其出售超过保质期的食品是法律所禁止的行为。据此，一审法院依照《食品安全法》的规定①，判决 A 超市退还货款 251 元，十倍赔偿货款 2510 元，赔偿李某交通费 500 元。

A 超市随后提出上诉。武汉市中级人民法院二审认为，A 超市主张本案所涉商品

① 注：2013 年，《食品安全法》尚未修订，但关于十倍赔偿的法律责任规定修订前后并没有改变。

不是由其销售，但又不能提供充足的证据予以证明，且其对李先生出具的购物发票没有异议，故对其该主张不予支持。A 超市销售过期食品为法律所禁止，依法应承担赔偿责任。法院对其不是故意销售过期食品，不应承担赔偿责任的主张不予支持，判决维持原判。

问题：

请用《食品安全法》关于生产经营的法律规定来分析此案。

第十四章 药品管理法律制度

本章知识点：

- 假药、劣药、新药、仿制药、药品标准、疫苗的含义
- 药品生产、经营许可证制度及认证制度
- 医疗机构配制制剂法律规定
- 药品标准及药品注册的法律规定
- 药品召回制度及药品不良反应报告制度
- 预防接种异常反应的处理
- 药品生产者、药品经营者、医疗机构违反药品管理法所应承担的法律责任

本章导读：2010年9月1日至2010年9月15日，执法人员在检查中发现：某商店在未取得《药品经营许可证》的情况下，擅自销售感冒通（1000元）、感康（3000元）、大青叶片（1000元）。经检验，感冒通为劣药；感康为假药；大青叶片为合格药品。作为执法人员，你该怎样处罚？本章内容中的法律责任给出了回答。

第一节 概　　述

一、药品管理法的概念

药品管理法是调整药品监督管理，确保药品质量，增进药品疗效，保障用药安全，维护人体健康活动中产生的各种社会关系的法律规范的总和。

药品指用于预防、治疗、诊断人的疾病，有目的地调节人的生理机能并规定有适应证或者功能主治、用法和用量的物质，包括中药材、中药饮片、中成药、化学原料药及其制剂、抗生素、生化药品、放射性药品、血清、疫苗、血液制品和诊断药品等。

药品作为一种商品，具有一般商品的共同属性。但是由于药品直接关系到每一个人的生命健康和社会共同利益，它又是一种特殊的商品。

1. 药品作用的两重性　药品可以防病治病、康复保健，但多数药品具有一定的毒、副作用。因此，药品用之得当，方可发挥治病救人、维护健康的功能。

2. 药品质量的严格性　由于药品直接关系到疾病防治的效果，关系到患者的身体健康和生命安危。因此，药品必须符合质量标准要求。为此，国家制定了一系列的法律法规和技术标准，加强对药品质量的监督管理。

3. 药品鉴定的科学性 药品具有很强的专业性和技术性。对于药品的质量和疗效，必须由专门的技术人员和专门的机构，依照法定的标准和技术方法，才能做出鉴定或评价。

4. 药品使用的专门性 人们只能在医师的指导下甚至医药专业人员的监护下才能合理用药，达到防病治病和保护健康的目的。同时，药品用途具有专门性，在一般情况下不能用于非医疗途径。

二、药品管理立法

新中国成立后，党和政府十分重视药品管理法制建设，国家制定了一系列有关药品管理的法律、法规。1950 年，我国颁布了药品管理的第一个行政法规《管理麻醉药品暂行条例》。1963 年，卫生部、化工部和商业部联合颁布了《关于加强药政管理的若干规定》。1978 年，卫生部制定了《药政管理条例(试行)》。

为了进一步健全药事法制，从 1980 年底开始，以《药政管理条例(试行)》为基础，起草《药品管理法》，1984 年 9 月 20 日第六届全国人民代表大会常务委员会第七次会议通过了《中华人民共和国药品管理法》(简称《药品管理法》)，2001 年 2 月 28 日，第九届全国人民代表大会常务委员会第二十次会议对该法进行了修订；为了简政放权，配合行政审批改革，2015 年 4 月 24 日第十二届全国人民代表大会常务委员会第十四次会议再次修订了该法。本次修改主要是减少药品生产许可证和药品经营许可证在工商行政管理部门注册、变更和注销环节，以及根据最新药品价格管理改革方向正式将药品价格“市场化”。

为了保证《药品管理法》的贯彻实施并完善药品管理法律制度，国务院、国家卫生和计划生育委员会、国家食品药品监督管理局(现更名为国家食品药品监督管理总局)等机构和部门先后发布多部配套法规、规章，如《中华人民共和国药品管理法实施条例》、《药品生产质量管理规范》、《药品广告审查办法》等，各省、自治区、直辖市也相应制定了一系列有关药品管理的地方性法规和规章，形成了以《药品管理法》为核心的药品监督管理的法律体系。

三、《药品管理法》的适用范围

根据《药品管理法》第二条规定，在中华人民共和国境内从事药品的研制、生产、经营、使用和监督管理的单位或个人，必须遵守本法。

第二节　药品生产和经营管理

一、药品生产企业管理

药品生产企业是指生产药品的专营企业或兼营企业。为确保药品质量，国家依法对药品生产企业实行许可证制度和药品生产质量管理规范认证制度。

（一）药品生产许可证制度

药品生产许可证制度指国家通过对药品生产企业条件的审核，确定企业是否具有药品生产或继续生产的资格，对符合条件的企业发给药品生产许可证，无此证的，不得生产药品。药品生产许可证制度涉及以下内容。

1. 开办药品生产企业的条件 开办药品生产企业必须具备以下条件：①具有依法经过资格认定的药学技术人员、工程技术人员及相应的技术工人；②具有与药品生产相适应的厂房、设施和卫生环境；③具有能对所生产药品进行质量管理和质量检验的机构、人员以及必要的仪器设备；④具有保证药品质量的规章制度。

2. 药品生产企业的审批 开办药品生产企业，由开办企业或者企业的上级部门向企业所在地省级药品监督管理部门申报，经审核批准并发给药品生产许可证。新开办药品生产企业在工商行政管理部门办理登记注册的时候，只需要按常规企业来办理登记注册。药品生产许可证应当标明有效期和生产范围，有效期为5年，到期后，重新审查颁发许可证。

（二）药品生产质量管理规范认证制度

我国《药品管理法》规定，药品生产企业必须按照国务院药品监督管理部门制定的《药品生产质量管理规范》(GMP)的要求组织生产。药品监督管理部门按照《药品生产质量管理规范》的要求对药品生产企业进行认证，发给认证证书。取得认证证书的药品生产企业方可进行药品生产或继续生产。

卫生部发布的于2011年3月1日起施行的《药品生产质量管理规范(2010年修订)》(新版GMP)与1998年版相比从管理和技术要求上有相当大的进步。新版GMP以欧盟GMP为基础，考虑到国内差距，以WHO (2003版)为底线。新版GMP认证有两个时间节点：血液制品、疫苗、注射剂等无菌药品的生产，应在2013年12月31日前达到新版药品GMP要求；其他类别药品的生产均应在2015年12月31日前达到新版药品GMP要求。未达到新版药品GMP要求的企业(车间)，在上述规定期限后不得继续生产药品。

（三）药品生产的质量管理

《药品管理法》规定药品生产企业除了必须遵照《药品生产质量管理规范》外，还应当遵守以下要求。

1. 按照批准的生产工艺进行生产 《药品管理法》规定，药品必须按照国家药品标准和国务院药品监督管理部门批准的生产工艺进行生产，生产记录必须完整准确。药品生产企业改变影响药品质量的生产工艺的，必须报原批准部门审核批准。生产药品所需的原料、辅料，必须符合药用要求。

2. 药品质量检验 为保证合格的药品投入市场，药品生产企业必须对其生产的药品进行质量检验；不符合国家药品标准或者不按照中药饮片炮制规范炮制的，不得出厂。

3. 药品委托生产的管理 药品委托生产，是指药品生产企业在因技术改造暂不具备生产条件和能力或产能不足暂不能保障市场供应的情况下，将其持有药品批准文号的药品委托其他药品生产企业全部生产的行为，不包括部分工序的委托加工行为。经国务院药品监督管理部门或者国务院药品监督管理部门授权的省级药品监督管理部门批准，药品生产企业可以接受委托生产药品。但麻醉药品、精神药品、药品类易制毒化学品及其复方制剂，医疗用毒性药品，生物制品，多组分生化药品，中药注射剂和原料药不得委托生产。

4. 药品包装管理 ①直接接触药品的包装材料和容器，必须符合药用要求，符合保障人体健康、安全的标准，并由药品监督管理部门在审批药品时一并审批。②药品包装必须适合药品质量的要求，方便储存、运输和医疗使用。发运中药材必须有包装。在每件包装上，必须注明品名、产地、日期、调出单位，并附有质量合格的标志。③药品包装必须按照规定印有或者贴有标签并附有说明书。标签或者说明书上必须注明药品的通用名称、成分、规格、生产企业、批准文号、产品批号、生产日期、有效期、适应证或者功能主治、用法、用量、禁忌、不良反应和注意事项。④麻醉药品、精神药品、医疗用毒性药品、放射性药品、外用药品和非处方药的标签，必须印有规定的标志。

二、药品经营企业管理

药品经营企业主要指药品批发和零售企业。

（一）药品经营许可证制度

为了加强对药品经营企业的管理，国家对药品经营企业实行药品经营许可证制度。药品经营许可证制度指国家对药品经营企业的药品经营条件进行审核，确定企业是否具有经营药品的资格。对符合条件的企业发给药品经营许可证。

药品经营许可证制度涉及以下内容。

1. 药品经营条件 《药品管理法》规定，开办药品经营企业必须具备以下条件：①具有依法经过资格认定的药学技术人员；②具有与所经营药品相适应的营业场所、设备、仓储设施、卫生环境；③具有与所经营药品相适应的质量管理机构或者人员；④具有保证经营药品质量的规章制度。在《药品管理法》的基础上，2004 年国家食品药品监督管理局发布的《药品经营许可证管理办法》对开办药品批发企业、药品零售企业的条件又进一步作出了详细的规定。

2. 药品经营企业的审批 开办药品批发企业，须经企业所在地省级药品监督管理部门批准并发给药品经营许可证；开办药品零售企业，须经企业所在地县级药品监督管理部门批准并发给药品经营许可证。无药品经营许可证的，不得经营药品。药品经营许可证应当标明有效期和经营范围，许可证有效期为 5 年，到期重新审查发证。

（二）药品经营企业质量管理规范认证制度

药品经营企业必须按照国务院药品监督管理部门制定的《药品经营质量管理规范》经营药品。2015 年 6 月 25 日国家食品药品监督管理总局公布了《药品经营质量管理规范》(GSP)。该《规范》分总则、药品批发的质量管理、药品零售的质量管理、附则 4 章 187 条，自发布之日起施行，药品监督管理部门按照规定对药品经营企业是否符合 GSP 的要求进行认证；认证合格的，发给认证证书。

依据《中华人民共和国药品管理法实施条例》(2016 年 2 月 6 日修正版）的规定，省级药品监督管理部门和设区的市级药品监督管理机构负责组织药品经营企业的认证工作，药品经营企业应当通过《药品经营质量管理规范》的认证，取得认证证书。

新开办药品批发企业和药品零售企业，应当自取得药品经营许可证之日起 30 日内，向发给其药品经营许可证的药品监督管理部门或者药品监督管理机构申请《药品经营质量管理规范》认证。受理申请的药品监督管理部门或者药品监督管理机构应当自收到申请之日起 3 个月内，按照国务院药品监督管理部门的规定，组织对申请认证的药品批发企业或者药品零售企业是否符合《药品经营质量管理规范》进行认证；认证合格的，发给认证证书。

（三）药品经营企业的质量管理

根据《药品管理法》的相关规定，药品经营企业除了要遵循《药品经营质量管理规范》，还要遵循以下管理制度。

1. 执行进货检查验收制度 药品经营企业购进药品，必须建立并执行进货检查验收制度，验明药品合格证明和其他标识；不符合规定要求的，不得购进。

2. 具有真实完整的购销记录 购销记录必须注明药品的通用名称、剂型、规格、批号、有效期、生产厂商、购（销）货单位、购（销）货数量、购销价格、购（销）货日期及国务院药品监督管理部门规定的其他内容。

3. 正确调配处方 调配处方必须经过核对，对处方所列药品不得擅自更改或者代用。对有配伍禁忌或者超剂量的处方，应当拒绝调配；必要时，经处方医师更正或者重新签字，方可调配。药品经营企业销售中药材，必须标明产地。

4. 制定和执行药品保管制度 药品经营企业必须制定和执行药品保管制度，采取必要的冷藏、防冻、防潮、防虫、防鼠等措施，保证药品质量。药品入库和出库必须执行检查制度。

5. 药品采购 药品经营企业必须从具有药品生产企业、经营资格的企业购进药品，但是购进没有实施批准文号管理的中药材除外。

三、医疗机构配制制剂管理

医疗机构制剂指医疗机构根据本单位临床需要经批准而配制、自用的固定处方制剂。国家对医疗机构制剂也采取了严格的管理制度。

（一）制剂许可证制度

医疗机构制剂许可证制度指国家通过对医疗单位配制制剂条件的审核，确定其是否具备配制制剂的资格。对符合条件的单位发给制剂许可证。制剂许可证制度涉及的内容主要如下。

1. 医疗机构配制制剂的条件 《药品管理法》规定，医疗单位配制制剂必须具备以下条件：①配备依法经过资格认定的药学技术人员，非药学技术人员不得直接从事药剂技术工作；②具有能够保证制剂质量的设施、管理制度、检验仪器和卫生条件。

2. 医疗机构配制制剂的审批 《药品管理法》规定，医疗机构配制的制剂，应当是本单位临床需要而市场上没有供应的品种，并须经所在地省级卫生行政部门审核同意，由省级药品监督管理部门批准，发给医疗机构制剂许可证。无医疗机构制剂许可证的，不得配制制剂。制剂许可证有效期为 5 年，到期重新审查发证。《药品管理法实施条例》规定，医疗机构配制制剂，还需获得制剂批准文号后，方可配制。

（二）医疗机构配制制剂的注册

1. 医疗机构制剂注册的申请人 根据《医疗机构制剂注册管理办法》，医疗机构制剂的申请人，应当是持有医疗机构执业许可证并取得医疗机构制剂许可证的医疗机构。未取得医疗机构制剂许可证或者医疗机构制剂许可证无相应制剂剂型的“医院”类别的医疗机构可以申请医疗机构中药制剂，但是必须同时提出委托配制制剂的申请。

2. 医疗机构制剂的申报与审批 申请配制医疗机构制剂，申请人应当填写医疗机构制剂注册申请表，向所在地省级药品监督管理部门或者其委托的设区的市级（食品）药品监督管理机构提出申请，报送有关资料和制剂实样。

省级药品监督管理部门收到全部申报资料后组织完成技术审评，作出是否准予许可的决定。符合规定的，应当自作出准予许可决定之日起 10 日内向申请人核发《医疗机构制剂注册批件》及制剂批准文号，同时报国家食品药品监督管理局备案。

有下列情形之一的，不得作为医疗机构制剂申报：①市场上已有供应的品种；②含有未经国家食品药品监督管理局批准的活性成分的品种；③除变态反应原外的生物制品；④中药注射剂，中药、化学药组成的复方制剂；⑤麻醉药品、精神药品、医疗用毒性药品、放射性药品；⑥其他不符合国家有关规定的制剂。

（三）医疗机构制剂的使用

《药品管理法》规定，配制的制剂必须按照规定进行质量检验；合格的，凭医师处方在本医疗机构使用。特殊情况下，经国务院或者省级药品监督管理部门批准，医疗机构配制的制剂可以在指定的医疗机构之间调剂使用。医疗机构配制的制剂，不得在市场销售。

四、禁止生产、销售的药品

《药品管理法》规定，禁止生产（包括配制）、销售假药，禁止生产、销售劣药。

（一）假药

假药是指药品所含成分与国家药品标准规定的成分不符的，以及以非药品冒充药品或者以他种药品冒充此种药品的。《药品管理法》规定，有下列情形之一的药品，按假药论处：①国务院药品监督管理部门规定禁止使用的；②依照本法必须批准而未经批准生产、进口，或者依照本法必须检验而未经检验即销售的；③变质的；④被污染的；⑤使用依照本法必须取得批准文号而未取得批准文号的原料药生产的；⑥所标明的适应证或者功能主治超出规定范围的。

（二）劣药

劣药是指药品成分的含量不符合国家药品标准的药品。《药品管理法》规定，有下列情形之一的药品，按劣药论处：①未标明有效期或者更改有效期的；②不注明或者更改生产批号的；③超过有效期的；④直接接触药品的包装材料和容器未经批准的；⑤擅自添加着色剂、防腐剂、香料、矫味剂及辅料的；⑥其他不符合药品标准规定的。

五、药品流通

为了规范药品流通秩序，保证药品质量，《药品流通监督管理办法》规定药品生产企业只能销售本企业生产的药品，不得销售本企业受委托生产的或者他人生产的药品；销售药品时，必须出示有关证件。医疗机构以集中招标方式采购药品的，应当遵守《药品管理法》、《药品管理法实施条例》及《药品流通监督管理办法》的有关规定。

药品经营企业应当按照药品经营许可证许可的经营范围经营药品，未经药品监督管理部门审核同意，药品经营企业不得改变经营方式。药品生产、经营企业不得为他人以本企业的名义经营药品提供场所，或者资质证明文件，或者票据等便利条件。禁止非法收购药品。

六、药品召回

药品召回是指药品生产企业（包括进口药品的境外制药厂商）按照规定的程序收回已上市销售的存在安全隐患的药品。为加强药品安全监管，保障公众用药安全，2007年12月国家食品药品监督管理局局务会审议通过了《药品召回管理办法》。

1. 根据药品安全隐患的严重程度分类　药品召回分为：①一级召回：使用该药品可能引起严重健康危害的；②二级召回：使用该药品可能引起暂时的或者可逆的健康危害的；③三级召回：使用该药品一般不会引起健康危害，但由于其他原因需要收回的。药品生产企业应当根据召回分级与药品销售和使用情况，科学设计药品召回计划并组织实施。

2. 根据药品召回发起者的不同分类　分为主动召回和责令召回两类。主动召回是指药品生产企业对收集的信息进行分析，对可能存在安全隐患的药品进行调查评估，发现药品存在安全隐患所实施的召回。责令召回是指药品监督管理部门经过调查评估，认为存在安全隐患，药品生产企业应当召回药品而未主动召回的，责令药品生产企业召回药品。

七、药品价格

2015 年 4 月 24 日，第十二届全国人民代表大会常务委员会第十四次会议决定对《药品管理法》修订，删去第五十五条。第五十五条原文规定，依法实行政府定价、政府指导价的药品，政府价格主管部门应当依照《中华人民共和国价格法》规定的定价原则，依据社会平均成本、市场供求状况和社会承受能力合理制定和调整价格，做到质价相符，消除虚高价格，保护用药者的正当利益。药品的生产企业、经营企业和医疗机构必须执行政府定价、政府指导价，不得以任何形式擅自提高价格。药品生产企业应当依法向政府价格主管部门如实提供药品的生产经营成本，不得拒报、虚报、瞒报。

2015 年 5 月 4 日，国家发展和改革委员会发布《关于印发推进药品价格改革意见的通知》，要求自 2015 年 6 月 1 日起，除麻醉药品和第一类精神药品外，取消原政府制定的药品价格。此前有关药品价格管理政策规定，凡与本通知规定不符的一律废止，以本通知规定为准。

2015 年 10 月 15 日，新华社受权播发《中共中央　国务院关于推进价格机制改革的若干意见》。公立医疗机构医疗服务项目价格实行分类管理，对市场竞争比较充分、个性化需求比较强的医疗服务项目价格实行市场调节价，其中医保基金支付的服务项目由医保经办机构与医疗机构谈判合理确定支付标准。进一步完善药品采购机制，发挥医保控费作用，药品实际交易价格主要由市场竞争形成。

八、药品广告

药品广告是指利用各种媒介或者形式发布的含有药品名称、药品适应证、功能主治或者与药品有关的其他内容的广告。药品广告，包括药品生产、经营企业的产品宣传材料。发布药品广告，应当遵守《中华人民共和国广告法》、《中华人民共和国药品管理法》和《中华人民共和国药品管理法实施条例》、《中华人民共和国反不正当竞争法》及国家有关法规。

（一）药品广告的审批

《药品管理法》规定，药品广告须经企业所在地省级药品监督管理部门批准，并发给药品广告批准文号；未取得药品广告批准文号的，不得发布。发布进口药品广告，应当向进口药品代理机构所在地省级药品监督管理部门申请药品广告批准文号。为加强药品广告管理，保证药品广告真实、合法、科学，2007 年国家食品药品监督管理局与国家工商行政管理总局联合发布了《药品广告审查发布标准》、《药品广告审查办法》。

（二）药品广告内容的管理

《药品管理法》规定，药品广告的内容必须真实、合法，以国务院药品监督管理部门批准的说明书为准，不得含有虚假的内容。

1. 不得发布广告的药品　依据《广告法》以及《药品广告审查发布标准》，下列药品不得发布广告：麻醉药品、精神药品、医疗用毒性药品、放射性药品等特殊药品，药品类易制毒化学品，以及戒毒治疗的药品、医疗器械和治疗方法，不得作广告；医疗机构配制的制剂；军队特需药品；国家食品药品监督管理局依法明令停止或者禁止生产、销售和使用的药品；批准试生产的药品。

2. 药品广告不得含有下列内容　依据《广告法》，医疗、药品、医疗器械广告不得含有下列内容：①表示功效、安全性的断言或者保证；②说明治愈率或者有效率；③与其他药品、医疗器械的功效和安全性或者其他医疗机构比较；④利用广告代言人作推荐、证明；⑤法律、行政法规规定禁止的其他内容。

（三）处方药与非处方药广告的管理

处方药可以在国务院卫生行政部门和国务院药品监督管理部门共同指定的医学、药学专业刊物上作广告，但不得在大众传播媒介发布广告或者以其他方式进行以公众为对象的广告宣传。

药品广告中必须标明药品的通用名称、忠告语、药品广告批准文号、药品生产批准文号；以非处方药商品名称为各种活动冠名的，可以只发布药品商品名称。非处方药广告必须同时标明非处方药专用标识（OTC）。非处方药广告不得利用公众对于医药学知识的缺乏，使用公众难以理解和容易引起混淆的医学、药学术语，造成公众对药品功效与安全性的误解。

（四）药品广告的监管及查处

我国现行的药品广告监管体制是药品广告审批权和监督管理权相分离的行政管理体制。省级药品监督管理部门为药品广告的审批机关，负责本行政区域内药品广告的审查工作。《广告法》规定国务院工商行政管理部门主管全国的广告监督管理工作，国务院有关部门在各自的职责范围内负责广告管理相关工作。县级以上地方工商行政管理部门主管本行政区域的广告监督管理工作，县级以上地方人民政府有关部门在各自的职责范围内负责广告管理相关工作。

第三节　药品管理

一、药品标准

药品标准是国家对药品质量规格及检验方法所作出的技术性规范，由一系列反映药品的特征的技术参数和技术指标组成，是药品生产、经营、使用、检验和管理部门必须共同遵循的法定依据。

我国实行国家药品标准制度。根据《中华人民共和国标准化法》规定，药品标准属于强制性标准。国务院药品监督管理部门颁布的《中华人民共和国药典》和药品标准为国家药品标准。

《中华人民共和国药典》(以下简称《中国药典》)是国家为保证药品质量可控、确保人民用药安全有效而由国家药典编辑委员会主持制订和修改并由政府颁布实施，是具有法律约束力的药品质量规格标准。现行药典是2015年版的《中国药典》，是新中国成立以来的第十版药典。

二、药品注册

药品注册是指国家食品药品监督管理局根据药品注册申请人的申请，依照法定程序，对拟上市销售药品的安全性、有效性、质量可控性等进行系统评价，并决定是否同意其申请的审批过程。药品注册管理是控制药品市场准入的前置性管理制度，是对药品上市的事前管理。

(一) 药品注册的原则和制度

《药品注册管理办法》规定，国家鼓励研究创制新药，对创制的新药、治疗疑难危重疾病的新药实行特殊审批。药品注册工作应当遵循公开、公平、公正的原则。

《药品注册管理办法》规定国家食品药品监督管理局主管全国药品注册工作，负责对药物临床试验、药品生产和进口进行审批。药品监督管理部门应当向申请人提供可查询的药品注册受理、检查、检验、审评、审批的进度和结论等信息。药品监督管理部门、相关单位以及参与药品注册工作的人员，对申请人提交的技术秘密和实验数据负有保密的义务。

(二) 药品注册申请的内容

药品注册申请包括新药申请、仿制药申请、进口药品申请及其补充申请和再注册申请。境内申请人申请药品注册按照新药申请、仿制药申请的程序和要求办理，境外申请人申请进口药品注册按照进口药品申请的程序和要求办理。

三、新药、仿制药品管理

(一) 新药

1. 新药的概念 根据《国务院关于改革药品医疗器械审评审批制度的意见》(国发〔2015〕44号)的规定，将新药由现行的“未曾在中国境内上市销售的药品”调整为“未在中国境内外上市销售的药品”。根据物质基础的原创性和新颖性，将新药分为创新药和改良型新药。

2. 新药的审批 新药从研究到生产，大致需经过临床前研究、临床研究和生产上市三个阶段。新药研制必须向国家或省级药品监督管理部门报送研究方法、质量标准、药理及毒理试验报告等有关资料及样品，经批准后，方可进行临床试验或验证。临床研究必须符合国家药品监督管理局制定的《药品临床试验管理规范》(GCP)有关规定。经临床验证后，通过新药鉴定，由国家药品监督管理部门批准，发给新药证书和批准文号，方能生产新药。

（二）仿制药

1. 仿制药的概念 根据《国务院关于改革药品医疗器械审评审批制度的意见》(国发〔2015〕44 号)的规定，将仿制药由现行的"仿已有国家标准的药品"调整为"仿与原研药品质量和疗效一致的药品"。

2. 仿制药审批 国发〔2015〕44 号文规定将仿制药生物等效性试验由审批改为备案，仿制药审评审批要以原研药品作为参比制剂，确保新批准的仿制药质量和疗效与原研药品一致。对改革前受理的药品注册申请，继续按照原规定进行审评审批，在质量一致性评价工作中逐步解决与原研药品质量和疗效一致性问题。凡申请仿制药品的企业，由所在省级药品监督管理部门初审后，报国家药品监督管理部门核准，并编排统一的批准文号，方可仿制生产。

四、药品上市许可持有人制度

药品上市许可持有人(marketing authorization holder，MAH)制度是指将上市许可与生产许可分离的管理模式。这种机制下，上市许可和生产许可相互独立，上市许可持有人可以将产品委托给不同的生产商生产，药品的安全性、有效性和质量可控性均由上市许可人对公众负责。

药品上市许可持有人制度是当今国际社会普遍实行的药品管理制度。目前我国《药品管理法》规定，只有药品生产企业才可以申请药品注册，取得药品批准文号。随着我国药品产业的快速发展，以及药品监管理念与制度的不断进步，这一产品注册与生产许可相捆绑的管理制度的弊端逐渐出现，不利于鼓励药物创新和资源配置。2015 年 11 月 4 日，第十二届全国人民代表大会常务委员会第十七次会议表决通过《关于授权国务院在部分地方开展药品上市许可持有人制度试点和有关问题的决定》，授权国务院在北京、天津、河北、上海、江苏、浙江、福建、山东、广东、四川十个省、直辖市，开展为期三年的药品上市许可持有人制度试点，允许试点省市药品研发机构和科研人员取得药品批准文号，对药品质量承担相应责任。

五、处方药与非处方药

《药品管理法》规定，根据药品品种、规格、适应证、剂量及给药途径不同，国家对药品实行处方药与非处方药分类管理制度。处方药是指必须凭执业医师或执业助理医师处方才能调配购买和使用的药品。非处方药(OTC)是指由国家食品药品监督管理部门公布,不通过医生诊断和开具处方,消费者可以自行判断、购买和使用的药品。国家药品监督管理局负责非处方药目录的遴选、审批、发布和调整工作。

根据《处方药与非处方药分类管理办法》的规定,处方药必须凭执业医师或执业助理医师处方才可调配、购买和使用。非处方药标签和说明书除符合规定外,用语应当科学、易懂,便于消费者自行判断、选择和使用。非处方药的包装必须印有国家指定的非处方药专有标识,必须符合质量要求,方便储存、运输和使用。对处方药和非处方药进行分类管理,有助于保护药品消费者的合法权益,有利于我国药品管理模式与国际接轨。

六、进出口药品

《药品管理法》规定,禁止进口疗效不确定、不良反应大或者其他原因危害人体健康的药品。药品进口,须经国务院药品监督管理部门组织审查,经审查确认符合质量标准、安全有效的,方可批准进口,并发给进口药品注册证书。医疗单位临床急需或者个人自用进口的少量药品,按照国家有关规定办理进口手续。

对国内供应不足的药品,国务院有权限制或者禁止出口。进口、出口麻醉药品和国家规定范围内的精神药品,必须持有国务院药品监督管理部门发给的进口准许证、出口准许证。

七、药品再评价

药品审评包括通过临床用药评定新药,老药的再评价,以及淘汰危害严重、疗效不确定或不合理的组方,这是药品管理的一个重要内容。《药品管理法》规定,国务院药品监督管理部门和省级药品监督管理部门可成立药品评审委员会,对新药进行评审,对已经生产的药品进行再评价。国务院药品监督管理部门组织药学、医学和其他技术人员,对新药进行审评,对已经批准生产的药品进行再评价。对已经批准生产或者进口的药品,应当组织调查;对疗效不确定、不良反应大或者其他原因危害人体健康的药品,应当撤销批准文号或者进口药品注册证书。已被撤销批准文号或者进口药品注册证书的药品,不得生产或者进口、销售和使用;已经生产或者进口的,由当地药品监督管理部门监督销毁或者处理。

八、药品不良反应报告

为加强药品的上市后监管,规范药品不良反应报告和监测,及时、有效控制药品风险,保障公众用药安全,2010 年 12 月 13 日卫生部发布了《药品不良反应报告和监测管理办法》。所谓药品不良反应,是指合格药品在正常用法用量下出现的与用药目的无关的有害反应。

（一）药品不良反应报告的主体

《药品管理法》规定，药品生产企业、药品经营企业和医疗机构必须经常考察本单位所生产、经营、使用的药品质量、疗效和反应。发现可能与用药有关的严重不良反应，必须及时向当地省级药品监督管理部门和卫生行政部门报告。

（二）药品不良反应报告的基本要求

(1) 药品生产、经营企业和医疗机构获知或者发现可能与用药有关的不良反应，应当通过国家药品不良反应监测信息网络报告，报告内容应当真实、完整、准确。

(2) 各级药品不良反应监测机构应当对本行政区域内的药品不良反应报告和监测资料进行评价和管理。

(3) 药品生产、经营企业和医疗机构应当配合药品监督管理部门、卫生行政部门和药品不良反应监测机构对药品不良反应或者群体不良事件的调查，并提供调查所需的资料。

(4) 药品生产、经营企业和医疗机构应当建立并保存药品不良反应报告和监测档案。

（三）药品不良反应报告的时限

1. 个例药品不良反应报告 药品生产、经营企业和医疗机构发现或者获知新的、严重的药品不良反应应当在15日内报告，其中死亡病例须立即报告；其他药品不良反应应当在30日内报告。个人发现新的或者严重的药品不良反应，可以向经治医师报告，也可以向药品生产、经营企业或者当地的药品不良反应监测机构报告，必要时提供相关的病历资料。

2. 药品群体不良事件报告 药品生产、经营企业和医疗机构获知或者发现药品群体不良事件后，应当立即通过电话或者传真等方式报所在地的县级药品监督管理部门、卫生行政部门和药品不良反应监测机构，必要时可以越级报告；药品经营企业发现药品群体不良事件应当立即告知药品生产企业，同时迅速开展自查，必要时应当暂停药品的销售，并协助药品生产企业采取相关控制措施。医疗机构发现药品群体不良事件后应当积极救治患者，迅速开展临床调查，分析事件发生的原因，必要时可采取暂停药品的使用等紧急措施。

3. 境外发生的严重药品不良反应 进口药品和国产药品在境外发生的严重药品不良反应（包括自发报告系统收集的、上市后临床研究发现的、文献报道的），药品生产企业应当填写“境外发生的药品不良反应/事件报告表”，自获知之日起30日内报送国家药品不良反应监测中心。国家药品不良反应监测中心要求提供原始报表及相关信息的，药品生产企业应当在5日内提交。

（四）药品不良反应的评价与控制

药品生产企业应当对收集到的药品不良反应报告和监测资料进行分析、评价，并主动开展药品安全性研究。药品生产企业对已确认发生严重不良反应的药品，应当通过各种有效途径将药品不良反应、合理用药信息及时告知医务人员、患者和公众。对不良反应大的药品，应当主动申请注销其批准证明文件。

药品经营企业和医疗机构应当对收集到的药品不良反应报告和监测资料进行分析和评价，并采取有效措施减少和防止药品不良反应的重复发生。

第四节　特殊药品管理

一、生物制品

生物制品指以微生物、寄生虫、动物毒素、生物组织作为起始材料，采用生物学工艺或分离纯化技术制备，并以生物学技术和分析技术控制中间产物和成品质量制成的生物活性制剂，包括菌苗、疫苗、毒素、类毒素、免疫血清、血液制品、免疫球蛋白、抗原、变态反应原、细胞因子、激素、酶、发酵产品、单克隆抗体、DNA 重组产品、体外免疫诊断制品等。

《中国生物制品规程》是我国生物制品生产、检定、经营和使用的技术法规，是监督检验生物制品质量的法定标准。自第一部生物制品国家标准《生物制品法规》(1952 年版)颁布以来，历经《生物制品制造及检定规程》(1959 年版)，《生物制品规程》(1979 年版)，《中国生物制品规程》(1990 年版、1995 年版、2000 年版)，2002 年 10 月，第八届药典委员会成立后，《中国生物制品规程》并入《中国药典》。2015 版《中国药典》，在生物制品部分增加相关总论的要求，严格生物制品全过程质量控制要求，以保证产品的安全有效性，同时增订《生物制品生产用原辅材料质量控制通用性技术要求》，加强源头控制，最大限度降低安全性风险等。

国家食品药品监督管理局为加强生物制品质量管理，保证生物制品安全、有效，于 2004 年发布实施了《生物制品批签发管理办法》。国家食品药品监督管理局主管全国生物制品批签发工作；承担生物制品批签发检验或者审核工作的药品检验机构由国家食品药品监督管理局指定。

二、特殊药品

《药品管理法》规定国家对麻醉药品、精神药品、毒性药品、放射性药品，实行特殊的管理。

（一）麻醉药品和精神药品的管理

为加强麻醉药品和精神药品的管理，保证麻醉药品和精神药品的合法、安全、合理使用，防止流入非法渠道，2005 年 8 月国务院发布了《麻醉药品和精神药品管理条例》，自 2005 年 11 月 1 日起施行，后根据《国务院关于修改部分行政法规的决定》修改，于 2016 年 2 月 6 日公布。

所谓麻醉药品和精神药品，是指列入麻醉药品目录、精神药品目录(以下称目录)的药品和其他物质。具体而言，麻醉药品是指对中枢神经有麻醉作用，连续使用后易产生身体依赖性、能形成瘾癖的药品。精神药品是指直接作用于中枢神经系统，使之兴奋或抑制，连续使用能产生依赖性的药品。精神药品分为第一类精神药品和第二类精神药品。麻醉药品目录和精神药品目录由国务院药品监督管理部门会同国务院公安部门、国务院卫生主管部门制定、调整并公布。

1. 麻醉药品和精神药品的监督管理机关 国家对麻醉药品药用原植物以及麻醉药品和精神药品实行管制。国务院药品监督管理部门负责全国麻醉药品和精神药品的监督管理工作，并会同国务院农业主管部门对麻醉药品药用原植物实施监督管理。国务院公安部门负责对造成麻醉药品药用原植物、麻醉药品和精神药品流入非法渠道的行为进行查处。国务院其他有关主管部门在各自的职责范围内负责与麻醉药品和精神药品有关的管理工作。

2. 麻醉药品和精神药品的生产 国家根据麻醉药品和精神药品的医疗、国家储备和企业生产所需原料的需要确定需求总量，对麻醉药品药用原植物的种植、麻醉药品和精神药品的生产实行总量控制。国务院药品监督管理部门根据麻醉药品和精神药品的需求总量制定年度生产计划。国务院药品监督管理部门和国务院农业主管部门根据麻醉药品年度生产计划，制定麻醉药品药用原植物年度种植计划。国家对麻醉药品和精神药品实行定点生产制度。定点生产企业生产麻醉药品和精神药品，应当依照《药品管理法》的规定取得药品批准文号。

3. 麻醉药品和精神药品的供应 国家对麻醉药品和精神药品实行定点经营制度。国务院药品监督管理部门应当根据麻醉药品和第一类精神药品的需求总量，确定麻醉药品和第一类精神药品的定点批发企业布局，并应当根据年度需求总量对布局进行调整、公布。药品经营企业不得经营麻醉药品原料药和第一类精神药品原料药。但是，供医疗、科学研究、教学使用的小包装的上述药品可以由国务院药品监督管理部门规定的药品批发企业经营。麻醉药品和第一类精神药品不得零售。禁止使用现金进行麻醉药品和精神药品交易，但是个人合法购买麻醉药品和精神药品的除外。

4. 麻醉药品和精神药品的运输 托运、承运和自行运输麻醉药品和精神药品的，应当采取安全保障措施，应当向所在地设区的市级药品监督管理部门申请领取运输证明，防止麻醉药品和精神药品在运输过程中被盗、被抢、丢失。

5. 麻醉药品和精神药品的使用 医疗机构需要使用麻醉药品和第一类精神药品的，应当经所在地设区的市级人民政府卫生主管部门批准，取得麻醉药品、第一类精神药品购用印鉴卡。医疗机构应当凭印鉴卡向本省、自治区、直辖市行政区域内的定点批发企业购买麻醉药品和第一类精神药品。医疗机构应当按照国务院卫生主管部门的规定，对本单位执业医师进行有关麻醉药品和精神药品使用知识的培训、考核，经考核合格的，授予麻醉药品和第一类精神药品处方资格。医疗机构应当对麻醉药品和精神药品处方进行专册登记，加强管理。麻醉药品处方至少保存 3 年，精神药品处方至少保存 2 年。

（二）医疗用毒性药品

医疗用毒性药品(以下简称毒性药品)，系指毒性剧烈、治疗剂量与中毒剂量相近，使用不当会致人中毒或死亡的药品。

《医疗用毒性药品管理办法》规定毒性药品年度生产、收购、供应和配制计划，由省、自治区、直辖市食品药品监管部门根据医疗需要制定，经省、自治区、直辖市卫生行政部门审核后，由食品药品监管部门下达给指定的毒性药品生产、收购、供应单位，并抄报国家卫生与计划生育委员会、国家食品药品监督管理总局和国家中医药管理局。

生产单位不得擅自改变生产计划自行销售。药厂必须由医药专业人员负责生产、配制和质量检验，并建立严格的管理制度，严防与其他药品混杂。毒性药品的收购、经营，由各级食品药品监督管理部门指定的药品经营单位负责；收购、经营、加工、使用毒性药品的单位必须建立健全保管、验收、领发、核对等制度；医疗单位凭医生签名的正式处方供应和调配毒性药品。

（三）放射性药品的管理

放射性药品是指用于临床诊断或者治疗的放射性核素制剂或者其标记药物。

根据国务院食品药品监督管理体制改革精神，国家食品药品监督管理总局主管全国放射性药品监督管理工作。能源部主管放射性药品生产、经营管理工作。

放射性药品的生产、经营、使用单位必须持有相应的许可证方能生产、经营或使用。放射性药品的包装必须安全实用，符合放射性药品质量要求，具有与放射性剂量相适应的防护装置，包装必须分内包装和外包装两部分，外包装必须贴有商标、标签、说明书和放射性药品标志，内包装必须贴有标签。放射性药品的运输，按国家运输、邮政等部门制订的有关规定执行。严禁任何单位和个人随身携带放射性药品乘坐公共交通运输工具。

第五节　疫苗管理

一、疫苗概念

疫苗，是指为预防、控制疾病的发生、流行，用于人体免疫接种的预防性生物制品，包括免疫规划疫苗和非免疫规划疫苗。免疫规划疫苗，是指居民应当按照政府的规定接种的疫苗，包括国家免疫规划确定的疫苗，省、自治区、直辖市人民政府在执行国家免疫规划时增加的疫苗，以及县级以上人民政府或者其卫生健康主管部门组织的应急接种或者群体性预防接种所使用的疫苗。非免疫规划疫苗，是指由居民自愿接种的其他疫苗。

2019 年 6 月 29 日，第十三届全国人民代表大会常务委员会第十一次会议表决通过了《中华人民共和国疫苗管理法》，自 2019 年 12 月 1 日起施行。作为我国首部疫苗管理的基本法，这部法律对疫苗研制、生产、流通和预防接种及其监督管理活动进行全过程的规范。

二、疫苗研制和注册

（一）疫苗研制

国家根据疾病流行情况、人群免疫状况等因素，制定相关研制规划，安排必要资金，支持多联多价等新型疫苗的研制。国家组织疫苗上市许可持有人、科研单位、医疗卫生机构联合攻关，研制疾病预防、控制急需的疫苗。国家鼓励疫苗上市许可持有人加大研制和创新资金投入，优化生产工艺，提升质量控制水平，推动疫苗技术进步。

（二）规范临床试验

开展疫苗临床试验，应当经国务院药品监督管理部门依法批准。疫苗临床试验应当由符合国务院药品监督管理部门和国务院卫生健康主管部门规定条件的三级医疗机构或者省级以上疾病预防控制机构实施或者组织实施。疫苗临床试验申办者应当制定临床试验方案，建立临床试验安全监测与评价制度，审慎选择受试者，合理设置受试者群体和年龄组，并根据风险程度采取有效措施，保护受试者合法权益。

（三）疫苗注册

在中国境内上市的疫苗应当经国务院药品监督管理部门批准，取得药品注册证书；申请疫苗注册，应当提供真实、充分、可靠的数据、资料和样品。对疾病预防、控制急需的疫苗和创新疫苗，国务院药品监督管理部门应当予以优先审评审批。国务院药品监督管理部门在批准疫苗注册申请时，对疫苗的生产工艺、质量控制标准和说明书、标签予以核准。国务院药品监督管理部门应当在其网站上及时公布疫苗说明书、标签内容。

三、疫苗生产和批签发

（一）疫苗生产

国家对疫苗生产实行严格准入制度。从事疫苗生产活动，应当经省级以上人民政府药品监督管理部门批准，取得药品生产许可证。从事疫苗生产活动，除符合《中华人民共和国药品管理法》规定的从事药品生产活动的条件外，还应当具备下列条件：具备适度规模和足够的产能储备；具有保证生物安全的制度和设施、设备；符合疾病预防、控制需要。疫苗应当按照经核准的生产工艺和质量控制标准进行生产和检验，生产全过程应当符合药品生产质量管理规范的要求。上市许可持有人应当按照规定对疫苗生产全过程和疫苗质量进行审核、检验。

（二）疫苗批签发

国家实行疫苗批签发制度。每批疫苗销售前或者进口时，应当经国务院药品监督管理部门指定的批签发机构按照相关技术要求进行审核、检验。符合要求的，发给批签发证明；不符合要求的，发给不予批签发通知书。申请疫苗批签发应当按照规定向批签发机构提供批生产及检验记录摘要等资料和同批号产品等样品。进口疫苗还应当提供原产地证明、批签发证明；在原产地免予批签发的，应当提供免予批签发证明。

四、疫苗流通

（一）疫苗采购方式

国家免疫规划疫苗由国务院卫生健康主管部门会同国务院财政部门等组织集中招标或者统一谈判，形成并公布中标价格或者成交价格，各省、自治区、直辖市实行统一采购。国家免疫规划疫苗以外的其他免疫规划疫苗、非免疫规划疫苗由各省、自治区、直辖市通过省级公共资源交易平台组织采购。

疫苗上市许可持有人应当按照采购合同约定，向疾病预防控制机构供应疫苗。疾病预防控制机构应当按照规定向接种单位供应疫苗。疾病预防控制机构以外的单位和个人不得向接种单位供应疫苗，接种单位不得接收该疫苗。

（二）疫苗配送

疫苗上市许可持有人应当按照采购合同约定，向疾病预防控制机构或者疾病预防控制机构指定的接种单位配送疫苗。疾病预防控制机构、接种单位、疫苗上市许可持有人、疫苗配送单位应当遵守疫苗储存、运输管理规范，保证疫苗质量。疫苗在储存、运输全过程中应当处于规定的温度环境，冷链储存、运输应当符合要求，并定时监测、记录温度。

（三）疫苗定期检查制度

疾病预防控制机构、接种单位应当建立疫苗定期检查制度，对存在包装无法识别、储存温度不符合要求、超过有效期等问题的疫苗，采取隔离存放、设置警示标志等措施，并按照国务院药品监督管理部门、卫生健康主管部门、生态环境主管部门的规定处置。

五、预防接种

（一）接种单位的管理制度

1. 接种单位的许可条件及职责 接种单位应当具备下列条件：取得医疗机构执业

许可证；具有经过县级人民政府卫生健康主管部门组织的预防接种专业培训并考核合格的医师、护士或者乡村医生；具有符合疫苗储存、运输管理规范的冷藏设施、设备和冷藏保管制度。县级以上地方人民政府卫生健康主管部门指定符合条件的医疗机构承担责任区域内免疫规划疫苗接种工作。符合条件的医疗机构可以承担非免疫规划疫苗接种工作，并应当报颁发其医疗机构执业许可证的卫生健康主管部门备案。各级疾病预防控制机构应当加强对接种单位预防接种工作的技术指导和疫苗使用的管理。

2. 接种单位的工作规范 接种单位接种疫苗，应当遵守预防接种工作规范、免疫程序、疫苗使用指导原则和接种方案。医疗卫生人员在实施接种前，应当按照预防接种工作规范的要求，检查受种者健康状况、核查接种禁忌，查对预防接种证，检查疫苗、注射器的外观、批号、有效期，核对受种者的姓名、年龄和疫苗的品名、规格、剂量、接种部位、接种途径，做到受种者、预防接种证和疫苗信息相一致，确认无误后方可实施接种。医疗卫生人员应当按照国务院卫生健康主管部门的规定，真实、准确、完整记录疫苗的品种、上市许可持有人、最小包装单位的识别信息、有效期、接种时间、实施接种的医疗卫生人员、受种者等接种信息，确保接种信息可追溯、可查询。

3. 受种者的知情同意 医疗卫生人员实施接种，应当告知受种者或者其监护人所接种疫苗的品种、作用、禁忌、不良反应以及现场留观等注意事项，询问受种者的健康状况以及是否有接种禁忌等情况，并如实记录告知和询问情况。受种者或者其监护人应当如实提供受种者的健康状况和接种禁忌等情况。有接种禁忌不能接种的，医疗卫生人员应当向受种者或者其监护人提出医学建议，并如实记录提出医学建议情况。

（二）儿童预防接种证制度

国家对儿童实行预防接种证制度。在儿童出生后一个月内，其监护人应当到儿童居住地承担预防接种工作的接种单位或者出生医院为其办理预防接种证。接种单位或者出生医院不得拒绝办理。监护人应当妥善保管预防接种证。儿童入托、入学时，托幼机构、学校应当查验预防接种证，发现未按照规定接种免疫规划疫苗的，应当向儿童居住地或者托幼机构、学校所在地承担预防接种工作的接种单位报告，并配合接种单位督促其监护人按照规定补种。

六、预防接种异常反应的处理

预防接种异常反应，是指合格的疫苗在实施规范接种过程中或者实施规范接种后造成受种者机体组织器官、功能损害，相关各方均无过错的药品不良反应。

（一）不属于预防接种异常反应的情形

下列情形不属于预防接种异常反应：因疫苗本身特性引起的接种后一般反应；因疫苗质量问题给受种者造成的损害；因接种单位违反预防接种工作规范、免疫程序、疫苗使用指导原则、接种方案给受种者造成的损害；受种者在接种时正处于某种疾病的潜伏期或者前驱期，接种后偶合发病；受种者有疫苗说明书规定的接种禁忌，在接种前受种者或者其监护人未如实提供受种者的健康状况和接种禁忌等情况，接种后受种者原有疾病急性复发或者病情加重；因心理因素发生的个体或者群体的心因性反应。

（二）预防接种异常反应的处理

接种单位、医疗机构等发现疑似预防接种异常反应的，应当按照规定向疾病预防控制机构报告。疫苗上市许可持有人应当设立专门机构，配备专职人员，主动收集、跟踪分析疑似预防接种异常反应，及时采取风险控制措施，将疑似预防接种异常反应向疾病预防控制机构报告，将质量分析报告提交省、自治区、直辖市人民政府药品监督管理部门。对疑似预防接种异常反应，疾病预防控制机构应当按照规定及时报告，组织调查、诊断，并将调查、诊断结论告知受种者或者其监护人。对调查、诊断结论有争议的，可以根据国务院卫生健康主管部门制定的鉴定办法申请鉴定。

（三）预防接种异常反应的补偿

国家实行预防接种异常反应补偿制度。实施接种过程中或者实施接种后出现受种者死亡、严重残疾、器官组织损伤等损害，属于预防接种异常反应或者不能排除的，应当给予补偿。补偿范围实行目录管理，并根据实际情况进行动态调整。接种免疫规划疫苗所需的补偿费用，由省、自治区、直辖市人民政府财政部门在预防接种经费中安排；接种非免疫规划疫苗所需的补偿费用，由相关疫苗上市许可持有人承担。国家鼓励通过商业保险等多种形式对预防接种异常反应受种者予以补偿。预防接种异常反应补偿范围、标准、程序由国务院规定，省、自治区、直辖市制定具体实施办法。因疫苗质量问题造成受种者损害的，疫苗上市许可持有人应当依法承担赔偿责任。疾病预防控制机构、接种单位因违反预防接种工作规范、免疫程序、疫苗使用指导原则、接种方案，造成受种者损害的，应当依法承担赔偿责任。

七、疫苗监管

药品监督管理部门依法对疫苗研制、生产、储存、运输以及预防接种中的疫苗质量进行监督检查。卫生健康主管部门依法对免疫规划制度的实施、预防接种活动进行监督检查。国家建设中央和省级两级职业化、专业化药品检查员队伍，加强对疫苗的监督检查。要求药品监管部门加强现场检查，向疫苗上市许可持有人派驻检查员。实行疫苗全程信息化追溯制度，实现疫苗最小包装单位的生产、储存、运输、使用全过程可追溯。疫苗安全风险警示等信息由有关部门统一公布；准确、及时公布重大疫苗质量安全信息，并进行解释说明。举报疫苗违法行为的人员给予奖励，举报所在企业或者单位严重违法犯罪行为的，给予重奖。

第六节　法律责任

一、未取得许可证生产、经营药品的法律责任

未取得药品生产许可证、药品经营许可证或者医疗机构制剂许可证生产药品、经营药品的，依法予以取缔，没收违法生产、销售的药品和违法所得，并处违法生产、销售的药品（包括已售出的和未售出的药品，下同）货值金额二倍以上五倍以下的罚款；构成犯罪的，依法追究刑事责任。

二、生产、销售假药、劣药的法律责任

生产、销售假药的，没收违法生产、销售的药品和违法所得，并处违法生产、销售药品货值金额二倍以上五倍以下的罚款；有药品批准证明文件的予以撤销，并责令停产、停业整顿；情节严重的，吊销药品生产许可证、药品经营许可证或者医疗机构制剂许可证；构成犯罪的，依法追究刑事责任。

生产、销售劣药的，没收违法生产、销售的药品和违法所得，并处违法生产、销售药品货值金额一倍以上三倍以下的罚款；情节严重的，责令停产、停业整顿或者撤销药品批准证明文件、吊销药品生产许可证、药品经营许可证或者医疗机构制剂许可证；构成犯罪的，依法追究刑事责任。

三、药品的生产企业、经营企业在药品购销中收受利益的法律责任

药品的生产企业、经营企业在药品购销中暗中给予、收受回扣或者其他利益的，药品的生产企业、经营企业或者其代理人给予使用其药品的医疗机构的负责人、药品采购人员、医师等有关人员以财物或者其他利益的，由工商行政管理部门处一万元以上二十万元以下的罚款，有违法所得的，予以没收；情节严重的，由工商行政管理部门吊销药品生产企业、药品经营企业的营业执照，并通知药品监督管理部门，由药品监督管理部门吊销其药品生产许可证、药品经营许可证；构成犯罪的，依法追究刑事责任。

药品的生产企业、经营企业的负责人、采购人员等有关人员在药品购销中收受其他生产企业、经营企业或者其代理人给予的财物或者其他利益的，依法给予处分，没收违法所得；构成犯罪的，依法追究刑事责任。

四、违法发布药品广告的法律责任

违反《药品管理法》有关药品广告的管理规定的，依照《中华人民共和国广告法》的规定处罚，并由发给广告批准文号的药品监督管理部门撤销广告批准文号，一年内不受理该品种的广告审批申请；构成犯罪的，依法追究刑事责任。

药品监督管理部门对药品广告不依法履行审查职责，批准发布的广告有虚假或者其他违反法律、行政法规的内容的，对直接负责的主管人员和其他直接责任人员依法给予行政处分；构成犯罪的，依法追究刑事责任。

五、医疗机构相关法律责任

1. 医疗机构违反医疗机构制剂规定的法律责任 医疗机构将其配制的制剂在市场销售的，责令改正，没收违法销售的制剂，并处违法销售制剂货值金额一倍以上三倍以下的罚款；有违法所得的，没收违法所得。

2. 医疗机构在药品购销中收受利益的法律责任 医疗机构在药品购销中暗中给予、收受回扣或者其他利益的，由工商行政管理部门处一万元以上二十万元以下的罚款，有违法所得的，予以没收；构成犯罪的，依法追究刑事责任。

医疗机构的负责人、药品采购人员、医师等有关人员收受药品生产企业、药品经营企业或者其代理人给予的财物或者其他利益的，由卫生行政部门或者本单位给予处分，没收违法所得；对违法行为情节严重的执业医师，由卫生行政部门吊销其执业证书；构成犯罪的，依法追究刑事责任。

六、药品检验机构出具虚假检验报告的法律责任

药品检验机构出具虚假检验报告，构成犯罪的，依法追究刑事责任；不构成犯罪的，责令改正，给予警告，对单位并处三万元以上五万元以下的罚款；对直接负责的主管人员和其他直接责任人员依法给予降级、撤职、开除的处分，并处三万元以下的罚款；有违法所得的，没收违法所得；情节严重的，撤销其检验资格。药品检验机构出具的检验结果不实，造成损失的，应当承担相应的赔偿责任。

七、药品检验机构、生产企业、经营企业及医疗机构的赔偿责任

药品检验机构出具的检验结果不实，造成损失的，应当承担相应的赔偿责任；药品的生产企业、经营企业、医疗机构违反《药品管理法》规定，给药品使用者造成损害的，依法承担赔偿责任。

《中华人民共和国侵权责任法》第五十九条规定，因药品的缺陷，造成患者损害的，患者可以向生产者或者医疗机构请求赔偿。患者向医疗机构请求赔偿的，医疗机构赔

偿后，有权向负有责任的生产者追偿。

八、药品监督管理部门相关法律责任

1. 药品监督管理部门违法发放证书的法律责任 药品监督管理部门违反《药品管理法》规定，有下列行为之一的，由其上级主管机关或者监察机关责令收回违法发给的证书、撤销药品批准证明文件，对直接负责的主管人员和其他直接责任人员依法给予行政处分；构成犯罪的，依法追究刑事责任：①对不符合《药品生产质量管理规范》、《药品经营质量管理规范》的企业发给符合有关规范的认证证书的，或者对取得认证证书的企业未按照规定履行跟踪检查的职责，对不符合认证条件的企业未依法责令其改正或者撤销其认证证书的；②对不符合法定条件的单位发给药品生产许可证、药品经营许可证或者医疗机构制剂许可证的；③对不符合进口条件的药品发给进口药品注册证书的；④对不具备临床试验条件或者生产条件而批准进行临床试验、发给新药证书、发给药品批准文号的。

2. 药品监督管理部门参与药品生产经营活动法律责任 药品监督管理部门或者其设置的药品检验机构或者其确定的专业从事药品检验的机构参与药品生产经营活动的，由其上级机关或者监察机关责令改正，有违法收入的予以没收；情节严重的，对直接负责的主管人员和其他直接责任人员依法给予行政处分。

药品监督管理部门或者其设置的药品检验机构或者其确定的专业从事药品检验的机构的工作人员参与药品生产经营活动的，依法给予行政处分。

九、《刑法》中规定的相关法律责任

我国《刑法》规定了非国家工作人员受贿罪。

1. 生产、销售假药罪 《刑法》第一百四十一条规定，生产、销售假药的，处三年以下有期徒刑或者拘役，并处罚金；对人体健康造成严重危害或者有其他严重情节的，处三年以上十年以下有期徒刑，并处罚金；致人死亡或者有其他严重情节的，处十年以上有期徒刑、无期徒刑或者死刑，并处罚金或者没收财产。

2. 生产、销售劣药罪 《刑法》第一百四十二条规定，生产、销售劣药，对人体健康造成严重危害的，处三年以上十年以下有期徒刑，并处销售金额百分之五十以上二倍以下罚金；后果特别严重的，处十年以上有期徒刑或者无期徒刑，并处销售金额百分之五十以上二倍以下罚金或者没收财产。

从事生产、销售劣药情节严重的企业或者其他单位，其直接负责的主管人员和其他直接责任人员十年内不得从事药品生产、经营活动。

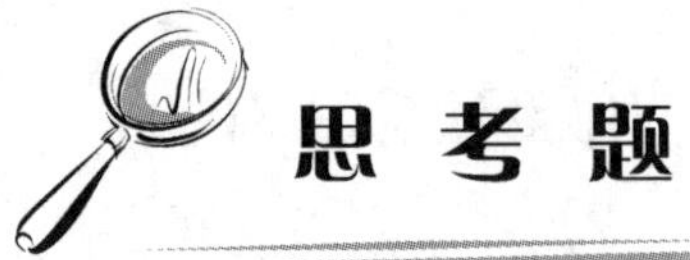

思考题

1. 名词解释:假药　劣药　新药　药品标准　疫苗
2. 开办药品生产企业有哪些条件?
3. 开办药品经营企业有哪些条件?
4. 药品召回分级和主体有哪些?
5. 药品广告不得含有的情形有哪些?
6. 什么是药品不良反应报告制度?
7. 疫苗接种单位的管理制度有哪些?

案例思考

2010年3月17日的《中国经济时报》称山西近百名儿童注射疫苗后或死或残,引起了政府部门和社会的广泛关注,这一事件被称为“山西疫苗事件”。事件中山西省疾病控制中心改造了原来的配送体系,建立新的配送中心,并将中心“外包”给北京某公司,并且让该公司获得了全省范围内的垄断经营权,它配送的疫苗是指定的、必须采用的“标签疫苗”(上有“疾控专用”字样)。而公司在疫苗配送过程中,操作不当,造成了大量问题疫苗——比如“高温疫苗”,导致很多孩子因注射这些问题疫苗而死亡或者伤残。

问题:

1. 预防接种异常反应的范围有哪些?
2. 本案应当如何处理?

第十五章 医疗器械管理法律制度

本章知识点：

- 医疗器械的含义与分类
- 医疗器械的注册与备案制度
- 医疗器械广告管理法律规定
- 医疗器械的监督与法律责任

本章导读：胡某因车祸造成左腿骨折，在县医院做了“左股干骨折切开复位钢板内固定术”。几个月后突然感到左腿疼痛，到另一家医院就诊发现植入的内固定钢板断裂，原骨折处再度骨折。胡某认为此后果是第一次手术造成的，遂诉至法院要求县医院进行赔偿。县医院需要承担损害赔偿额责任吗？本章内容中的法律责任部分给出了回答。

第一节　概　　述

一、医疗器械的概念

医疗器械，是指单独或者间接用于人体的仪器、设备、器具、体外诊断试剂及校准物、材料以及其他类似或者相关的或者其他物品，包括所需要的计算机软件。

医疗器械的使用旨在达到下列预期目的：①疾病的预防、诊断、治疗、监护、缓解；②对损伤诊断、监护、或者残废的听、治疗、监护、缓解或者功能、补偿；③生理结构或者生理过程的检验、替代、调节或者支持；④生命的支持或者维持；⑤妊娠控制；⑥通过对来自人体的样本进行检查，为医疗或者诊断目的提供信息。

二、医疗器械的分类

医疗器械按管理程度可分为三类。

第一类是指通过常规管理足以保证其安全性、有效性的医疗器械。例如：创可贴、医用棉签、绷带、听诊器等。

第二类是指具有中度风险，需要严格控制管理以保证其安全、有效的医疗器械。例如：医用口罩、血压计、体温计等。

第三类是指具有较高风险，需要采取特别措施严格控制管理以保证其安全、有效的医疗器械。例如：人工心脏瓣膜、人工关节、血管支架等。

国务院食品药品监督管理部门负责制定医疗器械的分类规则和分类目录，并根据医疗器械生产、经营、使用情况，及时对医疗器械的风险变化进行分析、评价，对分类目录进行调整。

三、医疗器械管理立法

我国医疗器械监管的立法主要包括法规和部门规章，形成了以《医疗器械监督管理条例》为核心，涉及医疗器械生产、经营、注册、分类、广告及临床试验等方面管理的医疗器械管理法规体系。

2000 年 1 月 4 日国务院发布《医疗器械监督管理条例》，并于 2014 年 2 月 12 日通过国务院第 39 次常务会议修订，自 2014 年 6 月 1 日起施行。该条例是为了保证医疗器械的安全、有效，保障人体健康和生命安全的目的而制定。适用于我国境内从事医疗器械的研制、生产、经营、使用活动及其监督管理工作。随后国家食品药品监督管理等部门发布了系列相关法规：《医疗器械临床试验规定》(2004 年 4 月 1 日起施行)、《进口医疗器械检验监督管理办法》(2007 年 12 月 1 日起施行)、《医疗器械广告审查办法》(2009 年 5 月 20 日起施行)、《医疗器械召回管理办法(试行)》(2011 年 7 月 1 日起施行)、《医疗器械注册管理办法》(2014 年 10 月 1 日起施行)、《体外诊断试剂注册管理办法》(2014 年 10 月 1 日起施行)、《医疗器械生产监督管理办法》(2014 年 10 月 1 日起施行)、《医疗器械经营监督管理办法》(2014 年 10 月 1 日起施行)《医疗器械说明书和标签管理规定》(2014 年 10 月 1 日起施行)、《医疗器械分类规则》(2016 年 1 月 1 日起施行)。

第二节　医疗器械的备案与注册

一、医疗医疗器械的备案与注册制度

《医疗器械监督管理条例》第八条规定，第一类医疗器械实行产品备案管理，第二类、第三类医疗器械实行产品注册管理。

对新研制的尚未列入分类目录的医疗器械，申请人可以依照《医疗器械监督管理条例》有关第三类医疗器械产品注册的规定直接申请产品注册，也可以依据分类规则判断产品类别，并向国务院食品药品监督管理部门申请类别确认后，依照《医疗器械监督管理条例》的规定申请注册或者进行产品备案。

第一类医疗器械产品备案和申请第二类、第三类医疗器械产品注册，应当提交下列资料：①产品风险分析资料；②产品技术要求；③产品检验报告；④临床评价资料；⑤产品说明书及标签样稿；⑥与产品研制、生产有关的质量管理体系文件；⑦证明产品安全、有效所需的其他资料。

二、医疗器械产品备案制度

第一类医疗器械产品备案，不需要进行临床试验。备案人向所在地设区的市级人民政府食品药品监督管理部门提交备案资料。产品检验报告可以是备案人的自检报告；临床评价资料不包括临床试验报告，可以是通过文献、同类产品临床使用获得的数据证明该医疗器械安全、有效的资料。

向我国境内出口第一类医疗器械的境外生产企业，由其在我国境内设立的代表机构或者指定我国境内的企业法人作为代理人，向国务院食品药品监督管理部门提交备案资料和备案人所在国（地区）主管部门准许该医疗器械上市销售的证明文件。

备案资料载明的事项发生变化的，应当向原备案部门变更备案。

三、医疗器械产品注册制度

（一）注册管理部门

申请第二类医疗器械产品注册，注册申请人应当向所在地省、自治区、直辖市人民政府食品药品监督管理部门提交注册申请资料。

申请第三类医疗器械产品注册，注册申请人应当向国务院食品药品监督管理部门提交注册申请资料。

向我国境内出口第二类、第三类医疗器械的境外生产企业，应当由其在我国境内设立的代表机构或者指定我国境内的企业法人作为代理人，向国务院食品药品监督管理部门提交注册申请资料和注册申请人所在国（地区）主管部门准许该医疗器械上市销售的证明文件。

（二）注册审批

1. 注册审批时限 受理注册申请的食品药品监督管理部门应当自受理之日起3个工作日内将注册申请资料转交技术审评机构。技术审评机构应当在完成技术审评后向食品药品监督管理部门提交审评意见。

受理注册申请的食品药品监督管理部门应当自收到审评意见之日起20个工作日内作出决定。对符合安全、有效要求的，准予注册并发给医疗器械注册证；对不符合要求的，不予注册并书面说明理由。

2. 变更注册 已注册的第二类、第三类医疗器械产品，其设计、原材料、生产工艺、适用范围、使用方法等发生实质性变化，有可能影响该医疗器械安全、有效的，注册人应当向原注册部门申请办理变更注册手续；发生非实质性变化，不影响该医疗器械安全、有效的，应当将变化情况向原注册部门备案。

3. 延续注册 医疗器械注册证有效期为5年。有效期届满需要延续注册的，应当在有效期届满6个月前向原注册部门提出延续注册的申请。逾期未作决定的，视为准予延续。

有下列情形之一的，不予延续注册：①注册人未在规定期限内提出延续注册申请的；②医疗器械强制性标准已经修订，申请延续注册的医疗器械不能达到新要求的；③对用于治疗罕见疾病以及应对突发公共卫生事件急需的医疗器械，未在规定期限内完成医疗器械注册证载明事项的。

四、医疗器械临床试验管理

（一）临床试验制度

申请第二类、第三类医疗器械产品注册，应当进行临床试验。

（二）免于进行临床试验的情形

（1）工作机理明确、设计定型，生产工艺成熟，已上市的同品种医疗器械临床应用多年且无严重不良事件记录，不改变常规用途的；

（2）通过非临床评价能够证明该医疗器械安全、有效的；

（3）通过对同品种医疗器械临床试验或者临床使用获得的数据进行分析评价，能够证明该医疗器械安全、有效的。

免于进行临床试验的医疗器械目录由国务院食品药品监督管理部门制定、调整并公布。

（三）临床试验管理

开展医疗器械临床试验，应当按照医疗器械临床试验质量管理规范的要求，在有资质的临床试验机构进行，并向临床试验提出者所在地省、自治区、直辖市人民政府食品药品监督管理部门备案。

第三类医疗器械进行临床试验对人体具有较高风险的，应当经国务院食品药品监督管理部门批准。

接受临床试验备案的食品药品监督管理部门应当将备案情况通报临床试验机构所在地的同级食品药品监督管理部门和卫生计生主管部门。

国务院食品药品监督管理部门审批临床试验，应当对拟承担医疗器械临床试验的机构的设备、专业人员等条件，该医疗器械的风险程度，临床试验实施方案，临床受益与风险对比分析报告等进行综合分析。准予开展临床试验的，应当通报临床试验提出者以及临床试验机构所在地省、自治区、直辖市人民政府食品药品监督管理部门和卫生计生主管部门。

第三节　医疗器械的生产与经营

一、医疗器械的生产管理

（一）医疗器械生产企业的条件

企业在取得医疗器械产品生产注册证书后，方可生产医疗器械，并且应具备下列条件：①有与生产的医疗器械相适应的生产场地、环境条件、生产设备以及专业技术人员；②有对生产的医疗器械进行质量检验的机构或者专职检验人员以及检验设备；③有保证医疗器械质量的管理制度；④有与生产的医疗器械相适应的售后服务能力；⑤产品研制、生产工艺文件规定的要求。

从事第一类医疗器械生产的，由生产企业向所在地设区的市级人民政府食品药品监督管理部门备案并提交相关证明资料。

从事第二类、第三类医疗器械生产的，生产企业应当向所在地省、自治区、直辖市人民政府食品药品监督管理部门申请生产许可并提交其符合上述证明资料以及所生产医疗器械的注册证。

（二）医疗器械生产质量管理规范

医疗器械生产质量管理规范对医疗器械的设计开发、生产设备条件、原材料采购、生产过程控制、企业的机构设置和人员配备等影响医疗器械安全、有效的事项作出明确规定。

医疗器械生产企业应当按照医疗器械生产质量管理规范的要求，建立健全与所生产医疗器械相适应的质量管理体系并保证其有效运行；严格按照经注册或者备案的产品技术要求组织生产，保证出厂的医疗器械符合强制性标准以及经注册或者备案的产品技术要求。

医疗器械生产企业应当定期对质量管理体系的运行情况进行自查，并向所在地省、自治区、直辖市人民政府食品药品监督管理部门提交自查报告。

医疗器械生产企业的生产条件发生变化，不再符合医疗器械质量管理体系要求的，应当立即采取整改措施；可能影响医疗器械安全、有效的，应当立即停止生产活动，并向所在地县级人民政府食品药品监督管理部门报告。

（三）医疗器械的委托生产

委托生产医疗器械，由委托方对所委托生产的医疗器械质量负责。受托方应当是符合《医疗器械监督管理条例》规定、具备相应生产条件的医疗器械生产企业。

具有高风险的植入性医疗器械不得委托生产，具体目录由国务院食品药品监督管理部门制定、调整并公布。

(四)医疗器械生产企业生产许可证

受理生产许可申请的食品药品监督管理部门应当自受理之日起30个工作日内对申请资料进行审核,按照《医疗器械生产质量管理规范》的要求进行核查。对符合规定条件的,准予许可并发给医疗器械生产许可证;对不符合规定条件的,不予许可并书面说明理由。

医疗器械生产许可证有效期为5年。有效期届满需要延续的,可以申请延续。

(五)医疗器械的名称与说明书

医疗器械应当使用通用名称。通用名称应当符合国务院食品药品监督管理部门制定的医疗器械命名规则。

医疗器械应当有说明书、标签。说明书、标签的内容应当与经注册或者备案的相关内容一致,并标明下列事项:①通用名称、型号、规格;②生产企业的名称和住所、生产地址及联系方式;③产品技术要求的编号;④生产日期和使用期限或者失效日期;⑤产品性能、主要结构、适用范围;⑥禁忌证、注意事项以及其他需要警示或者提示的内容;⑦安装和使用说明或者图示;⑧维护和保养方法,特殊储存条件、方法;⑨产品技术要求规定应当标明的其他内容。

第二类、第三类医疗器械还应当标明医疗器械注册证编号和医疗器械注册人的名称、地址及联系方式。由消费者个人自行使用的医疗器械还应当具有安全使用的特别说明。

二、医疗器械经营与使用管理

(一)医疗器械经营企业的条件

医疗器械经营企业应具备以下条件:①应当有与经营规模和经营范围相适应的经营场所和贮存条件;②有与经营的医疗器械相适应的质量管理制度和质量管理机构或者人员。

(二)医疗器械经营许可证

从事第二类医疗器械经营的,向所在地设区的市级人民政府食品药品监督管理部门备案;从事第三类医疗器械经营的,向所在地设区的市级人民政府食品药品监督管理部门申请经营许可,获得医疗器械经营许可证。

医疗器械经营许可证有效期为5年。有效期届满可以申请延续。

(三)医疗器械的使用

医疗器械使用单位应承担下列责任。

(1)有与在用医疗器械品种、数量相适应的贮存场所和条件。

(2)加强对工作人员的技术培训,按照产品说明书、技术操作规范等要求使用医疗器械。对重复使用的医疗器械,应当按照消毒和管理的规定进行处理。

(3) 一次性使用的医疗器械不得重复使用,对使用过的应当按照有关规定销毁并记录。

(4) 对需要定期检查、检验、校准、保养、维护的医疗器械,应当按照产品说明书的要求进行检查、检验、校准、保养、维护并予以记录,及时进行分析、评估,确保医疗器械处于良好状态,保障使用质量;对使用期限长的大型医疗器械,应当逐台建立使用档案,记录其使用、维护、转让、实际使用时间等事项。记录保存期限不得少于医疗器械规定使用期限终止后5年。

(5) 妥善保存购入第三类医疗器械的原始资料,并确保信息具有可追溯性。使用大型医疗器械以及植入和介入类医疗器械的,应当将医疗器械的名称、关键性技术参数等信息以及与使用质量安全密切相关的必要信息记载到病历等相关记录中。

(6) 发现使用的医疗器械存在安全隐患的,使用单位应当立即停止使用,并通知生产企业或者其他负责产品质量的机构进行检修;经检修仍不能达到使用安全标准的医疗器械,不得继续使用。

(7) 不得使用未依法注册、无合格证明文件以及过期、失效、淘汰的医疗器械。

(四) 医疗器械的进出口

进口的医疗器械应当有符合《医疗器械监督管理条例》规定以及相关强制性标准的要求的中文说明书及中文标签,并在说明书中载明医疗器械的原产地以及代理人的名称、地址、联系方式。没有中文说明书、中文标签或者说明书、标签不符合规定的,不得进口。

出口医疗器械的企业应当保证其出口的医疗器械符合进口国(地区)的要求。

第四节　医疗器械的广告管理

一、医疗器械广告管理机构

省、自治区、直辖市人民政府食品药品监督管理部门是医疗器械广告审查机关,负责本行政区域内医疗器械广告审查工作。

县级以上地方政府工商行政管理部门是医疗器械广告监督管理机关。国家食品药品监督管理局对医疗器械广告审查工作进行指导和监督。

二、不得发布广告的医疗器械

医疗器械广告应当真实合法,不得含有虚假、夸大、误导性的内容。

《医疗器械广告审查发布标准》第三条规定下列产品不得发布广告:①食品药品监

督管理部门依法明令禁止生产、销售和使用的医疗器械产品；②医疗机构研制的在医疗机构内部使用的医疗器械。

三、医疗器械广告必须标明的内容

(1) 医疗器械产品注册证明文件中有禁忌内容、注意事项的，应在广告中标明“禁忌内容或注意事项详见说明书”。

(2) 必须标明经批准的医疗器械名称、医疗器械生产企业名称、医疗器械注册证号、医疗器械广告批准文号。

(3) 推荐给个人使用的医疗器械产品广告，必须标明“请仔细阅读产品说明书或在医务人员的指导下购买和使用”。

(4) 涉及改善和增强性功能内容的，必须与经批准的医疗器械注册证明文件中的适用范围完全一致，不得出现表现性器官的内容。

四、医疗器械广告中的禁止性规定

（一）医疗器械广告中不得出现的情形

《医疗器械广告审查发布标准》第十条规定，医疗器械广告中有关适用范围和功效等内容的宣传应当科学准确，不得出现下列情形：①含有表示功效的断言或者保证的；②说明有效率和治愈率的；③与其他医疗器械产品、药品或其他治疗方法的功效和安全性对比；④在向个人推荐使用的医疗器械广告中，利用消费者缺乏医疗器械专业、技术知识和经验的弱点，使用超出产品注册证明文件以外的专业化术语或不科学的用语描述该产品的特征或作用机理；⑤含有无法证实其科学性的所谓“研究发现”、“实验或数据证明”等方面的内容；⑥违反科学规律，明示或暗示包治百病、适应所有症状的；⑦含有“安全”、“无毒副作用”、“无效退款”、“无依赖”、“保险公司承保”等承诺性用语，含有“唯一”、“精确”、“最新技术”、“最先进科学”、“国家级产品”、“填补国内空白”等绝对化或排他性的用语；⑧声称或暗示该医疗器械为正常生活或治疗病症所必须等内容的；⑨含有明示或暗示该医疗器械能应付现代紧张生活或升学、考试的需要，能帮助改善或提高成绩，能使精力旺盛、增强竞争力、能增高、能益智等内容。

（二）医疗器械广告中不得出现的内容

医疗器械广告应当宣传和引导合理使用医疗器械，不得直接或间接怂恿公众购买使用，不得含有以下内容：①含有不科学的表述或者通过渲染、夸大某种健康状况或者疾病所导致的危害，引起公众对所处健康状况或所患疾病产生担忧和恐惧，或使公众误解不使用该产品会患某种疾病或加重病情的；②含有“家庭必备”或者类似内容的；③含有评比、排序、推荐、指定、选用、获奖等综合性评价内容的；④含有表述该产品处于“热销”、“抢购”、“试用”等的内容。

（三）医疗器械广告中的禁止性事项

(1) 不得含有利用医药科研单位、学术机构、医疗机构或者专家、医生、患者的名义和形象作证明的内容。

(2) 不得含有军队单位或者军队人员的名义、形象。不得利用军队装备、设施从事医疗器械广告宣传。

(3) 不得含有涉及公共信息、公共事件或其他与公共利益相关联的内容,如各类疾病信息、经济社会发展成果或医疗科学以外的科技成果。

(4) 不得含有医疗机构的名称、地址、联系办法、诊疗项目、诊疗方法以及有关义诊、医疗(热线)咨询、开设特约门诊等医疗服务的内容。

(5) 不得在未成年人出版物和频道、节目、栏目上发布,不得以儿童为诉求对象,不得以儿童的名义介绍医疗器械。

五、医疗器械广告的审批

医疗器械生产企业或者经营企业申请医疗器械广告批准文号应当向医疗器械生产企业所在地的医疗器械广告审查机关提出。

申请进口医疗器械广告批准文号,应当向医疗器械注册登记表中列明的代理人所在地的医疗器械广告审查机关提出;如果该产品的境外医疗器械生产企业在境内设有组织机构的,则向该组织机构所在地的医疗器械广告审查机关提出。

医疗器械广告审查机关依法对广告内容进行审查,对审查合格的,发给医疗器械广告批准文号。

发布医疗器械广告,应获得医疗器械广告批准文号,批准文号有效期为 1 年。经批准的医疗器械广告,在发布时不得更改广告内容;内容需要改动的,应当重新申请医疗器械广告批准文号。

第五节　医疗器械的召回

一、医疗器械召回的概念

医疗器械召回,是指医疗器械生产企业按照规定的程序对其已上市销售的存在缺陷的某一类别、型号或者批次的产品,采取警示、检查、修理、重新标签、修改并完善说明书、软件升级、替换、收回、销毁等方式消除缺陷的行为。

二、医疗器械缺陷的评估

医疗器械缺陷是指医疗器械在正常使用情况下存在可能危及人体健康和生命安全

的不合理的风险。

医疗器械缺陷进行评估的主要内容包括：①在使用医疗器械过程中是否发生过故障或者伤害；②在现有使用环境下是否会造成伤害，是否有科学文献、研究、相关试验或者验证能够解释伤害发生的原因；③伤害所涉及的地区范围和人群特点；④对人体健康造成的伤害程度；⑤伤害发生的概率；⑥发生伤害的短期和长期后果；⑦其他可能对人体造成伤害的因素。

三、医疗器械不良事件监测制度

国家建立医疗器械不良事件监测制度，对医疗器械不良事件及时进行收集、分析、评价、控制。

医疗器械生产经营企业、使用单位应当对所生产经营或者使用的医疗器械开展不良事件监测，发现不良事件或者可疑不良事件，应当向监测技术机构报告。

任何单位和个人发现医疗器械不良事件或者可疑不良事件，有权向食品药品监督管理部门或者医疗器械不良事件监测技术机构报告。

四、医疗器械召回的分类

根据医疗器械缺陷的严重程度，医疗器械召回分为以下几个级别。

一级召回：使用该医疗器械可能或者已经引起严重健康危害的。

二级召回：使用该医疗器械可能或者已经引起暂时的或者可逆的健康危害的。

三级召回：使用该医疗器械引起危害的可能性较小但仍需要召回的。

五、医疗器械召回的程序

（一）主动召回

医疗器械生产企业发现其生产的医疗器械不符合强制性标准、经注册或者备案的产品技术要求或者存在其他缺陷的，应当立即停止生产，通知相关生产经营企业、使用单位和消费者停止经营和使用，召回已经上市销售的医疗器械，采取补救、销毁等措施，记录相关情况，发布相关信息，并将医疗器械召回和处理情况向食品药品监督管理部门和卫生计生主管部门报告。

医疗器械经营企业发现其经营的医疗器械存在上述规定情形的，应当立即停止经营，通知相关生产经营企业、使用单位、消费者，并记录停止经营和通知情况。

（二）责令召回

医疗器械生产经营企业未依照《医疗器械监督管理条例》规定实施召回或者停止经营的，食品药品监督管理部门可以责令其召回或者停止经营。

第六节 医疗器械的监督管理及法律责任

一、医疗器械的监督管理

我国医疗器械监管的主要机构是国家食品药品监督管理局(现更名为国家食品药品监督管理总局),其下专门设有医疗器械监管司负责医疗器械的具体监管工作。

(一) 日常监督管理

食品药品监督管理部门对医疗器械的注册、备案、生产、经营、使用活动加强监督检查,可以进入现场检查、抽检、查封、扣押相关医疗器械及生产经营场所。对人体造成伤害或者有证据证明可能危害人体健康的医疗器械,食品药品监督管理部门可以采取暂停生产、进口、经营、使用的紧急控制措施。

(二) 医疗器械检验的监督管理

国家认证认可监督委员会会同国务院食品药品监督管理部门认定的检验机构,方可对医疗器械实施检验。2014 年 11 月 4 日,国家食品药品监督管理总局发布《医疗器械检验机构资质认定条件》,就医疗器械检验机构资质认定及其他方面作出了细致要求。

食品药品监督管理部门在执法工作中需要对医疗器械进行检验的,应当委托有资质的医疗器械检验机构进行,并支付相关费用。

当事人对检验结论有异议的,可以自收到检验结论之日起 7 个工作日内选择有资质的医疗器械检验机构进行复检。承担复检工作的医疗器械检验机构应当在规定的时间内作出复检结论,复检结论为最终检验结论。

(三) 医疗器械广告的监督管理

设区的市级和县级地方政府食品药品监督管理部门对医疗器械广告进行监督检查;发现未经批准、篡改经批准的广告内容的医疗器械广告,应当向所在地省级食品药品监督管理部门报告,由其向社会公告;并提出处理建议且按照有关程序移交所在地同级工商行政管理部门。

工商行政管理部门依照广告管理的法律、行政法规的规定,对医疗器械广告进行监督检查,查处违法行为。

(四) 医疗器械监督的信息管理

国务院食品药品监督管理部门建立统一的医疗器械监督管理信息平台;食品药品监督管理部门通过信息平台依法及时公布医疗器械许可、备案、抽查检验、违法行为查处情况等日常监督管理信息。但是,不得泄露当事人的商业秘密。

食品药品监督管理部门对医疗器械注册人和备案人、生产经营企业、使用单位建立信用档案，对有不良信用记录的增加监督检查频次。

二、法律责任

（一）生产、经营、使用不符合规定要求的医疗器械的法律责任

有下列情形之一的，由县级以上地方政府食品药品监督管理部门责令改正，没收违法生产、经营或者使用的医疗器械；违法生产、经营或者使用的医疗器械货值金额不足1万元的，并处2万元以上5万元以下罚款；货值金额1万元以上的，并处货值金额5倍以上10倍以下罚款；情节严重的，责令停产停业，直至吊销许可证；造成使用者损害的，依法赔偿；构成犯罪的，依法承担刑事责任：①生产、经营、使用不符合强制性标准或者不符合经注册或者备案的产品技术要求的医疗器械的；②医疗器械生产企业未按照经注册或者备案的产品技术要求组织生产，或者未依照规定建立质量管理体系并保持有效运行的；③经营、使用无合格证明文件、过期、失效、淘汰的医疗器械，或者使用未依法注册的医疗器械的；④食品药品监督管理部门责令其依照规定实施召回或者停止经营后，仍拒不召回或者停止经营医疗器械的；⑤委托不具备规定条件的企业生产医疗器械，或者未对受托方的生产行为进行管理的。

（二）违反规定使用医疗器械的法律责任

有下列情形之一的，由县级食品药品监督管理部门和卫生计生主管部门依据各自职责责令改正，给予警告；拒不改正的，处5000元以上2万元以下罚款；情节严重的，责令停产停业，直至吊销许可证；造成使用者损害的，依法赔偿；构成犯罪的，依法承担刑事责任。①未依照规定建立并执行医疗器械进货查验记录制度的；②对重复使用的医疗器械，未按照消毒和管理的规定进行处理的；③重复使用一次性使用的医疗器械，或者未按照规定销毁使用过的一次性使用的医疗器械的；④对需要定期检查、检验、校准、保养、维护的医疗器械，未按照产品说明书要求检查、检验、校准、保养、维护并予以记录，及时进行分析、评估，确保医疗器械处于良好状态的；⑤未妥善保存购入第三类医疗器械的原始资料，或者未按照规定将大型医疗器械以及植入和介入类医疗器械的信息记载到病历等相关记录中的；⑥发现使用的医疗器械存在安全隐患未立即停止使用、通知检修，或者继续使用经检修仍不能达到使用安全标准的医疗器械的；⑦未依照规定开展医疗器械不良事件监测，未按照要求报告不良事件，或者对医疗器械不良事件监测技术机构、食品药品监督管理部门开展的不良事件调查不予配合的。

（三）违反规定开展医疗器械临床试验的法律责任

违法开展医疗器械临床试验的，由县级以上地方政府食品药品监督管理部门责令改正或者立即停止临床试验，可以处5万元以下罚款；造成严重后果的，依法对直接负责的主管人员和其他直接责任人员给予降级、撤职或者开除的处分；有医疗器械临床试验机构资质的，由授予其资质的主管部门撤销医疗器械临床试验机构资质，5年内不受

理其资质认定申请；造成受试者损害的，依法赔偿；构成犯罪的，依法承担刑事责任。

（四）出具医疗器械临床试验虚假报告的法律责任

医疗器械临床试验机构出具虚假报告的，由授予其资质的主管部门撤销医疗器械临床试验机构资质，10 年内不受理其资质认定申请；由县级以上地方政府食品药品监督管理部门处 5 万元以上 10 万元以下罚款；有违法所得的，没收违法所得；对直接负责的主管人员和其他直接责任人员，依法给予撤职或者开除的处分。

（五）《刑法》中规定的相关法律责任

1. 生产、销售不符合标准的医用器材罪 《刑法》第一百四十五条规定，生产不符合保障人体健康的国家标准、行业标准的医疗器械、医用卫生材料，或者销售明知是不符合保障人体健康的国家标准、行业标准的医疗器械、医用卫生材料，足以严重危害人体健康的，处三年以下有期徒刑或者拘役，并处销售金额百分之五十以上二倍以下罚金；对人体健康造成严重危害的，处三年以上十年以下有期徒刑，并处销售金额百分之五十以上二倍以下罚金；后果特别严重的，处十年以上有期徒刑或者无期徒刑，并处销售金额百分之五十以上二倍以下罚金或者没收财产。

2. 放纵制售伪劣商品犯罪行为罪 《刑法》第四百一十四条规定，对生产、销售伪劣商品犯罪行为负有追究责任的国家机关工作人员，徇私舞弊，不履行法律规定的追究职责，情节严重的，处五年以下有期徒刑或者拘役。

1. 名词解释：医疗器械　医疗器械召回
2. 医疗器械产品注册与备案需要提交哪些文件？
3. 医疗器械广告不得出现哪些内容？
4. 医疗器械的召回有哪些程序？
5. 生产经营不合格医疗器械产品行为的法律责任有哪些？

案例思考

2013 年 9 月 27 日，浙江省三门县食品药品监督管理局在检查中发现，台州市某医疗器械有限公司对外销售的 1056 盒“永久性根管填充器材”产品中含有醋酸泼尼松龙成分，与产品注册登记证不一致。同时，该医疗器械公司声称在进货验收时也发现了该产品的中文说明书上未标明氧化铅成分，而产品注册登记证上却有该成分。监管部门认为，该公司销售的上述医疗器械成分与注册登记证内容不同，产品说明书内容也与注册登记证限定内容不同，根据相关规定，应当按无医疗器械注册证书的情况予以处罚，对其作出没收剩余产品 39 盒、违法所得 22 万余元以及罚款 80 余万元的行政处罚。

该公司不服行政处罚决定向台州市食品药品监督管理局提起行政复议。2014 年 1 月 17 日，台州市食品药品监督管理局作出行政复议决定书，维持原处罚。2014 年 2 月 7 日，该公司向三门县人民法院提起诉讼。

原告认为，涉案产品全国均有销售，成分改变问题应该属于生产商法国某公司的责任。原告主观上虽有疏忽，但并非明知而故意销售，也未造成具体损害后果。事发之后，也曾积极配合相关部门调查。另外监管部门在计算违法所得、事实认定等方面均存在错误，故要求撤销被告所作的处罚决定书。

2014 年 5 月 8 日，浙江省三县门人民法院作出一审判决，法院经审理认为原告销售的涉案产品属于第三类医疗器械，植入人体，用于支持、维持生命，对人体有潜在危险，对其安全性、有效性必须严格控制。在购进该产品进行验收时，原告已经发现该产品说明书内容与注册登记表内容不符，应当认识到该产品可能存在问题而暂停销售，但原告继续购进并销售，致使该产品流入市场。被告依据《医疗器械监督管理条例》关于无医疗器械注册证书的规定对其作出处罚，事实清楚，证据充分，适用法律正确，故判决维持被告作出的行政处罚决定。

问题：

1. 用《医疗器械监督管理条例》等相关法律规定分析此案例。
2. 违法所得的依据是销售总额还是所获利润？

第十六章 中医药法律制度

本章知识点：

- 中医药、中医医疗机构、中药含义
- 中医医疗机构的登记的法律规定
- 中医诊所备案管理
- 师承和确有专长人员分类考核规定
- 医疗机构中药饮片炮制及制剂备案管理的法律规定
- 中医药发展的保障措施
- 关键术语：中医药、中医医疗机构、中药生产经营、师承教育、保障措施

本章导读：药店不仅卖药，还聘请医生给病人看病，与那些既无营业执照也无执医资格的"黑诊所"相比，大部分药店的"坐堂医"有执业医师资质，也能给社区民众看病带来方便与实惠。请问药店设立"坐堂医"是否合法？本章中医坐堂医诊所管理规定对这个问题做了很好的解答。

第一节 概述

一、中医药的概念

中医药是包括汉族和少数民族医药在内的我国各民族医药的统称，是反映中华民族对生命、健康和疾病的认识，具有悠久历史传统和独特理论及技术方法的医药学体系。

中医药是我国各民族人民几千年来同疾病作斗争的智慧结晶，是中华民族优秀的传统文化，为中华民族的繁衍、健康和昌盛作出了巨大的贡献，并产生了广泛的国际影响。

二、中医药立法

新中国成立后，党和国家重视中医药事业的发展，但实践中，仍然长期存在以党的政策代替中医药法律管理的现状，直到十一届三中全会后，中医药法制建设才进入了全

面的发展时期。1982年通过的《中华人民共和国宪法》第二十一条明确规定国家发展医药卫生事业，发展现代医药和我国传统医药。这从根本上确立了中医药的法律地位，为我国中医药的法制体系的构建提供了根本保障，对中医药的发展有着重要的作用。

目前，我国已经基本形成了包括中医药专门法律规范、中西医同等适用的医药类法律规范和涉及中医药的其他法律规范在内的中医药法律体系。第一类是专门性的中医药立法。主要有《中医医院工作若干问题的规定（试行）》（1980年）、《野生药材资源保护管理条例》（1987年）、《中药品种保护条例》（国务院令第106号）（1992年）、《中华人民共和国中医药条例》（2003年）和《中华人民共和国中医药法》（2016年）。第二类是相关的中医药法律。主要有《中华人民共和国药品管理法》（1984年）、《医疗机构管理条例》（1994年）、《中华人民共和国执业医师法》（1998年）、《医疗事故处理条例》（1987年）和《中华人民共和国侵权责任法》（2009年）等。

2009年3月，《中共中央国务院关于深化医药卫生体制改革的意见》提出，充分发挥中医药（民族医药）在疾病预防控制、应对突发公共卫生事件、医疗服务中的作用。在基层医疗卫生服务中，大力推广中医药适宜技术。采取扶持中医药发展政策，促进中医药继承和创新。2009年5月，国务院发布了《关于扶持和促进中医药事业发展的若干意见》。2016年2月，国务院印发了《中医药发展战略规划纲要（2016—2030年）》。

十一届三中全会后，全国各省、自治区、直辖市相继出台了中医发展条例，截至2015年12月底，全国共有25个省、自治区、直辖市颁布实施了中医药发展条例。现行中医药行政法规、部门规章以及地方性法规的发布和实施，为中医药立法提供了比较丰富的理论基础和实践经验。2016年12月25日第十二届全国人民代表大会常务委员会第二十五次会议通过了《中华人民共和国中医药法》（以下简称《中医药法》），首次从国家专门法律层面明确中医药地位，对中医药事业发展具有里程碑的重要意义。

三、发展中医药事业的方针和基本原则

（一）中西医并重的方针

中医药事业是我国医药卫生事业的重要组成部分。国家大力发展中医药事业，实行中西医并重的方针，建立符合中医药特点的管理制度，充分发挥中医药在我国医药卫生事业中的作用。

（二）继承与创新相结合的原则

发展中医药事业应当遵循中医药发展规律，坚持继承和创新相结合，保持和发挥中医药特色和优势，运用现代科学技术，促进中医药理论和实践的发展。

国家鼓励中医和西医相互学习，相互补充，协调发展，发挥各自优势，促进中西医结合。

四、中医药管理体制

国务院中医药管理部门负责全国中医药管理工作。国务院有关部门在各自的职责范围内负责与中医药有关的工作。县级以上地方人民政府负责中医药管理的部门负责本行政区域内的中医药管理工作。县级以上地方人民政府有关部门在各自的职责范围内负责与中医药有关的工作。

第二节　中医医疗机构管理法律制度

一、中医医疗机构

（一）中医医疗机构的概念及设置

1. 中医医疗机构的概念　中医医疗机构是指依法取得医疗机构执业许可证的中医、中西医结合的医院、门诊部或依法经所在地县级人民政府中医药主管部门备案的中医诊所。

中医医疗机构是我国医疗机构的重要组成部分，主要包括国家、集体、个体开办的中医医院、中医院校及中医研究机构的附属医院、中医专科医院、中医康复医院、中医门诊部、中医诊所、中医诊室及一切以各种名称面向社会而主要从事中医医疗业务的单位。政府举办的综合医院、妇幼保健机构和有条件的专科医院、社区卫生服务中心、乡镇卫生院，应当设置中医药科室。县级以上人民政府应当采取措施，增强社区卫生服务站和村卫生室提供中医药服务的能力。

2. 中医医疗机构的设置　举办中医医疗机构应当按照国家有关医疗机构管理的规定办理审批手续，并遵守医疗机构管理的有关规定。县级以上人民政府应当将中医医疗机构建设纳入医疗机构设置规划，举办规模适宜的中医医疗机构，扶持有中医药特色和优势的医疗机构发展。合并、撤销政府举办的中医医疗机构或者改变其中医医疗性质，应当征求上一级人民政府中医药主管部门的意见。

（二）中医医疗机构的登记

设置中医医疗机构应当按照国家有关医疗机构管理的规定办理审批手续，方可执业。

1. 开业备案或审批　各级中医医疗机构的审批部门略有不同：中医诊所由县级人民政府中医药主管部门备案后即可开展执业活动；中医医院（含中医院校及中医研究机构的附属医院）、中医专科医院、中医康复医院、中医门诊部、其他以各种名称面向社会而主要从事中医医疗业务的单位，由地（市）级或其以上中医药、卫生行政部门审批；其他任何组织和个人都无权批准中医医疗机构开业；也不准擅自借用其他机构名称从事中医医疗活动。

《中医药法》第十四条第二款规定，举办中医诊所的，将诊所的名称、地址、诊疗范围、人员配备情况等报所在地县级人民政府中医药主管部门备案后即可开展执业活动。中医诊所应当将本诊所的诊疗范围、中医医师的姓名及其执业范围在诊所的明显位置公示，不得超出备案范围开展医疗活动。中医诊所由现行的许可管理改为备案管理，改变了一直以来以行政审批方式管理中医诊所的模式。这有利于进一步促进中医药服务的可及性，提升基层中医药服务能力，壮大基层中医药服务队伍。

2. 开业申请资料 中医医疗机构在申请开业时，应提交以下材料：机构名称、设置科目、床位编制；卫技人员情况；中医诊所、中医诊室须提交医务人员名单及其有关资格证件；业务用房产权证书或租赁合约；诊疗设备及药品情况；与申报规模相称的资金情况；有关规章制度；法人代表有关情况及其资格证件。

中医医疗机构改变机构名称、增减病床、变更科目、停业、迁移都必须报原批准开业的中医药、卫生行政部门审批登记或备案；歇业的，必须向原登记机关办理注销登记，经核准后，收缴《医疗机构执业许可证》。

（三）中医医院管理

中医医院包括县及县以上综合中医医院和专科中医医院。中医医院必须以医疗工作为中心，结合医疗搞好教学和科学研究，成为继承发扬中医药学，培养中医药人才的基地。

1. 医疗业务 中医医院要办成以中医药为主，体现中医药防治疾病特点的医疗机构。中医医疗机构开展中医药服务，应当以中医药理论为指导，充分发挥中医药特色和优势，遵循中医药自身发展规律，运用传统理论和方法，结合现代科学技术手段，发挥中医药在防治疾病、保健、康复中的作用，为群众提供价格合理、质量优良的中医药服务。

2. 管理工作 《中医药法》规定，与中医药有关的评审或者鉴定活动，应当体现中医药特色，遵循中医药自身的发展规律。中医药专业技术职务任职资格的评审，中医医疗、教育、科研机构的评审、评估，中医药科研课题的立项和成果鉴定，应当成立专门的中医药评审、鉴定组织或者由中医药专家参加评审、鉴定。

2012 年国家中医药管理局《中医医院评审暂行办法》规定，中医医院评审坚持政府主导、分级负责、公平公正的原则和以评促建、以评促改、评建并举、重在内涵的方针，围绕中医特色、中医疗效、质量、安全、服务、管理，体现以病人为中心的理念。

3. 科室设置和编制 业务科室设置和病床分配比例，可根据中医专科的特色和各自的规模、任务、特长及技术发展情况确定，科室设置力求齐全。中医医院人员编制按病床与工作人员 1∶1.3～1∶1.7 计算。病床数与门诊量之比按 1∶3 计算，不符合 1∶3时，按每增减 100 门诊人次增减 6～8 人。医生和药剂人员要高于西医综合医院的比例，护理人员可低于西医综合医院的比例。在医生和药剂人员中，中医、中药人员要占绝对多数。

4. 药剂管理 要建立和办好中药房，中药加工炮制、储藏保管、调剂煎熬配方必须严格遵守操作规程和规章制度，保证药品质量；在坚持使用中药为主的前提下，以饮片为主，中成药为辅，重治轻补，并开展中药剂型改革。

（四）中医专科管理

中医专科是中医伟大宝库的一个重要组成部分。综合医院均应按照要求设置中医临床科室和中药房，医院各临床科室通过与中医临床科室建立协作机制等形式能够提供中医药服务。中医临床科室要坚持突出中医药特色，发挥中医药优势，做到"科有专病、人有专长、病有专治专药"；设立中医病床，床位数不低于医院标准床位数的5%。

（五）中医坐堂诊所的管理

中医坐堂诊所是指设置在药品零售药店的中医药服务机构。

1. 申办条件与要求 根据2010年国家中医药管理局和卫生部制定的《中医坐堂医诊所管理办法（试行）》，申请设置中医坐堂诊所的药品零售药店，必须同时具备以下条件：具有《药品经营质量管理规范认证证书》、《药品经营许可证》和营业执照；具有独立的中药饮片营业区，饮片区面积不得少于50 m^2；中药饮片质量符合国家规定要求，品种齐全，数量不少于400种。

《中医坐堂医诊所基本标准（试行）》规定：中医坐堂医诊所由中药饮片品种不少于400种的药店设置，只允许提供中药饮片处方服务；至少有1名取得医师资格后经注册连续在医疗机构从事5年以上临床工作的中医类别中医执业医师；设置的诊室必须独立隔开，不超过2个，每个诊室建筑面积不少于10 m^2；设有诊察桌、诊察床、诊察凳和与开展诊疗科目相应的设备设施。

2. 备案管理和执业登记 设置中医坐堂医诊所，必须按照医疗机构设置规划，由县级地方人民政府卫生行政部门、中医药管理部门根据《中医药法》、《医疗机构管理条例》、《医疗机构管理条例实施细则》和《中医坐堂医诊所基本标准（试行）》以及本办法的有关规定进行备案管理和执业登记。中医坐堂医诊所登记注册的诊疗科目应为《医疗机构诊疗科目名录》"中医科"科目下设的二级科目，所设科目不超过2个，并且与中医坐堂医诊所提供的医疗服务范围相对应。

3. 执业规则 中医坐堂医诊所聘用的医师，应当是取得医师资格后经注册连续在医疗机构从事5年以上临床工作的中医类别中医执业医师。中医坐堂医诊所可以作为中医类别中医执业医师的第二执业地点进行注册，但至少有1名中医类别中医执业医师的第一执业地点为该诊所。中医类别中医执业医师可以在中医坐堂医诊所执业，其他类别的执业医师不得在中医坐堂诊所执业。

4. 规章制度 中医坐堂医诊所须建立健全规章制度。中医坐堂医诊所要严格执行国家关于中医病历书写、处方管理的有关规定。

（六）医疗气功的管理

医疗气功是指将气功锻炼应用于医疗养生康复的活动，医疗气功锻炼的主要目的是治疗疾病以及强身健体。开展医疗气功活动必须在医疗机构内进行。“医疗气功”列入医疗机构诊疗科目的“中医科——其他”类中。取得中医执业医师资格的医疗气功人员可独立开展医疗气功活动；取得中医执业助理医师资格的医疗气功人员必须在中医执业医师指导下开展医疗气功活动。县级以上人民政府中医药行政管理机构应当按照本规定和有关法律法规，加强对医疗气功活动的日常监督检查。

（七）中医医疗广告管理

依据《广告法》以及《中医药法》规定，医疗机构发布中医医疗广告，应当经所在地省、自治区、直辖市人民政府中医药主管部门审查批准；未经审查批准，不得发布。发布的中医医疗广告内容应当与经审查批准的内容相符合，并符合《中华人民共和国广告法》的有关规定。

二、中医从业人员

（一）中医从业人员资格

中医从业人员是指具备中医医学专业学历，取得医师资格并经注册，在中医医疗机构、中医院校、中医科研单位、综合医院的中医专科工作的医务人员以及未取得医学专业学历，以师承方式学习传统医学或者经多年实践医术确有专长，并按照《中医药法》的规定经过考核合格和注册取得执业证书的人员。

从事中医医疗活动的人员，应当通过医师资格考试，取得《医师资格证书》，并经注册取得《医师执业证书》后，方可从事中医服务活动。参加中医执业医师资格考试的人员应具备中医专业的学历，并符合《执业医师法》的相关规定。

《中医药法》第十五条规定，以师承方式学习中医或者经多年实践，医术确有专长的人员，由至少两名中医医师推荐，经省、自治区、直辖市人民政府中医药主管部门组织实践技能和效果考核合格后，即可取得中医医师资格；按照考核内容进行执业注册后，即可在注册的执业范围内，以个人开业的方式或者在医疗机构内从事中医医疗活动。国务院中医药主管部门应当根据中医药技术方法的安全风险拟订本款规定人员的分类考核办法，报国务院卫生行政部门审核、发布。《中医药法》在充分考虑医疗安全风险的基础上，对师承方式学习中医和经多年实践医术确有专长的人员，开辟了通过实践技能及效果考核即可获得中医医师资格的新途径。

（二）中医从业人员的管理

中医医疗机构配备医务人员应当以中医药专业技术人员为主，主要提供中医药服务；经考试取得医师资格的中医医师按照国家有关规定，经培训、考核合格后，可以在执业活动中采用与其专业相关的现代科学技术方法。在医疗活动中采用现代科学技术方法的，应当有利于保持和发挥中医药特色和优势。社区卫生服务中心、乡镇卫生院、社区卫生服务站以及有条件的村卫生室应当合理配备中医药专业技术人员，并运用和推广适宜的中医药技术方法。

三、中医药服务的监督检查

县级以上人民政府中医药主管部门应当加强对中医药服务的监督检查，并将下列事项作为监督检查的重点：中医医疗机构、中医医师是否超出规定的范围开展医疗活动；开展中医药服务是否符合国务院中医药主管部门制定的中医药服务基本要求；中医医疗广告发布行为是否符合本法的规定。中医药主管部门依法开展监督检查，有关单位和个人应当予以配合，不得拒绝或者阻挠。

第三节　中药管理的法律规定

一、中药的概念

中药是指在中医理论的指导下，运用传统的独特方法进行加工炮制并用于疾病的预防、诊断和治疗，有明确的适应证和用法、用量的植物、动物和矿物质及其天然加工品等。中药包括中药材、中药饮片和中成药。

二、中药的研发与注册管理

（一）中药的研制

1. 中药新药研制　国家鼓励和支持中药新药的研制和生产。国家保护传统中药加工技术和工艺，支持传统剂型中成药的生产，鼓励运用现代科学技术研究开发传统中成药。根据《中药注册管理补充规定》，中药新药的研制应当符合中医药理论，注重临床实践基础，具有临床应用价值，保证中药的安全有效和质量稳定，保障中药材来源的稳定和资源的可持续利用，并应关注对环境保护等因素的影响。

2. 中药制剂研制　原国家卫生部与国家中医药管理局联合《关于加强中药剂型研制工作的意见》指出，中药剂型研制工作要根据中医辨证论治原则及中药性味归经、君臣佐使等理论，通过剂型研制，促进中医药学术的发展。要注意克服脱离中医药理论体系套用西医药模式研制中药剂型的倾向。

（二）中药的注册管理

凡是在我国境内申请进行药物临床试验、药品生产或者进口、进行相关的药品注册检验以及监督管理都应适用《药品注册管理办法》。实施批准文号管理的中药材、中药饮片以及进口中药材的注册管理规定，由国家食品药品监督管理局另行制定。

依据《中医药法》第二十三条规定，生产符合国家规定条件的来源于古代经典名方的中药复方制剂，在申请药品批准文号时，可以仅提供非临床安全性研究资料。前款所称古代经典名方，是指至今仍广泛应用、疗效确切、具有明显特色与优势的古代中医典籍所记载的方剂。具体目录由国务院中医药主管部门会同药品监督管理部门制定。

三、中药材生产管理

为杜绝“中医毁于中药”，确保中药材质量安全，依据《中医药法》的规定，国家制定中药材种植养殖、采集、储存和初加工的技术规范、标准，加强对中药材生产流通全过程的质量监督管理，保障中药材质量安全。

（一）药品生产企业的开办

开办生产中药的企业也应遵守《中华人民共和国药品管理法》规定。

（二）中药材生产管理

1. 鼓励培育中药材 国家鼓励发展中药材规范化种植养殖，严格管理农药、肥料等农业投入品的使用，禁止在中药材种植过程中使用剧毒、高毒农药，支持中药材良种繁育，提高中药材质量。

2. 中药材生产质量管理 国务院药品监督管理部门应当组织并加强对中药材质量的监测，定期向社会公布监测结果。国务院有关部门应当协助做好中药材质量监测有关工作。采集、储存中药材以及对中药材进行初加工，应当符合国家有关技术规范、标准和管理规定。2016 年 3 月国家食品药品监督管理总局发布《取消中药材生产质量管理规范认证有关事宜的公告》。根据《国务院关于取消和调整一批行政审批项目等事项的决定》（国发〔2015〕11 号），取消中药材生产质量管理规范（以下简称中药材 GAP）认证行政许可事项。国家食品药品监督管理总局将继续做好取消认证后中药材 GAP 的监督实施工作，对中药材 GAP 实施备案管理。

（三）道地中药材管理

道地中药材，是指经过中医临床长期应用优选出来的，产在特定地域，与其他地区所产同种中药材相比，品质和疗效更好，且质量稳定，具有较高知名度的中药材。

国家建立道地中药材评价体系，支持道地中药材品种选育，扶持道地中药材生产基地建设，加强道地中药材生产基地生态环境保护，鼓励采取地理标志产品保护等措施保护道地中药材。

（四）乡村中医药技术人员自种、自采、自用中草药的管理

在村医疗机构执业的中医医师、具备中药材知识和识别能力的乡村医生，按照国家有关规定可以自种、自采地产中药材并在其执业活动中使用。《国家中医药管理局、卫生部关于加强乡村中医药技术人员自种、自采、自用中草药管理的通知》规定乡村中医药技术人员不得自种、自采、自用下列中草药：①国家规定需特殊管理的医疗用毒性中草药；②国家规定需特殊管理的麻醉药品原植物；③国家规定需特殊管理的濒危、稀少野生植物药材。

（五）中药饮片的生产管理

1. 中药炮制 中药炮制是中药行业特有的传统制药技术。国家保护中药饮片传统炮制技术和工艺，支持应用传统工艺炮制中药饮片，鼓励运用现代科学技术开展中药饮片炮制技术研究。

对市场上没有供应的中药饮片，医疗机构可以根据本医疗机构医师处方的需要，在本医疗机构内炮制、使用。医疗机构应当遵守中药饮片炮制的有关规定，对其炮制的中药饮片的质量负责，保证药品安全。医疗机构炮制中药饮片，应当向所在地设区的市级人民政府药品监督管理部门备案。根据临床用药需要，医疗机构可以凭本医疗机构医师的处方对中药饮片进行再加工。

2. 中药饮片的生产 《药品管理法》规定，中药饮片必须按照国家药品标准炮制；国家药品标准没有规定的，必须按照省、自治区、直辖市人民政府药品监督管理部门制定的炮制规范炮制。省、自治区、直辖市人民政府药品监督管理部门制定的炮制规范应当报国务院药品监督管理部门备案。

依据《关于加强中药饮片监督管理的通知》(国食药监安[2011]25 号)规定，生产中药饮片必须持有《药品生产许可证》、《药品 GMP 证书》；必须以中药材为起始原料，使用符合药用标准的中药材，并应尽量固定药材产地；必须严格执行国家药品标准和地方中药饮片炮制规范、工艺规程；必须在符合药品 GMP 条件下组织生产，出厂的中药饮片应检验合格，并随货附纸质或电子版的检验报告书。

三、中药经营管理

（一）经营中药的资格

《中华人民共和国药品管理法》规定无《药品经营许可证》的，不得经营药品。该法同时规定城乡集市贸易市场可以出售中药材，但国务院另有规定的除外。

（二）中药经营管理

《中医药法》规定，国家鼓励发展中药材现代流通体系，提高中药材包装、仓储等技术水平，建立中药材流通追溯体系。药品生产企业购进中药材应当建立进货查验记录

制度。中药材经营者应当建立进货查验和购销记录制度,并标明中药材产地。

四、医疗机构配制中药制剂管理

国家鼓励医疗机构根据本医疗机构临床用药需要配制和使用中药制剂,支持应用传统工艺配制中药制剂,支持以中药制剂为基础研制中药新药。

医疗机构配制中药制剂,应当依照《中华人民共和国药品管理法》的规定取得医疗机构制剂许可证,或者委托取得药品生产许可证的药品生产企业、取得医疗机构制剂许可证的其他医疗机构配制中药制剂。委托配制中药制剂,应当向委托方所在地省、自治区、直辖市人民政府药品监督管理部门备案。医疗机构对其配制的中药制剂的质量负责;委托配制中药制剂的,委托方和受托方对所配制的中药制剂的质量分别承担相应责任。

医疗机构配制的中药制剂品种,应当依法取得制剂批准文号。但是,仅应用传统工艺配制的中药制剂品种,向医疗机构所在地省、自治区、直辖市人民政府药品监督管理部门备案后即可配制,不需要取得制剂批准文号。中药制剂实施备案制符合中药制剂的发展规律,有利于中医药创新进步。《中医药法》中提出的中药制剂审评审批可采用备案制进行管理,并不意味着所有的中药制剂都可以获得这种"特权",仅允许"传统工艺配制"的中药制剂品种实行备案制。医疗机构应当加强对备案的中药制剂品种的不良反应监测,并按照国家有关规定进行报告。药品监督管理部门应当加强对备案的中药制剂品种配制、使用的监督检查。

五、野生、濒危中药材资源保护

《中医药法》规定,国家保护药用野生动植物资源,对药用野生动植物资源实行动态监测和定期普查,建立药用野生动植物资源种植基因库,鼓励发展人工种植养殖,支持依法开展珍贵、濒危药用野生动植物的保护、繁育及其相关研究。《野生药材资源保护管理条例》也规定,国家对野生药材资源实行保护、采猎相结合的原则,并创造条件开展人工种养。

(一)国家重点保护的野生药材物种分级

(1)一级:濒临灭绝状态的稀有珍贵野生药材物种。有 4 种,即虎骨、豹骨、羚羊角及鹿茸。

(2)二级:分布区域缩小、资源处于衰竭状态的重要野生药材物种。有 27 种,如穿山甲等。

(3)三级:资源严重减少的主要常用野生药材物种。三级保护物种有 45 种,如刺五加等。

（二）野生药材物种保护措施

（1）按照国际公约保护犀牛和虎。我国已经签署《濒危野生动植物种国际贸易公约》，犀牛和虎在其附录中；国务院的《关于禁止犀牛角和虎骨贸易的通知》规定严禁进出口、出售、收购、运输、携带、邮寄犀牛角和虎骨。取消犀牛角和虎骨药用标准，不得用其制药。

（2）禁止采猎一级保护野生药材物种；此物种属于自然淘汰的，其药用部分由相应单位负责经营管理，但不得出口。

（3）严格控制二、三级保护野生药材物种的采猎、收购和出口。采猎、收购此类物种的，必须按照批准的计划执行；必须持有采药证，且不得在禁止采猎区、禁止采猎期进行采猎，不得使用禁用工具进行采猎。此类物种的药用部分，实行限量出口。

（4）保护野生药材资源保护区。

（5）对保护野生药材资源做出显著成绩的单位和个人给予奖励。

六、中药品种保护

《药品管理法》规定，国家实行中药品种保护制度。为提高中药品种的质量，鼓励研究开发中药新品种，促进中药事业的发展，《中药品种保护条例》规定，对质量稳定、疗效确切的中药品种实行分级保护制度。

（一）中药保护品种等级的划分和审批

依照《中药品种保护条例》受保护的中药品种，必须是列入国家药品标准的品种。经国务院卫生行政部门认定，列为省、自治区、直辖市药品标准的品种，也可以申请保护。保护的中药品种分为一、二级。

1. 一级保护 对特定疾病有特殊疗效的；相当于国家一级保护野生药材物种的人工制成品；用于预防和治疗特殊疾病的。

2. 二级保护 可申请一级保护的品种或者已经解除一级保护的品种；对特定疾病有显著疗效的；从天然药物中提取的有效物质及特殊制剂。

国务院卫生行政部门批准的新药，按照国务院卫生行政部门规定的保护期给予保护；在保护期限届满前 6 个月，可以重新依照《中药品种保护条例》的规定申请保护。

（二）中药保护品种的保护期限

中药一级保护品种分别为 30 年、20 年、10 年。中药一级保护品种因特殊情况需要延长保护期限的，由生产企业在该品种保护期满前 6 个月，依照该条例第九条规定的程序申报。延长的保护期限由国务院卫生行政部门根据国家中药品种保护审评委员会的审评结果确定；但是，每次延长的保护期限不得超过第一次批准的保护期限。

中药二级保护品种为 7 年。中药二级保护品种在保护期满后可以延长 7 年。

第四节　中医药教育与科研

一、中医药教育

中医药教育应当遵循中医药人才成长规律，以中医药内容为主，体现中医药文化特色，注重中医药经典理论和中医药临床实践、现代教育方式和传统教育方式相结合。

（一）中医教育机构

国家发展中医药教育，建立适应中医药事业发展需要、规模适宜、结构合理、形式多样的中医药教育体系，培养中医药人才。国家完善中医药学校教育体系，支持专门实施中医药教育的高等学校、中等职业学校和其他教育机构的发展。各类中医药教育机构应当加强中医药基础理论教学，重视中医药基础理论与中医药临床实践相结合，推进素质教育。设立各类中医药教育机构，应当符合国家规定的设置标准，并建立符合国家规定标准的临床教学基地。

（二）学历教育

学历教育是我国中医药教育的重要组成部分。中医药学校教育的培养目标、修业年限、教学形式、教学内容、教学评价、学历教育及学术水平评价标准等，应当体现中医药学科特色，符合中医药学科发展规律。

（三）中医药师承教育

国家发展中医药师承教育，支持有丰富临床经验和技术专长的中医医师、中药专业技术人员在执业、业务活动中带徒授业，传授中医药理论和技术方法，培养中医药专业技术人员。建立中医药师承教育培养体系，将师承教育全面融入院校教育、毕业后教育和继续教育。鼓励医疗机构发展师承教育，实现师承教育常态化和制度化。加强名老中医药专家传承工作室建设，吸引、鼓励名老中医药专家和长期服务基层的中医药专家通过师承模式培养多层次的中医药骨干人才。

（四）学术经验与技术专长继承

国家鼓励开展中医药专家学术经验和技术专长继承工作，培养高层次的中医临床人才和中药技术人才。承担中医药专家学术经验和技术专长继承工作的指导老师应当具备下列条件：具有较高学术水平和丰富的实践经验、技术专长和良好的职业品德；从事中医药专业工作 30 年以上并担任高级专业技术职务 10 年以上。

中医药专家学术经验和技术专长继承工作的继承人应当具备下列条件：具有大学本科以上学历和良好的职业品德；受聘于医疗卫生机构或者医学教育、科研机构从事中医药工作，并担任中级以上专业技术职务。

（五）继续教育

国家加强对中医医师和城乡基层中医药专业技术人员的培养和培训。国家发展中西医结合教育，培养高层次的中西医结合人才。县级以上地方人民政府中医药主管部门应当组织开展中医药继续教育，加强对医务人员，特别是城乡基层医务人员中医药基本知识和技能的培训。中医药专业技术人员应当按照规定参加继续教育，所在机构应当为其接受继续教育创造条件。

二、中医药科研

《中医药法》规定，国家鼓励科研机构、高等学校、医疗机构和药品生产企业等，运用现代科学技术和传统中医药研究方法，开展中医药科学研究，加强中西医结合研究，促进中医药理论和技术方法的继承和创新。

（一）理论研究和临床研究

国家采取措施支持对中医药古籍文献、著名中医药专家的学术思想和诊疗经验以及民间中医药技术方法的整理、研究和利用。国家鼓励组织和个人捐献有科学研究和临床应用价值的中医药文献、秘方、验方、诊疗方法和技术。

国家采取措施，加强对中医药基础理论和辨证论治方法，常见病、多发病、慢性病和重大疑难疾病、重大传染病的中医药防治，以及其他对中医药理论和实践发展有重大促进作用的项目的科学研究。

（二）中医药科研评价体系

建立和完善符合中医药特点的科研评价标准和体系，研究完善有利于中医药创新的激励政策。通过同行评议和引进第三方评估，提高项目管理效率和研究水平。不断提高中医药科研成果转化效率。

三、中医药文化传播与对外交流

（一）中医药文化传播

县级以上人民政府应当加强中医药文化宣传，普及中医药知识，鼓励组织和个人创作中医药文化和科普作品。开展中医药文化宣传和知识普及活动，应当遵守国家有关规定。任何组织或者个人不得对中医药作虚假、夸大宣传，不得冒用中医药名义牟取不正当利益。广播、电视、报刊、互联网等媒体开展中医药知识宣传，应当聘请中医药专业技术人员进行。

（二）中医药的对外交流

国家支持中医药的对外交流与合作，推进中医药的国际传播。深化与各国政府和世界卫生组织、国际标准化组织等的交流与合作，积极参与国际规则、标准的研究与制订，营造有利于中医药海外发展的国际环境。实施中医药海外发展工程，推动中医药技术、药物、标准和服务走出去，促进国际社会广泛接受中医药。

第五节　中医药发展的保障

一、纳入国民经济和社会发展计划

县级以上各级人民政府应当将中医药事业纳入国民经济和社会发展计划，使中医药事业与经济、社会协调发展。国家加强中医药服务体系建设，合理规划和配置中医药服务资源，为公民获得中医药服务提供保障。

二、加大财政投入

县级以上人民政府应当为中医药事业发展提供政策支持和条件保障，将中医药事业发展经费纳入本级财政预算。落实政府对中医药事业的投入政策。任何单位和个人不得将中医药事业经费挪作他用。

三、保障措施

县级以上人民政府及其有关部门制定基本医疗保险支付政策、药物政策等医药卫生政策，应当发挥中医药的优势，支持提供和利用中医药服务。

县级以上地方人民政府有关部门应当将符合条件的中医医疗机构纳入基本医疗保险定点医疗机构范围，将符合条件的中医诊疗项目、中药饮片、中成药和医疗机构中药制剂纳入基本医疗保险基金支付范围。

县级以上人民政府及其有关部门应当按照法定价格管理权限，合理确定中医医疗服务的收费项目和标准，体现中医医疗服务成本和专业技术价值。

县级以上人民政府应当发展中医药预防、保健服务，并按照国家有关规定将其纳入基本公共卫生服务项目统筹实施；县级以上人民政府应当发挥中医药在突发公共卫生事件应急工作中的作用，加强中医药应急物资、设备、设施、技术与人才资源储备。

国家加强中医药标准体系建设，根据中医药特点对需要统一的技术要求制定标准并及时修订。中医药国家标准、行业标准由国务院有关部门依据职责制定或者修订，并在其网站上公布，供公众免费查阅。国家推动建立中医药国际标准体系。

四、文献与资源保护

（一）中医药文献保护

对具有重要学术价值的中医药理论和技术方法，省级以上人民政府中医药主管部门应当组织遴选本行政区域内的中医药学术传承项目和传承人，并为传承活动提供必要的条件。传承人应当开展传承活动，培养后继人才，收集整理并妥善保存相关的学术资料。属于非物质文化遗产代表性项目的，依照《中华人民共和国非物质文化遗产法》的有关规定开展传承活动。

县级以上各级人民政府应当采取措施加强对中医药文献的收集、整理、研究和保护工作。有关单位和中医医疗机构应当加强重要中医药文献资料的管理、保护和利用。

（二）中医药传统知识保护

国家保护中医药传统知识，建立中医药传统知识保护数据库、保护名录和保护制度。加强对中医药百年老字号的保护。加强中医药知识产权保护和利用，完善中医药专利审查标准和中药品种保护制度，研究制订中医药传统知识保护名录，逐步建立中医药传统知识专门保护制度。

（三）资源保护

实施野生中药材资源保护工程，完善中药材资源分级保护、野生中药材物种分级保护制度，建立濒危野生药用动植物保护区、野生中药材资源培育基地和濒危稀缺中药材种植养殖基地，建立普查和动态监测相结合的中药材资源调查制度。制定中药材主产区种植区域规划。制定国家道地药材目录，加强道地药材良种繁育基地和规范化种植养殖基地建设。支持发展中药材生产保险。建立完善中药材原产地标记制度。

第六节 法律责任

一、中医诊所超出备案范围开展医疗活动的法律责任

违反《中医药法》规定，中医诊所超出备案范围开展医疗活动的，由所在地县级人民政府中医药主管部门责令改正，没收违法所得，并处一万元以上三万元以下罚款；情节严重的，责令停止执业活动。

中医诊所被责令停止执业活动的，其直接负责的主管人员自处罚决定作出之日起五年内不得在医疗机构内从事管理工作。医疗机构聘用上述不得从事管理工作的人员从事管理工作的，由原发证部门吊销执业许可证或者由原备案部门责令停止执业活动。

二、中医医师超出注册的执业范围从事医疗活动的法律责任

违反《中医药法》规定，经考核取得医师资格的中医医师超出注册的执业范围从事医疗活动的，由县级以上人民政府中医药主管部门责令暂停六个月以上一年以下执业活动，并处一万元以上三万元以下罚款；情节严重的，吊销执业资格证书。

三、应当备案而未备案，或者备案时提供虚假材料的法律责任

违反《中医药法》规定，举办中医诊所、炮制中药饮片、委托配制中药制剂应当备案而未备案，或者备案时提供虚假材料的，由中医药主管部门和药品监督管理部门按照各自职责分工责令改正，没收违法所得，并处三万元以下罚款，向社会公告相关信息；拒不改正的，责令停止执业活动或者责令停止炮制中药饮片、委托配制中药制剂活动，其直接责任人员五年内不得从事中医药相关活动。

医疗机构应用传统工艺配制中药制剂未依照本法规定备案，或者未按照备案材料载明的要求配制中药制剂的，按生产假药给予处罚。

四、在中药材种植过程中使用剧毒、高毒农药的法律责任

违反《中医药法》规定，在中药材种植过程中使用剧毒、高毒农药的，依照有关法律、法规规定给予处罚；情节严重的，可以由公安机关对其直接负责的主管人员和其他直接责任人员处五日以上十五日以下拘留。

五、篡改经批准的中医医疗广告内容的法律责任

违反《中医药法》规定，发布的中医医疗广告内容与经审查批准的内容不相符的，由原审查部门撤销该广告的审查批准文件，一年内不受理该医疗机构的广告审查申请。

违反《中医药法》规定，发布中医医疗广告有前款规定以外违法行为的，依照《中华人民共和国广告法》的规定给予处罚。

六、医药管理的部门玩忽职守的法律责任

县级以上人民政府中医药主管部门及其他有关部门未履行《中医药法》规定的职责的，由本级人民政府或者上级人民政府有关部门责令改正；情节严重的，对直接负责的主管人员和其他直接责任人员，依法给予处分。

七、造成人身、财产损害的法律责任

违反《中医药法》规定，造成人身、财产损害的，依法承担民事责任；构成犯罪的，依法追究刑事责任。

思考题

1. 名词解释：中医药　中医医疗机构　中药
2. 中医医疗机构的登记的条件有哪些？
3. 中医诊所的有关法律规定有哪些？
4. 医疗机构配制中药制剂的法律规定有哪些？
5. 中医药发展的保障措施有哪些？

案例思考

曾被称为"神医"的胡万林，上世纪七八十年代开始，先后多次入狱服刑。胡万林于2011年12月11日刑满释放后，结识了吕伟，并授意吕伟在新浪网注册名为"自然科学"的博客，称胡万林用"五味疗法"可免除吃药打针等传统医疗方式，针对糖尿病、高血压、白血病、艾滋病、心脑血管病、各类癌症等有特殊疗效。

2013年8月30日和31日，吕伟与贺桂芝组织身患不同疾病或痴迷中医的云旭阳、黄忠等十余人参加"自然大法培训班"，由胡万林先后在洛阳市某宾馆和新安县龙潭大峡谷某宾馆对云旭阳等人传授其创造的"五味疗法"和"吐故纳新疗法"，即饮用由咖啡、白糖、盐、酱油、陈醋兑水后调成的"五味汤"，然后大量喝生水，喝到腹胀，再把喝到腹内的水吐出来，再喝生水、呕吐，反复进行，就可以把体内的病毒排出体外。多名学员在饮用"五味汤"后出现上吐下泻的反应，云旭阳于31日19时出现严重呕吐、抽搐、昏迷等症状，胡万林指使吕伟等人采取将泥土涂抹到云旭阳身上后浇凉水和向云旭阳口中灌其配制的液体等方法进行医治，学员马永群提出拨打120急救电话，但遭到贺桂芝阻止。后云旭阳因机体脱水、水电解质平衡紊乱和急性呼吸循环功能障碍，经抢救无效死亡，另一名学员农鸿源也出现昏迷症状，经抢救后脱险。

经法医鉴定，云某服用加硭硝的中药水后，出现反复呕吐、腹泻，引起严重脱水、电解质紊乱，造成其就诊人死亡。经现场勘查所提取物品进行检测，在吕伟汽车后备厢内

提取的3瓶液体和案发现场306房间提取的两瓶液体内，均检出了硫酸根离子和钠离子成分，且在死者云旭阳的胃内容物中，也检出了这两种离子成分。

对于本案，有人认为胡某的行为不构成非法行医，是一种诊疗行为。有人认为胡某的行为不构成非法行医罪，属于故意杀人罪。还有人认为胡某的行为构成非法行医罪。

问题：

1. 胡某的行为是否属于诊疗行为？
2. 为何是非法行医而不是故意杀人？
3. 两名从犯是否构成非法行医罪？

（湖北中医药大学　岳远雷　司婷）

附　　录

附录 A　《医疗机构从业人员行为规范》

附录 B　执业医师资格考试卫生法规部分全真题及题解

参考文献

[1] 张静,赵敏.卫生法学[M].北京:清华大学出版社,2014.
[2] 赵同刚.卫生法[M].3版.北京:人民卫生出版社,2008.
[3] 陈瑶,景浩.卫生法学[M].北京:中国中医药出版社,2015.
[4] 达庆东,田侃.卫生法学纲要[M].5版.上海:复旦大学出版社,2014.
[5] 张文显.法理学[M].3版.北京:高等教育出版社,2007.
[6] 郑平安.卫生法学[M].2版.北京:科学出版社,2010.
[7] 王岳.医事法[M].北京:对外经济贸易大学出版社,2010.
[8] 倪正茂,刘长秋.生命法学论要[M].哈尔滨:黑龙江人民出版社,2008.
[9] 沈宗灵.法理学[M].2版.北京:北京大学出版社,2003.
[10] 黎东生.卫生法学[M].北京:人民卫生出版社,2013.
[11] 石超明.卫生法学[M].武汉:武汉大学出版社,2010.
[12] 杨芳,杨才宽.卫生法学[M].合肥:中国科学技术大学出版社,2007.
[13] 孙东东.卫生法学[M].2版.北京:高等教育出版社,2011.
[14] 樊立华.卫生法学概论[M].3版.北京:人民卫生出版社,2013.
[15] 佟子林.卫生法学[M].北京:中国中医药出版社,2011.
[16] 姜柏生,万建华,严晓萍.医事法学[M].南京:东南大学出版社,2007.
[17] 任建新,刘国海.外科护理学学习指导[M].西安:西南交通大学出版社,2013.
[18] 王东红.医患关系与权利维护[M].北京:中国民主法制出版社,2005.
[19] 涂建萍.医院管理制度[M].北京:化学工业出版社,2005.
[20] 卫生部卫生监督局.医疗服务监督案例评析[M].北京:人民卫生出版社,2007.
[21] 刘振华.医患纠纷预防处理学[M].北京:人民法院出版社,2005.
[22] 张汝建,肖爱芹.临床医疗法律法规与实践[M].北京:人民军医出版社,2005.
[23] 赵西巨.医事法研究[M].北京:法律出版社,2008.
[24] 刘鑫.医事法学[M].北京:中国人民大学出版社,2009.
[25] 汪建荣.卫生法[M].4版.北京:人民卫生出版社,2013.
[26] 吴崇其,张静.卫生法学[M].2版.北京:法律出版社,2010.
[27] 王陇德,张春生.中华人民共和国献血法释义[M].北京:法律出版社,1998.
[28] 丁勇.医疗器械监督管理[M].北京:人民卫生出版社,2011.
[29] 国家食品药品监督管理总局.医疗器械监督管理条例释义[M].北京:中国医药科技出版社,2014.
[30] 刘大华.医事法学[M].杭州:浙江大学出版社,2014.

[31] 丁朝刚.卫生法学案例分析[M].重庆:西南师范大学出版社,2008.

[32] 谢青松.《侵权责任法》:开启医疗损害赔偿新纪元[J].医学与哲学(人文社会医学版),2010,31(7):53-55.

[33] 谷光辉,王国平.风险分担原则在医疗意外和并发症纠纷处理中的适用[J].中华医院管理杂志,2007,23:121-122.

[34] 艾尔肯.论医疗损害赔偿的具体项目及其计算标准[J].法学杂志,2008(3):53-56.

[35] 肖子曾.执业医师资格考试全真模拟试卷丛书[M].太原:山西科学技术出版社,2013.

[36] 夏穗生.中华器官移植学[M].南京:江苏科学技术出版社,2011.

[37] 龚波.器官短缺:法理学的视角[M].北京:中央编译出版社,2014.

[38] 邢玉霞.辅助生殖技术应用中的热点法律问题研究[M].北京:中国政法大学出版社,2012.